ESSAI

SUR

l'Histoire de Concarneau

PAR J. TRÉVÉDY

Ancien Président du Tribunal de Quimper

Vice-Président de la Société Archéologique du Finistère et de la Commission

Historique et Archéologique de la Mayenne

Avec un Plan de Concarneau et ses Environs au XVIIIe siècle

Extrait des Mémoires de l'Association Bretonne, 1905

Session de Concarneau

SAINT-BRIEUC

IMPRIMERIE-LIBRAIRIE RENÉ PRUD'HOMME

RENNES		PARIS
PLIHON & HOMMAY		CHAMPION
Rue Motte Fablet		5, Quai Malaquais, 5

1908

ESSAI

SUR

l'Histoire de Concarneau

PAR J. TRÉVÉDY

Ancien Président du Tribunal de Quimper

Vice-Président de la Société Archéologique du Finistère et de la Commission
Historique et Archéologique de la Mayenne

Avec un Plan de Concarneau et ses Environs au XVIIIe siècle

Extrait des Mémoires de l'Association Bretonne, 1905

Session de Concarneau

SAINT-BRIEUC

IMPRIMERIE-LIBRAIRIE-LITHOGRAPHIE RENÉ PRUD'HOMME

RENNES		PARIS
PLIHON & HOMMAY		CHAMPION
Rue Motte Fablet		*5, Quai Malaquais, 5*

1908

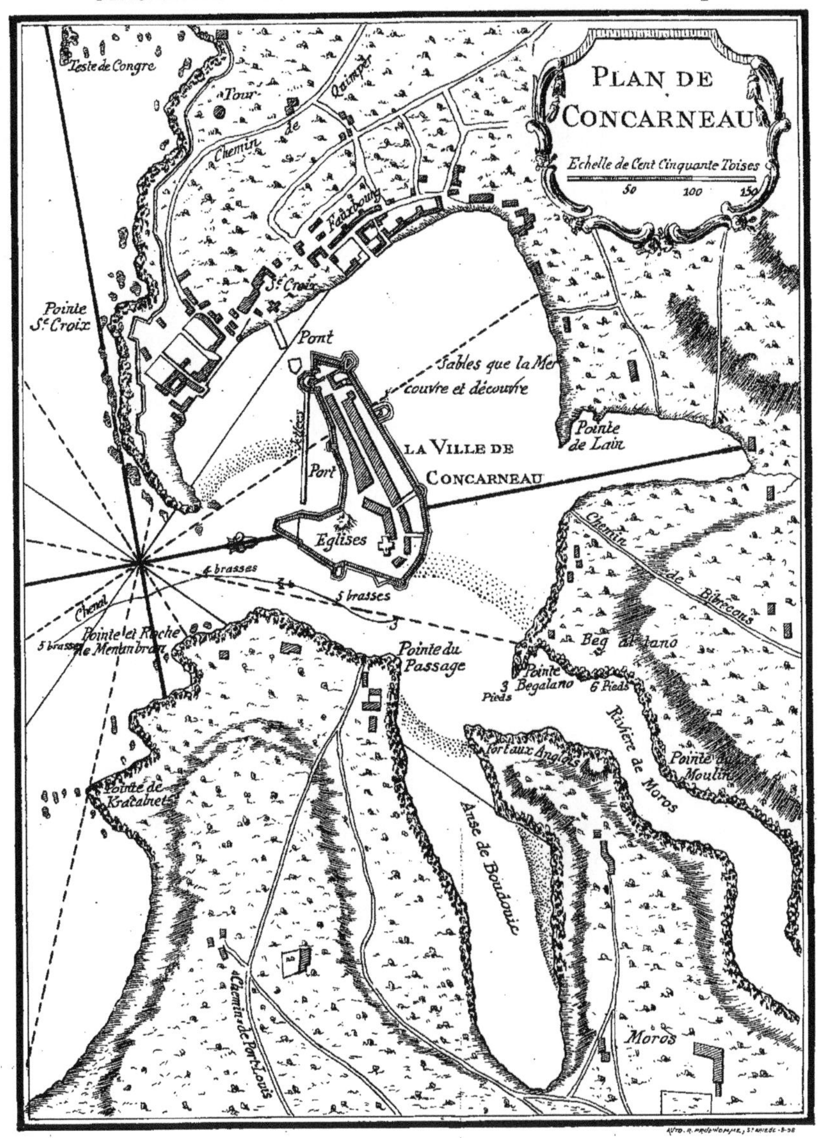
PLAN DE CONCARNEAU
Echelle de Cent Cinquante Toises
50   100   150
Teste de Congre
Tour
Chemin
de
Quimper
Faubourg
Ste Croix
Pointe Ste Croix
Pont
Sables que la Mer couvre et découvre
Port
LA VILLE DE CONCARNEAU
Pointe de Lain
Eglises
Chemin de Biheons
4 brasses
5 brasses
Chenal
Pointe et Roche de Menambran
5 brasses
Beg al tano
Pointe du Passage
Pointe Begalano
3 Pieds
6 Pieds
Port aux Anglais
Rivière de Moros
Pointe Moulin
Pointe de Kracalnet
Anse de Boudouic
Chemin de Port-Louis
Moros

ESSAI

SUR

L'HISTOIRE DE CONCARNEAU

I

Origines et nom de Concarneau.

La plupart des villes aussi anciennes que Concarneau sont mal instruites de leurs origines. Par un enviable et rare privilège, Concarneau saurait-il le nom de son fondateur et la date précise de sa fondation ? Oui, si nous en croyons certains auteurs.

Vers 1775, Ogée écrivait à propos de Concarneau (1) : « Nous avons peu de choses à dire sur cette ville... Ses archives ayant été si mal tenues autrefois qu'elles n'ont presque rien laissé d'intéressant. » Mais, ajoute-il : « Le maire, M. Belot, a bien voulu nous aider de ses lumières ; » et instruit par le maire, il écrit :

« Concar, fils d'Urbien, qui était en concurrence avec Gralon, fils d'Alain II, pour la souveraineté de la Bretagne, jeta, l'an 692, les premiers fondements de Conkernos ou Concarneau, dans l'île de Kung ou autrement Conq, qu'il avait conquise sur les Pictes, peuple barbare. »

Voilà donc la date précise de la fondation, 692, et le nom du fondateur retentissant comme le son du clairon, Concar !

Les mots « concurrence pour la souveraineté de la Bretagne »

(1) *Dictionnaire historique et géographique de Bretagne* (Nouv. éd.), v⁰ *Concarneau*, t. I⁰ʳ, p. 196.

nous renvoient aux listes des prétendus Rois successeurs du fabuleux Conan Mériadec. Or, Le Baud, Bouchard, d'Argentré ne comprennent pas le nom de Concar dans ces dynasties.

Mais, dans leurs listes des comtes de Cornouaille, les Cartulaires de l'Eglise de Quimper, de l'abbaye de Landevenec et de celle de Sainte-Croix à Quimperlé mentionnent deux Concar (1). Le premier est nommé comme prédécesseur du roi Gradlon le Grand qui dormait dans sa tombe à Landevenec près de deux siècles avant la date donnée par Ogée (2). Il ne peut donc s'agir que du second, septième successeur du premier.

D. Morice a donné place au second Concar dans son *Histoire de Bretagne*. Il le nomme Concar ou Urbon et voici ce qu'il en dit (3) :

« An 691. Après la mort d'Alain II, les François s'emparèrent des villes de Nantes, Rennes, Dol et Alet. Grallon (fils d'Alain) dépouillé d'une partie considérable de ses états n'eut plus les moyens de soutenir le titre de roi, que ses quatre prédécesseurs avaient porté. Il se borna à celui de comte de Cornouaille qui était son premier titre. On ne sait même s'il ne fut pas obligé de partager ce qui restoit de la Bretagne avec Urbon, autrement dit Concar, ou Keroenos (fils d'Urbien), son cousin germain, que les François protégeaient. — Ce qu'il y a de certain, c'est que ces deux branches paraissent en concurrence et se disputent la souveraineté (4). »

Rien dans cette phrase de Concarneau, et rien non plus des

(1) **Voir** : 1° *Cartulaire de Quimper*, Comm. diocésaine d'architecture, etc., 1re année 1901, p. 33-36 ; — 2° *Cart. de Landevenec*, Soc. Arch. du Finistère, p. 172-173 ; — 3° *Cart. de Sainte-Croix de Quimperlé*, publié par MM. Maître et de Berthou. (Bibl. Bretonne-Armoricaine), p. 89-92.

D. Morice donne ces trois listes, *Pr.*, I, 174-175, avec ces variantes : Congar Keroenuc (Quimper), Concar Cheroenoc (Landevenec), Cungar Keroenuc (Ste-Croix).

(2) La Borderie place sa mort « probablement vers 505. » *Histoire*, I, p. 325.

(3) T. Ier, p. 24. V. plus loin quelques détails dans une dissertation sur le *Catalogue des Comtes de Cornouaille*, p. 836 à 851. C'est là que nous voyons Urbien père de Concar.

(4) L'abbé Déric (autre tenant de Conan Mériadec), reproduit ici D. Morice, mais en d'autres termes. Seulement après avoir dit que Judicaël eut deux fils, Alain et Urbien, il dit que « Grallon fut obligé de partager la Bretagne avec son *jeune frère* Urbon, nommé aussi Concar. » — Il faut lire « *son cousin* ». (*Hist. ecclés.*, II, p. 119 et 150). Rien de Concarneau.

Pictes. La vérité est que les Pictes ou Saxons n'étaient plus là et depuis longtemps. C'est au milieu du v⁰ siècle que ces barbares, précurseurs des Normands, ravagèrent les rivages de l'Armorique, massacrant, pillant, brûlant tout ce qu'ils ne pouvaient emporter, et n'ayant jamais songé à former un établissement pas plus à Conq qu'ailleurs (1).

Après les premières émigrations de l'ile de Bretagne en Armorique (seconde partie du v⁰ siècle), les Saxons n'y apparurent plus.

Au vii⁰ siècle, comme le dit Morice, c'est aux Français (disons plus exactement aux Francs) que les Bretons avaient affaire ; et Concar combattait avec les Francs. Allons-nous combiner ces deux récits, compléter D. Morice par le maire Belot, corriger celui-ci par D. Morice ? En ce cas, la révélation de D. Morice va rendre le fondateur de Concarneau peu sympathique aux Bretons, même aux Concarnois qui sont de bons et fidèles Bretons. — Mais non ! Ne condamnons pas Concar sur la parole de D. Morice, et ne le célébrons pas comme fondateur de Concarneau, sur le renseignement fourni à Ogée. La vérité est que, de 688 à 752, on ne sait rien de la Bretagne (2) !

Un maire de Concarneau avait instruit Ogée ; un autre maire, nommé Le Beau, renseigna Cambry, venu à Concarneau vingt ans après la publication d'Ogée. Or Le Beau ne parle pas de Concar, mais des Pictes, occupant le site de Concarneau. Cambry trouve ce fait « particulier, original. » Il se demande où Le Beau l'a trouvé, « avec les preuves que ce citoyen lui avait promises » ; et Cambry n'ayant pas vu ces preuves a, comme il dit, « la témérité de ne pas croire aux Pictes (3). »

Nous dirons plus loin où Le Beau a trouvé les Pictes... mais revenons à Concar.

C'est une faiblesse commune aux fondateurs de villes d'imposer leurs noms à leurs créations. Voyez plutôt Alexandre et Constantin !

Les partisans de Concar (s'il y en a) pourront constater que

(1) Sur leurs affreux ravages, La Borderie, *Hist.* I, p. 220 et suiv.
(2) « Depuis 688 jusqu'à 752, on ne trouve le nom des Bretons dans aucun texte d'histoire ou de chronique. » La Borderie, *Hist.*, I, p. 505.
(3) Cambry, *Voyage dans le Finistère en 1794 et 1795*, p. 538. Ed. de 1836.

Concar a été plus modeste. Jusqu'à la fin du xve siècle, la ville de Concarneau se nomme *Conc, Conq, Concq* (1).

C'est seulement à cette époque, huit ou dix siècles après Concar, qu'on trouve le nom de *Conc* devenant *Concqkerneau*, dans un mandement de la duchesse Anne (1489), *Conkernowe*, dans une lettre du roi d'Angleterre (2), enfin *Concarneo* dans un portulan de trente ans postérieur (1520) (3).

L'auteur, un navigateur gênois, a remplacé les dernières lettres par la syllabe *o* ; mais le nom ainsi écrit rend la prononciation qu'il a entendue.

C'est, je crois, le plus ancien document où le nom de la ville commence par les deux syllabes *Concar*.

Mais à la même époque, le mot *Conc* sous les formes *Conc, Conq* et *Concq*, prévaut dans la langue *officielle* (4). Enfin, avec une faute d'impression ou sous la forme défectueuse *Cons*, il se retrouve dans l'atlas célèbre préparé par le cosmographe Gérard Mercator, mort en 1594, et que publia Joseph Hundt (1613).

Objectera-t-on qu'un contemporain breton de Mercator et de Hundt, le chanoine Moreau, mort en 1617, écrivait *Concarneau?* Oui, ce mot se lit dans son *Histoire des guerres de la Ligue en Bretagne*, imprimée pour la première fois en 1836. Mais lisait-on *Concarneau* dans le manuscrit de l'auteur ? Moreau a eu pendant deux siècles et dans le xviiie de nombreux copistes ; l'un d'eux, corrigeant le manuscrit pour le mettre à la mode nouvelle, n'aura-t-il pas changé *Conc* ou *Conkerneau* en *Concarneau*.

Je serais porté à le croire quand, longtemps après la mort de

(1) Alain Bouchard, *Chroniques de Bretaigne*. Liv. Ier, f{o} 4 r{o} et f{o} 5 v{o}. Ed. des Bibliophiles Bretons.

(2) Lettre d'Anne de Bretagne (Morice, *Pr.*, III, p. 691), du roi d'Angleterre (695). Nous verrons cette lettre plus loin.

(3) On nomme *portulan* (de l'italien *portoleno, porto*), des cartes marines indiquant tous les ports, hâvres, entrées de fleuves où les navires peuvent séjourner. Avant l'invention de la boussole, les navires ne se risquaient guère en haute mer et rasaient timidement les côtes, allant presque de port en port.

Ce portulan est, dit-on, de 1520. Desjardins, *Gaule Romaine*, I, planche VI, p. 272-273.

(4) V. dans Morice, *Pr.*, III, les actes et lettres d'Anne de Bretagne, Charles VIII, Louis XII, le vicomte de Rohan, le maréchal de Rieux, etc.

Moreau, je vois couramment employé le nom *Conkerneau* ou *Conquerneau*, forme française du mot (1).

Pour finir, remarquons que le vieux nom de *Conc* est encore d'usage vulgaire en breton.

Ce n'est donc pas dans le nom plus ou moins historique de *Concar* ; c'est dans le nom ancien et usuel de *Conc* qu'on doit chercher l'étymologie de *Conkerneau*, devenu par corruption, comme disent les grammairiens, *Concarneau*.

Le mot *Conkerneau* se compose des deux mots *Conq*, dont nous allons dire la signification, et *Kerneau, Kernew, Kerné*, qui veut dire Cornouaille. *Conkerneau* est donc *Conc de Cornouaille*, comme *Conc-Léhon*, aujourd'hui Le Conquet, est *Conc de Léon* (2).

Mais qu'entendre par le mot *Conc* ?

Le P. Grégoire de Rostrenen le traduit par *grande coquille*, *conque* (3). Cette interprétation née peut-être de la ressemblance des mots, est repoussée par D. Pelletier. Après un long exposé, il traduit *conc* par *coin, pointe*. Il se rapproche ainsi du plus ancien dictionnaire breton le *Catholicon* (4), qui ne donne pas *conc* mais *coing*, et traduit *anglet, angulus*. Il est permis de rapprocher du *Catholicon* le dictionnaire de Littré au mot *Coin*. On y lit : « XIIIe, XIVe, XVe siècles, Calvin et Montaigne, *Coing*. Etymologie *Wallon, Coinc, provençal, Cunh, Conh, Cong*. »

Conc ou *Conq* ne serait-il pas *Cong* ? et ne veut-il pas dire

(1) *Conquerneau* (*qu* pour *k* à la mode française) (*Mercure français* de 1619, nous le verrons plus loin). — *Conckerneau* et *Conquerneau. Itinéraire de Bretagne* par Dubuisson-Aubenay, ci-dessous p. 17. Nous verrons même le nom *Conquerneau* employé dans un aveu de 1678.

(2) Faut-il ajouter : comme « *Cong-Gall*, ainsi nommé de sa situation près des frontières de la France, que les Bretons appellent Gall ? On en a fait *Cancale* par corruption. » *Dict.* d'Ogée, I, p. 137, note.

(3) *Dictionnaire Français-Celtique,* 1732. « V° *Conque*, grande coquille. *Cro-* « *guen vras*, autrefois *Conk*, et de là *Conk-Kernez*, Concarneau. » Il faut supposer l'extension de sens indiquée ailleurs de *bassin, port*.

Quand le P. Grégoire se dit *de Rostrenen*, il donne le lieu de sa naissance, selon l'ancien usage des Frères mineurs suivi encore en certaines provinces. On a semblé prendre *Rostrenen* pour son nom, Levot, *Biog. bretonne*, v° *Rostrenen*. — V° aussi Kerdanet, *Notices Chron.* et Le Brigant cité par lui p. 241.

(4) *Le Catholicon*, imprimé à Tréguier en 1499, et réédité de notre temps par Le Men, archiviste du Finistère.

Coin ou *pointe*, selon D. Pelletier ? Le Gonidec, le colonel Troude, notre savant confrère M. Loth, traduisent *coin*, *pointe*. La cause est entendue.

Ceux qui tiennent au sens de *conque, grande coquille*, veulent par extension entendre le mot *Conc* au sens de « *port* ou *bassin garni de quais* ».

Ainsi *Conc-Kerné, Conc-Léon* sont pour les uns le *port de Cornouaille*, le *port de Léon ;* pour les autres, et j'en suis, le *coin de Cornouaille*, le *coin de Léon*.

Mais en voilà assez et trop sur le nom et l'étymologie du nom de Concarneau. — Dirai-je mon avis ? Ce n'est pas Concar qui a donné son nom à la ville ; c'est au contraire le nom de *Conc* qui, rapproché du nom *Concar*, a valu a Concar le titre de fondateur de Concarneau.

*
* *

Cette histoire de Concar et des Pictes obtenait, semble-t-il, créance à Concarneau vers le temps d'Ogée et de Cambry. Du moins la trouvons-nous consignée dans un mémoire écrit à Concarneau sous ce titre : *Essais historiques sur Concarneau et le comté de Cornouailles* (1).

Cet ouvrage commence par plusieurs pages empruntées à « un manuscrit extrait, dit l'auteur, de la Tour de Londres,

(1) Voici le titre entier de cet ouvrage :

Essais historiques sur la ville de Concarneau et le comté de Cornouailles, contenant un abrégé des événements les plus intéressants de l'histoire générale de Bretagne.

Ouvrage divisé en six parties, accompagné de notes historiques, de plans, d'un précis du commerce, des productions des principales villes maritimes de cette province, des grands hommes qu'elle a donnés à la France depuis le règne de Clotaire III jusqu'à nos jours, et de descriptions des ports, rades, passes et mouillages de Concarneau et des Iles des Glénans, à l'usage des navigateurs, par M. Dellain, ancien Commissaire des Classes de la marine, pensionnaire du Roi.

Sans date, mais on lit p. 88, en note : « En 1776, j'ai vérifié, etc., » et p. 261 : « J'ai vu en 1779. » Ces dates nous donnent la date approximative de l'ouvrage, postérieure à 1779.

Le manuscrit appartient à la bibliothèque municipale de Brest. M. Le Rodallec, juge de paix alors à Concarneau, aujourd'hui à Quimperlé, en possède une copie qu'il m'a obligeamment communiquée, il y a quelque vingt ans, contenant les guerres du comté de Cornouaille et un abrégé sur l'idiome celte des Pictes barbares ». L'auteur de ce manuscrit est Thomas Kerosius, écossais (1).

Les pages traitant des origines de Concarneau sont un véritable roman d'aventures de guerre et d'amour, auquel l'auteur des *Essais* semble attacher une confiance entière.

L'auteur des *Essais* dit qu'il a vu « des fragments des anciennes annales de Concarneau qu'une personne de considération lui a communiquées, qui paraissent assez confirmer ce que rapporte Thomas Kerosius. » Il dit aussi qu'un « manuscrit marqué au coin de la vérité lui a été confié. »

Qu'étaient ces anciennes annales de Concarneau et ce manuscrit ? Quoiqu'il en soit, le lecteur qui ne les a pas sous les yeux, fera à Thomas Kerosius moins d'honneur que l'auteur des *Essais*.

Voici, comme spécimen, un résumé très exact des premières pages de Kerosius (2) :

Alain, oncle de Concar, s'empare du palais d'Urbien. Azinore, femme de Concar, se jette aux pieds de son oncle qui la poignarde. Tirvall, officier d'Alain, sauve l'unique enfant de Concar, Ninice, et la confie à un pêcheur sous le nom de Dorera. Après cinq ans de guerre, Concar s'adresse à Tirvall pour avoir des nouvelles de sa fille. Tirvall redemande Dorera au pêcheur ; mais celui-ci, pour payer le fisc, l'a vendue à Lezurec, officier de la cour de Grallon, fils d'Alain. Il répond que, trois ans auparavant, le loup l'a emportée. La femme de Tirvall « par pure curiosité » recherche quel est l'enfant sauvé par son mari. Alain apprend cette enquête, et soupçonnant Tirvall de trahison, lui fait arracher le cœur qu'il jette à son chien ; la femme de Tirvall se punit de sa fatale curiosité en se frappant d'un poignard.

Alain va reprendre la guerre (690), mais il meurt d'une hydropisie de poitrine. Concar profite des embarras que les Francs suscitent à Grallon II « pour s'étendre un peu. » Il occupe Conq, en l'absence des Pictes. Le soir, ceux-ci revien-

(1) Je n'ai pu avoir des nouvelles de ce *Kerosius*, dont le nom, sans doute latinisé, pourrait-être *Keros*.

(2) J'abrège, mais je garde les termes de l'auteur...

nent du pillage ; Concar les repousse, les poursuit et ramène des prisonniers, au nombre desquels Dorera. Lezurec a pour neveu et pupille Zimar, fils de Tirvall. Ces deux enfants rapprochés par le malheur s'aiment ; et, pour les séparer, Lezurec a livré Dorera aux Pictes.

Concar ne reconnaît pas sa fille qui a dix-huit ans ; il se sent pris pour elle « d'une sorte d'amitié qui fait place à l'amour le plus vif ; » et il lui offre « son cœur et sa main » ; mais celle-ci gardant sa foi à Zimar repousse son vainqueur. Furieux, Concar la condamne à mort, par le glaive et le feu, dans un *lieu nommé l'enceinte, dit aujourd'hui le petit château*, à l'endroit où est actuellement l'église paroissiale.

Mais à ce moment, les Pictes sont signalés vers la forêt de Cap Fouesnant (aux Sables Blancs), Concar s'élance à leur rencontre : au devant de leur troupe un jeune homme « se précipite, » demandant asile à Concar qui l'accueille. Dorera est conduite au supplice. Le jeune inconnu « se précipite » et arrête le bras du bourreau. Il révèle son nom, Zimar ; déclare qu'il a eu Lezurec pour tuteur, qu'il aime Dorera ; qu'apprenant que Lezurec l'a livrée aux Pictes, il a tué Lezurec et s'est mis à la recherche de Dorera. Enfin, il montre des bracelets d'enfant que Dorera lui a remis en gages de son amour.

A ces bracelets, sur lesquels sont gravés les chiffres entrelacés de Concar et d'Azinore, Concar reconnaît sa fille. Il la donne à Zimar ; il fait de son gendre le premier gouverneur de Concarneau, et il part pour aller reconstruire le palais de son père qui est Lescongar (1), paroisse de Plouhinec.

Zimar et Ninice meurent en 706, laissant un fils de quinze ans, Judon, qui sera gouverneur de Concarneau. Concar meurt lui-même « comblé de gloire », en 725, à soixante-cinq ans.

Judon vit jusqu'à l'invasion franque en 757. Il est vaincu et tué à Quimperlé et son successeur paie le tribut aux Francs.

De toute cette page, qu'on pourra trouver trop longue, retenons seulement les mots soulignés : le lieu nommé *l'enceinte dit aujourd'hui le petit château.*

(1) Les-Congar, la cour de Congar. Courcy, *Nobiliaire*, III, p. 253.

II

Les remparts de Concarneau.

J'ai sous les yeux deux documents anciens très instructifs, qui, bien que de dates différentes, se complètent réciproquement.

Le plus ancien est une vue de *Conquerneau* dessinée au milieu du xvii° siècle (1).

L'autre est un plan de 1764 environ (2). Il montre l'îlot de Concarneau, le faubourg, la pointe dite de Sainte-Croix et les rivages circonvoisins, jusqu'à quatre ou cinq cents toises, huit cents ou mille mètres.

On a comparé l'îlot à un *ovale* qui serait très irrégulier (3). On peut aussi bien y voir une sorte de *croissant*..., non moins irrégulier, je l'avoue. Le côté *convexe*, donne 1° à l'Ouest, sur le faubourg dit de Sainte-Croix, route de Quimper ; 2° au Nord, sur le fond de la baie ; 3° à l'Est, sur un canal qui sépare l'îlot du rivage de Lanriec (route de Quimperlé).

A l'Ouest et au Nord, de la pointe du faubourg de Sainte-Croix au canal vers l'Est, tous les sables assèchent à marée basse. Le canal de l'Est n'assèche jamais. De temps immémorial un bac établit la communication avec Lanriec ; de là, le nom de *Passage* que nous allons trouver.

Le côté *concave* du croissant forme le port défendu par une jetée attachée à la pointe Ouest, et ouvert à la pointe Est, au voisinage du canal. Le port, comme le canal, n'assèche pas.

Le plan donne à l'îlot une longueur de 190 toises (ou 380 mètres) ; et, dans sa plus grande largeur du Sud au mur Nord,

---

(1) C'est une reproduction trop réduite (carte postale) du beau dessin que possède la bibliothèque de Nantes (N° 49, 298), signé de Joh. Peeters.

(2) Le plan n'est pas signé. Peut-être est-il extrait du *Petit Atlas maritime*, 5 vol. in-4°, de Jacques Bellin, ingénieur de la marine (1702-1778). Je dis *peut-être*, car le format est moindre que celui de l'in-4° ordinaire.

(3) « La place est de forme ovale. » Chanoine Moreau, *Histoire des guerres de la Ligue en Bretagne*, p. 61.

111 toises (222 mètres), la largeur moyenne étant de moins de 50 toises ou 100 mètres.

Le plan dessine l'enceinte murale avec neuf tours de diamètres très divers ; sans tenir compte de la saillie de ces tours, le mur a une longueur de 530 toises, 1060 mètres.

Il est percé de trois portes : une, la principale, à l'Ouest, donnant sur le faubourg ; la seconde, à l'opposite vers l'Est, dite porte du *Passage* ; la troisième, au Nord, dite porte *aux Vins*, ouverte au xvi° siècle (1), mais murée au xvii° siècle (2).

La porte Ouest est distante de 50 toises (100 mètres) du faubourg ; devant la porte du *Passage*, le canal a de large 70 toises (140 mètres).

En avant de la porte de l'Ouest, le plan montre un rocher isolé, puis une chaussée attenante au faubourg ; il marque un pont entre la chaussée et le rocher. Il y en avait un autre entre le rocher et la porte. Le plan ne figure pas un ravelin qu'un plan plus moderne montre sur le rocher entre les deux ponts.

C'est vers cette porte qu'étaient les principales défenses, notamment une demi-lune entre deux grosses tours. Ce point était le plus exposé, il est le plus rapproché de la terre ferme ; et, comme nous l'avons dit, la grève assèche sous les deux ponts. Enfin, au Sud du faubourg, bordant le rivage de l'Est à l'Ouest, est dessiné un rempart à redans de 420 toises (840 mètres) de long, finissant à un édifice carré (apparemment un corps de garde) situé à la hauteur des roches marines dites *la Tête de Congre*.

Passons la porte principale et entrons en ville.

A l'intérieur de l'îlot, le plan marque : 1° une rue allant de l'Ouest à l'Est, de la porte principale à celle du Passage, c'est la *Grande Rue* ; 2° deux ruelles venant vers cette grande rue, l'une de la porte *aux Vins*, et l'autre du rempart entre cette porte et celle du *Passage*. La première de ces ruelles se continue au-delà de la *Grande rue*, en une très petite place jusqu'au rempart Sud et le port, vers le *petit château*. Un acte que nous étudierons nomme cette voie la *Petite rue*.

(1) Chan. Moreau, p. 61 et 64.

(2) Dubuisson-Aubenay, *Itinéraire de Bretagne*, p. 107. — Sur Dubuisson, voir ci-dessous, p. 17.

Dans la partie la plus large de l'îlot, on voit écrit sur le plan le mot *églises* ; mais le plan n'en marque qu'une par une croix, à 30 toises au plus d'un *tertre* dessiné au voisinage du rempart Sud, vers le port, sur une longueur de 15 ou 20 toises, 30 ou 40 mètres.

Le dessin confirme ces dernières indications : il nous montre au voisinage du port un tertre sur lequel une maison bâtie (1), un peu plus vers l'Est, une tour qui peut être celle de l'hôpital dont nous parlerons plus loin : et tout auprès une église dont la porte principale, surmontée d'une tour à deux étages, apparaît par dessus les toits des maisons élevées vers le rempart du *Passage*.

J'insiste sur ces dernières indications : on verra bientôt pourquoi.

Le dessin montre en plus une chapelle vers l'Ouest de l'îlot, c'est la chapelle de *Notre-Dame du Portail* ; il figure, entre la porte *aux Vins* et le *Passage*, un moulin à vent.

Enfin, vers cet endroit, c'est-à-dire devant la *Porte aux Vins*, il montre des mâts de navires, comme il en figure dans le port.

Je prie d'excuser cet *état des lieux* si minutieux. Il aura du moins l'avantage d'épargner toute explication topographique dans les pages qui vont suivre.

*_**

A l'aspect de la ceinture murale de Concarneau, la première question posée par la curiosité est celle-ci : A quelle époque remontent ces fortifications ? — A cette question, voici trois réponses :

Il y a plus de trois siècles, le chanoine Moreau, mort en 1617, écrivait — et sans doute exprimait-il l'opinion de son temps : — « C'est la reine Anne qui, ayant considéré la belle assiette de cette place, ordonna qu'elle fût fermée de murailles et rendue en l'état où nous la voyons aujourd'hui (2). »

(1) D'après l'ouvrage cité plus haut (p. 8). C'est ce lieu qui se serait nommé *l'enceinte*, au temps de Concar, et le *petit château*, vers 1780.
(2) Chanoine Moreau, p. 61.

Plus de deux siècles après Moreau, le chevalier de Fréminville datait la construction de l'enceinte de 1300, et disait que « ruinée par du Guesclin, elle avait été réparée par la duchesse Anne, » cent vingt ans après le siège de 1373 (1).

De nos jours, le b⁰ⁿ de Courcy a écrit : « Quelques parties des fortifications sont fort anciennes et peuvent remonter au xivᵉ siècle. » Mais aussitôt le savant auteur signale deux constructions attribuées à la reine Anne. Nous y viendrons plus loin (2).

Nous allons essayer de répondre à cette question de date, en nous éclairant de textes que personne ne semble avoir étudiés… Mais auparavant, une observation.

« Au xiiᵉ siècle, il n'y avait guère en Bretagne que cinq villes closes de murs en pierres : Rennes, Nantes, Vannes, Aleth, qui gardaient leurs enceintes gallo-romaines, et Dinan qu'un géographe du xiiᵉ siècle montre par exception « ceint de murs en pierres. » La défense ordinaire des villes, « était un château ou une tour, et des fossés profonds avec des retranchements de terre surmontés de fortes palissades de bois (3). »

Mais l'îlot de Conc n'aurait-il pas été fortifié très anciennement à la mode du temps, c'est-à-dire défendu par un *château à motte*, un *donjon* ?

Voici ce qui donne lieu à cette supposition.

La tradition garde souvent le nom de *château* à l'emplacement de ces donjons, même quand il n'en reste aucune trace (4). Or, le nom de *vieil* (vieux) *château* est donné dans un acte de 1495, à un lieu quelconque de l'îlot (5). Les *Essais sur Concarneau*, écrits vers 1780, signalent dans l'îlot un lieu

---

(1) *Antiquités du Finistère*, II, p. 315. — Comment supposer qu'un siècle ait passé avant que les murs d'une des places principales de Bretagne aient été remis en état ?

(2) *Itinéraire de Nantes à Brest*, p. 236.

(3) La Borderie, *Hist. de Bretagne*, III, p. 150-151. Le géographe dont il est ici question est l'arabe Edrisi. Nous reviendrons plus loin à Edrisi et à son livre. Ci-dessous, chap. III, *Peuplement et population*, p. 21-22.

(4) En breton *c'hastel, kastel*. Que de champs depuis longtemps cultivés sont ainsi nommés !

(5) *Inventaire de l'artillerie de Bretagne. Arch. de Bretagne. Bibliophiles Bretons*, t. II, p. 137. Nous viendrons à cette pièce, chap. VIII, *Histoire militaire*.

dit le *petit château* (1) ; et aujourd'hui, après cent vingt-huit
ans passés, l'usage maintient le nom de *petit château* à un
lieu qui se trouve être le plus élevé de l'îlot. C'est le tertre
marqué au plan (2).

Je ne puis donner ce qui précède que pour une simple hypothèse, qui pourtant semble assez vraisemblable.

A cette fortification primitive a succédé, au XIIIe ou XIVe
siècle, une ceinture murale en pierre ; qui, en 1373, allait
résister à un assaut de du Guesclin. Nous ne tenterons pas de
donner la date exacte de la construction. Tout ce que nous
pouvons dire, c'est que cette construction devait sembler nécessaire, et qu'elle était plus aisée qu'en beaucoup d'autres lieux :
en effet, il n'y avait à creuser ni fossé, ni fondations, le mur
étant assis sur le rocher.

Enfin, à la fin du XIVe siècle, près de cent ans avant le siège
mis par du Guesclin devant Conc, nous verrons l'îlot ayant
apparence de ville ; et peut-être sera-t-il permis de trouver là
l'indice d'une ceinture murale existant dès cette époque (3) ?
Disons pourtant que pendant la guerre de la Succession on ne
voit pas Concarneau soutenir un siège.

Dans le XVe siècle, la ceinture murale de Concarneau a une
histoire dont nous dirons quelques épisodes certains, puisqu'ils résultent d'actes authentiques.

Le premier de ces actes est un mandement du duc Pierre II,
de 1451 (4), quatre-vingts ans après la prise de Concarneau par
du Guesclin, ce qui ne veut pas dire que dans cet intervalle
les murs n'eussent pas été réparés.

Au XVe siècle, il y eut absolue nécessité de réparer en les
modifiant — disons mieux — de reconstruire, la plupart des
enceintes urbaines existant depuis seulement un siècle.
Pourquoi ?

Parce que le premier coup de canon (on disait alors *bom-
barde*), annonça une révolution dans l'art de la guerre. On a

(1) Ci-dessus, p. 8.

(2) Aucune recherche, me dit-on, n'a été faite à cet égard. Peut-être quelque fouille apporterait-elle une certitude sur ce point ?

(3) Ci-dessous, chap. III, *Peuplement et population*, p. 22.

(4) Sur cette date (nouveau style), voir p. 15, note 2.

dit que ce premier coup de canon fut tiré à Crécy (1346) (1). Quoi qu'il en soit, la révolution était accomplie cent ans plus tard : l'usage de l'artillerie était déjà commun, et il se perfectionnait ; dans la merveilleuse campagne de Formigny (1450), les bombardes des frères Bureau avaient fait crouler les murs de Caen et ceux de Cherbourg réputé imprenable. Il était désormais démontré que les murs construits en petit appareil étaient impuissants à défendre les villes ; et on se détermina à construire en pierres de taille.

Or, en Bretagne, il y avait beaucoup à faire à cet égard, et cette besogne était urgente dans les places maritimes surtout. Voici pourquoi :

Alliée de la France, la Bretagne avait largement contribué à chasser les Anglais. Le connétable de Richemont, vainqueur à Formigny (avril 1450), leur avait enlevé la Normandie. Trois ans plus tard, André de Laval, maréchal de Lohéac, né d'un père breton, était vainqueur avec un contingent breton à Castillon (17 juillet 1453). La flotte bretonne bloquait Bordeaux qui capitulait le 17 novembre ; et les Anglais abandonnaient la Guyenne (2).

(1) On a écrit que le premier coup de canon fut tiré à Crécy (1346). On trouve le canon en usage quelques années auparavant, même en Bretagne. En ce temps-là, on nommait *bombardes* les pièces dites aujourd'hui *canons*, les grosses pièces ; et on appelait *canons*, les petites pièces, dites aussi *coulevrines à main*, remplacées par les *arquebuses*.

En 1341, Jean de Montfort tire bombardes et canons contre Brest. En 1342, Jeanne de Flandre emploie bombardes et canons à la défense d'Hennebont (La Borderie, *Hist.*, III, p. 427 et note 5 — 452 et note 4. — Cit. de Le Baud, *Hist.* (inédite) et de Froissart). Au siège de Bécherel, 1371, il est question de canons (La Borderie, IV, p. 33). Au siège de Saint-Malo, 1378, les Anglais tirent 400 canons (La Borderie, IV, p. 42). Bientôt, dans des châteaux seigneuriaux, il y a des *bombardes*, puisqu'on y voit nombre de *pierres à canon*, et des petits canons en cuivre ou fer. Sur ce point, voir *Mobilier d'un château breton*, Frinandour, c^ne de Quimper-Guézenec, c^on de Pontrieux, arr. de Guingamp (1399). *Mélanges d'histoire et d'arch. bretonnes*, II, 1858, p. 149.

(2) Une observation en passant. En Bretagne, nous rappelons la victoire de Formigny, dont l'honneur est pour beaucoup à la Bretagne. Pourquoi n'est-il jamais question chez nous de la victoire de Castillon ?

Elle a été plus décisive que celle de Formigny ; et, dans le temps, elle fut attribuée au contingent breton : « Le pape Pie II (Æneas Sylvius Piccolomini) « qui vivait de ce temps, descrivant cette bataille, attribue la victoire d'icelle « à la vaillance et hardiesse des Bretons. » (D'Argentré, f° 659, v° E).

La France était enfin délivrée des envahisseurs. Mais la paix était une paix armée, puisque aucun traité n'était signé : la guerre continuait sur mer ; et la Bretagne, plus qu'aucune province de France, était exposée à de cruelles représailles. Il lui fallait donc munir ses places maritimes.

Pendant qu'il était comte de Guingamp, le duc Pierre II avait reconstruit les murs de cette ville. Il devint duc le 18 juillet 1450. Au commencement de 1451, il était à Quimper et il ordonnait la reconstruction de sa clôture presque entière (1). En même temps, par un mandement du 15 mars, il ordonnait des travaux du même genre à Concarneau (2). Le mandement porte ces mots « encommancé à faire la clôture et fortification de cette place » ; et ces termes n'exagèrent pas le travail à faire, il a dû s'agir en effet d'une construction presque entière, puisqu'il reste si peu de murs « gardant encore le caractère du XIVᵉ siècle. »

Le 22 septembre 1457, Pierre II mourait. Les travaux de Concarneau étaient loin d'être achevés ; et le duc Arthur III s'empressait d'en ordonner la continuation.

Nous verrons plus loin que les deux ducs, quand ils ordonnaient et pressaient « l'emparement » de Concarneau, n'étaient pas déterminés par des considérations exclusivement militaires.

L'année suivante (1458), le duc Arthur nomme capitaine de Concarneau un de ses chambellans, Jean de Rohan, seigneur du Gué de l'Ile, etc ; et il meurt le 23 décembre.

(1) L'évêque protesta, les murs étant construits sur le domaine épiscopal. Il porta sa plainte à Rome. Mais le pape Nicolas V, par lettres du 1ᵉʳ février 1452 (1453 n. st.), chargea des évêques « d'accommoder l'affaire », à la satisfaction du duc. Lobineau, *Hist.*, p. 653. — La date de la lettre papale donne la date approximative du travail commencé.

(2) Le mandement de Pierre II nous est connu par un mandement d'Arthur III, daté de 1457, qui donne la date du premier (15 mars 1450, 1451 nouveau st.) et même sa teneur. C'est là qu'on lit les mots qui vont suivre : (encommancé, etc.) Cet acte important n'a pas été imprimé aux *Preuves* de nos Bénédictins. Nous en devons la production à M. le comte de Palys, directeur de notre classe d'archéologie, qui l'a emprunté aux précieuses copies de M. de la Borderie. L'historien l'avait trouvé aux Arch. de la Loire-Inférieure. Chambre des Comptes, *Mandements* (1577), vol. IX, fol. 75, vᵒ. Cité par M. de Palys. Discours d'ouverture de la session de Concarneau (1905). T. XXIVᵉ, (3ᵉ série), p. XXX et XXXI.

Les Anglais menacent, le capitaine trouve ses défenses insuffisantes, et il obtient du duc François II, successeur d'Arthur, de nouveaux travaux qui vont durer deux années (1467-69). Le 8 janvier 1470, Jehan du Dresnay, sénéchal de Cornouaille, « à ce commis par le duc, » certifie la solidité des travaux exécutés (1).

Un peu plus tard, d'autres travaux sont entrepris. Ils sont terminés avant le 28 mai 1476, jour où « Henri du Juch, seigneur de Pratanroux, capitaine de Quimper, Jehan Aillet, sénéchal de Cornouaille, Jehan du Dresnay et autres, reconnaissent que le tiers du droit de billot a été employé au parachèvement de la fortification de Conc, les deux autres tiers ayant été employés à l'emparement de Quimper (2). »

Remarquez plus haut le mot *parachèvement*. Il semble indiquer que tout est fait. Pourtant, l'année suivante, François II ordonne la construction d'un boulevard (ce mot se prenait alors au sens de bastion); et il recommande à Jean de Rohan, encore capitaine de Conc, assisté d'Yvon de Tréanna et de Henri de Quelen, de se tenir là pour achever le travail au plus vite (3).

Les tours de Concarneau semblaient, à ce qu'il paraît, un modèle. En 1494, la communauté de Quimper bâtissait une tour, et elle recommandait à son miseur de faire « une charpente et une couverture semblables à celles des tours de Conc (4). » Le miseur prétend faire autrement, sans doute

(1) Arch. du Finistère. Fonds du Chapitre, S^ie G, 92.

(2) Arch. du Finistère, S^ie E, 461. Le droit de billot était perçu sur les boissons ; il était général, frappait la noblesse et le clergé, et était consacré à l'entretien des places, rues et murs des villes. « Au XVIIIe siècle, le droit était de 42 s. 10 d., par barrique de vin cru hors de Bretagne, et 11 s. 5 d., par barrique de vin breton, bière, cidre et poiré. »

(3) Morice, *Pr.*, III, 322.

(4) La délibération ajoute : « et du château de Keinmerc'h, en Bannalec. » Charles de Keinmerc'h avait été capitaine de Quimper de 1480 à 1490. Fréminville (*Ant. du Finistère*, t. II, p. 157 et suiv.), donne le dessin et la description de ce château qui était intact en 1827 ; et il nous apprend qu'il a été rasé par son propriétaire, l'année suivante.

V. au chapitre XLI, p. 325-28, du chanoine Moreau, le combat furieux livré sous les murs du château, dont le maître, qui était ligueur, resta « spectateur oisif » pendant six longues heures.

On a écrit Keinmerc'h, Kaynmerc'h, Kimerc'h, Kreinmerc'h, Quimerc'h

mieux ; et le compte présenté par lui dépasse le devis de 300 livres (3.600 francs). Le miseur demande « qu'il lui soit fait raison de la somptuosité de sa tour » dont il paraît si fier, mais qu'il a, je crois, payée.

Voilà des dates précises : 1451, 1467-69, 1476, 1477. Postérieurement, nous ne trouvons aucun mandement ou compte relatif aux fortifications de Concarneau ; or, François II avait encore devant lui, après 1477, onze ans de règne. D'après les indications ci-dessus, c'est à lui que serait dû l'achèvement de la ceinture murale de Concarneau.

Ces renseignements authentiques démentent le chanoine Moreau attribuant la construction des murs à la duchesse Anne, et le chevalier de Fréminville montrant les murs construits en 1300, ruinés en 1373, réparés ou réédifiés par la duchesse Anne (1). Mais ils permettent d'admettre l'attribution à la reine Anne « de ce bastion d'un plus grand diamètre que les autres tours, et de la citerne située dans l'une des tours, dont la voûte est soutenue par un pilier s'évasant en forme de cône renversé (2). »

Ces fortifications que nous voyons aujourd'hui (3), ont été décrites un peu sommairement par le chanoine Moreau, et bien mieux, un siècle après lui, par un voyageur qui visita Concarneau, ou, comme il dit Conckerneau, en 1636.

Je l'ai nommé plus haut (4) ; mais il nous fournira de curieux et très exacts renseignements : il faut donc le faire connaître au lecteur.

Dubuisson-Aubenay, militaire, diplomate, collectionneur, érudit et curieux en toutes choses, avait parcouru une grande partie de l'Europe (5). Mais il ne connaissait pas la Bretagne.

(Ch. Moreau). Le vrai nom est Kerimerc'h (Courcy), pour *Keranmerc'h* (maison de la fille : *i* ou *in* forme rare de l'article breton, au lieu de *an*).

(1) Quand il attribuait à la duchesse Anne la reconstruction de tous les remparts, Fréminville commettait une erreur certaine. Aurait-il fondé cette opinion sur les lettres de la reine Anne conservées à Quimper ? Ces lettres ne se rapportent qu'aux murs de Quimper. — Arch. du Finistère, Sⁱᵉ E, Titres de Quimper.

(2) C'est la description du b⁰ⁿ de Courcy. Ci-dessus, p. 12, note 2.

(3) Réserve faite des additions de Vauban, dont nous parlerons.

(4) Ci-dessus, p. 11, note 2.

(5) Il se nommait Nicolas Baudot, gentilhomme Normand, s⁰ʳ du Buisson et

Il y vint en 1636 ; il accompagnait comme gentilhomme d'escorte (1), Jean d'Estampes-Valençay, président au grand conseil, commissaire du Roi aux Etats qui allaient s'ouvrir à Nantes. Dubuisson ne manqua pas l'occasion de faire son « tour de Bretagne. » Il a écrit son itinéraire et nous y trouvons cette description des murs de Concarneau :

« La ville est bien ceinte de murailles, de large pierre à gros grain, à tours, bastions et fers à cheval et un gros dongeon (*sic*) à la porte de terre, servant de réduit et de demeure au lieutenant du gouverneur.

« La place est assez bonne ; les murailles, toutes à machicoulis, fort épaisses, fort hautes et malaisées à escalader. Il y a force terrain par derrière. Une poterne y donne entrée, vers l'Est, aux passagers du canal, une autre, du côté de terre opposite et à l'Ouest, est toujours ouverte ; une troisième, au Nord, dite la *Porte aux Vins*, est murée (2).

« Une grosse tour, qui sert de réduit ou dongeon, accompagnée d'une autre tour, dite *des munilions*, flanque et défend la porte de terre ou d'Ouest.

« Au Sud, un môle rompt les houles et coups de mer, et conserve (protège) une longue courtine en arc entre deux tours ou plateformes.

« Mais du côté de l'Est, un coteau voisin, au-dessus du canal, à la portée du mousquet, commande la ville tout à fait. On la peut battre aussi de trois cents pas et du côté du Sud (3) et du côté du Nord quand la mer est retirée, en roulant les canons sur la vase.

« Il y a dans la place citernes et puits d'eau douce, et entr'autres une citerne dans le dongeon ou réduit du gouverneur. »

Ces fortifications, admirées au commencement du xvii^e

d'Aubenay. — Bibliophiles Bretons. Arch. de Bretagne, t. IX, 1898. *Itinéraire de Bretagne*, t. I, XXIII, Conquerneau, p. 105-108. Ce livre devrait être dans toutes les bibliothèques publiques de Bretagne.

(1) « Suivant l'usage des grands seigneurs qui se plaisaient à voyager en compagnie de personnes distinguées. — Dubuisson fut un des hommes les plus instruits de son temps. » — *Itinéraire*. Préface, p. XI et XV.

(2) Ci-dessus, p. 10 et notes.

(3) Au lieu de *Sud* il faut lire *Ouest*.

siècle, allaient bientôt avoir le sort qu'avaient eu les fortifications antérieures ; elles allaient être insuffisantes, l'attaque étant encore une fois devenue supérieure à la défense... Mais Vauban allait venir.

Nous aurons l'occasion de parler des travaux exécutés par Vauban. Il suffit de dire ici que le rempart signalé au faubourg, le long du rivage à partir de la pointe Ténéroff, le ravelin sur le rocher au bout de la chaussée à l'Ouest, la demi-lune entre les deux grosses tours défendant la porte voisine, les ouvrages qui défendent la *porte du Passage*, sans parler de certaines réfections, sont l'œuvre de l'illustre ingénieur. La ville a consacré ce souvenir en donnant à la rue principale (on peut presque dire unique), qui va de l'une à l'autre porte, le nom de *rue Vauban*.

III

Peuplement et population de Concarneau.

Fixer à l'année 692 la fondation de Conc, ce n'est pas nier l'existence d'une population antérieurement établie sur l'îlot qu'occupe la vieille ville.

Un érudit breton a reconnu et décrit ce qu'il nomme les *oppida* ou forteresses, ces lieux de refuge, on peut dire ces villages de refuge, contenant quelquefois une centaine de cases appendues en gradins aux rochers les plus abruptes de la baie de Douarnenez (1). Combien les contemporains de leurs tristes habitants furent heureux de trouver l'îlot de Conc comme lieu de refuge et de défense !

D'autre part, comment, aux temps les plus reculés, des pêcheurs ne se seraient-ils pas établis sur l'îlot de Conc, lieu propice entre tous, situé au fond d'une baie, défendu contre les vents du Sud-Ouest, baigné constamment par la mer sur une de ses rives, enfin pourvu d'eau douce ?

L'acte le plus ancien où il soit question de Conc, sans pourtant que ce nom soit écrit, est du xie siècle. C'est le *Cartulaire* de Landevenec. On y lit :

« *Ego Gradlonus do sancto Uuingualeo..., locum sancti Uuingualei in Buduc, V villas.* »

« Moi, Gradlon, je donne à saint Guénolé, le lieu de saint Guénolé, en la paroisse de Beuzec, cinq maisons (2).

Ces mots doivent s'entendre en ce sens : Gradlon donna à saint Guénolé, en Beuzec, un lieu qui devint un prieuré portant le nom de Saint-Guénolé et comprenant cinq maisons, au temps où le rédacteur du *Cartulaire* rédigeait cette notice, c'est-à-dire au xie siècle (3).

(1) *Note sur les oppida gaulois* et d'autres forteresses sur le littoral du Pagus Cap Sizun (baie de Douarnenez et baie d'Audierne), dans *Etudes historiques* sur le Finistère, p. 76-87, par R. Le Men (1875).

(2) *Cartulaire* publié par M. de la Borderie, pour la Soc. Arch. du Finistère (1888), p. 151, XIX, *in fine*.

(3) V. sur ce point *Notice sur Concarneau* dans *Notices sur les paroisses du*

Les mots « en Beuzec » s'entendent de la *paroisse de Beuzec*, comprenant l'îlot de Conc ; et le seul prieuré que Landevenec ait eu en cette paroisse est celui de Conc.

Donc, la donation de Gradlon, mort aux premières années du vi[e] siècle, en 505 (1), se rapporte bien à Conc.

Disons tout de suite que le nom de *Beuzec* était commun à trois agglomérations de l'évêché de Cornouaille. Pour les distinguer, on ajouta un second nom au nom de *Beuzec*. Il y eut ainsi : *Beuzec-cap-Caval*, *Beuzec-cap-Sizun*, et Beuzec, paroisse de Conc, devint *Beuzec-Conc* (2). — L'annexion du nom de *Conc* au nom de *Beuzec* était destinée à prévenir toute confusion avec les autres Beuzec ; elle n'a pas eu cette vertu ; et, pour comble de malheur, elle a donné lieu à une confusion entre Beuzec et Conc. Nous le verrons tout à l'heure.

Si, contrairement à notre pensée, l'îlot de Conc était désert au ve siècle, c'est-à-dire au temps de la donation de Gradlon, cet état allait être bientôt modifié. A Conc, comme ailleurs, les moines vont être missionnaires, instituteurs, médecins, bienfaiteurs du voisinage, et, comme en beaucoup de lieux, la population va venir à eux.

Peut-être pourtant ce travail d'agglomération fut-il à Conc moins rapide qu'ailleurs, à raison de la situation insulaire du prieuré. Un fait que voici permet de le supposer.

Six siècles après Gradlon, vers la moitié du xiie siècle, un savant arabe, Edrisi, écrit une géographie résumant les renseignements recueillis par les arabes trafiquant alors par toute l'Europe (3). Ce livre est utile surtout aux navigateurs et semble

diocèse de *Quimper et Léon*, par MM. Peyron et Abgrall. *Bull. de la Commission diocésaine d'Archit. et d'Arch.*, 6e année, 1906, p. 182-192.

(1) Ci-dessus, p. 2.

(2) Beuzec-cap-Caval, autrefois paroisse, aujourd'hui partagé entre les communes de Saint-Jean-Trolimon et Plomeur, canton de Pont-l'Abbé. La chapelle est en Plomeur. — Beuzec-cap-Sizun, commune du canton de Pont-Croix. Cette paroisse avait trois prébendes canoniales, dont l'une appartint, de 1596 à 1617, à Moreau, l'auteur de la *Ligue en Bretagne. Bull. Comm. diocésaine*, III, p. 109.

(3) J'ai nommé Edrisi, ci-dessus p. 12, note 3. Arabe, né à Ceuta (aujourd'hui Maroc), en 1099, il fut favori de Roger II, roi Normand de Sicile (1130-1154). Il avait, dit-on, parcouru le bassin de la Méditerranée jusqu'à Constantinople, et visité les côtes de France et d'Angleterre, quand il écrivit le livre qu'il intitula : *Délassements de l'homme désireux de connaitre à fond les diverses parties du*

écrit pour eux ; il leur signale de proche en proche les villes maritimes. Or, entre Quimperlé et Quimper, il ne nomme pas Conc.

Ce n'est pas à dire que Conc ne fût pas habité. Du silence d'Edrisi nous pouvons seulement inférer que Conc offrait peu d'intérêt aux commerçants ; qu'il n'avait pas « l'industrie et les marchés » signalés à Kenberlin (Quimperlé), qu'il n'était pas « très peuplé, très fréquenté, commerçant et abondant en ressources, » comme Sant-Kerenbin (Quimper-Corentin).

Ecrivant cent ans plus tard, Edrisi n'aurait eu garde d'omettre Conc. La population s'est accrue. La chapelle du prieuré est devenue insuffisante : une église a été construite, qui sera *fillette* de Beuzec. Conc est chef-lieu d'une châtellenie ducale. Il a une cour ducale et cette cour a même un auditoire construit pour elle (1).

Il y a là un sénéchal et les officiers ordinaires d'une justice, procureurs, sergents, notaires, etc. Auprès d'eux habitent des bourgeois, dont les fils parviennent aux dignités de l'église de Cornouaille (2), « des gens de négoces » et des pêcheurs.

Tout ce monde vit là en sécurité, derrière des murailles solidement construites sur le rocher, difficiles à escalader, et qui un jour résisteront à un assaut commandé par le connétable du Guesclin (1373) (3).

A cette époque, Concarneau est ce que dit Froissart contant ce fait d'armes : « ville et forteresse sur mer (4). »

monde. V. La Borderie, *Hist.*, t. III, p. 148 et suiv., et J. Trévédy, *Géographie ancienne de la Bretagne*, 1896.

(1) Le duc Jean II (1286 à 1305) bâtit un auditoire à Conc. — La Borderie, *Hist.*, III, p. 566. L'auteur cite un compte de Lombard, trésorier, qu'il a publié au Bull. de la Soc. Arch. d'Ille-et-Vilaine, XXII, p. 272-273.

(2) Un chanoine en 1289. Morice, *Pr.*, I. 1093. Deux archidiacres de Poher dont un devient chantre de Quimper (1re dignité du chapitre). *Cartulaire de Quimper*, Comm. Diocésaine, IV, p. 511 et 514 (Années 1314-1321-1322).

(3) C'est à ces circonstances que je faisais allusion. Ci-dessus, p. 13 et note 3. On voit combien Moreau était mal informé quand, se référant à 1450, il montre Concarneau comme « un village habité de pêcheurs ou matelots. » P. 61.

(4) Froissart, Ed. de Simon Luce. t. VII, p. 140 et VIII, p. 139-142. — Il dit « ville et petite forteresse » ; « petite ville et forteresse » serait plus exact. Froissart est mieux informé que Ogée qui mentionne le siège du « château bien fortifié de Beuzec. » (Vo *Beuzec-Conc*, I, p. 84).

Au même endroit Ogée écrit que, en 1145, le duc Conan exempta Beuzec-Conc de tailles, etc. Dans la même page, il vient d'écrire la même phrase à propos de

Mais tout-à-coup, dans la première moitié du xve siècle, la décadence vient : « Les habitants ont délaissé leurs négoces et affaires, plusieurs sont allés faire leurs demeurances en autres lieux ; et n'y sont demeurés (à Conc) que bien peu des habitants... »

Qui nous révèle cette décadence de Conc ? Le duc Pierre II dans le mandement cité plus haut, du 15 mars 1451 (1). Et la cause de cette émigration des habitants ? Elle est bien simple : Ils ne se sentent plus en sûreté derrière les murs qui protégèrent leurs pères. Ces murs qui résistèrent à du Guesclin ne tiendraient pas contre les canons qui se multiplient en se perfectionnant. Pierre II va donc ordonner la reconstruction de la ceinture murale.

Mais à ces murs remis à neuf il faut des défenseurs. Où les trouver ? Pierre II saura y pourvoir.

Au Moyen-Age, les bourgeois des villes étaient exercés au tir de l'arc et plus tard de l'arbalète ; et, en cas d'attaque, se faisant soldats, combattaient avec la garnison. Ainsi firent les habitants de Conc ; et le duc le rappelle à leur grand honneur :

« A l'occasion, dit-il, des guerres qui ont longuement duré et sont encore sur la mer (2), souventes fois (les habitants) se sont armez..., pour faire résistance à nos ennemys les Angloys ; et, ont soustenu de grandes charges (dépenses) et pertes de fortune pour lesquelles sont réduits en indigence de biens... »

Beuzec-cap-Sizun. — L'exemption est en effet accordée à ce dernier lieu. Morice, *Pr.*, I, 596. Toujours la même confusion. — *Tailles*, impôt réel et personnel, dit aussi *fouages*, d'ordinaire *temporaire*.

(1) Ci-dessus, chap. II (*Remparts*), p. 15. Je copie ces phrases du mandement et celles qui suivront dans le discours du comte de Palys, à la séance d'ouverture du congrès de Concarneau. V. ci-dessus p. 15, note 2.

(2) Cette phrase est une correction apportée par Arthur III au texte du mandement de Pierre II. En 1451, Pierre II n'aurait pas pu dire que les guerres ont cessé sur terre. La victoire de Formigny n'avait délivré que les Normands et il fallut la victoire de Castillon (17 juillet 1453) et la prise de Bordeaux (17 octobre), pour déterminer le départ des Anglais..... V. ci-dessus, p. 14 et 15. — En 1457, les Anglais menaçaient Bourgneuf (aujourd'hui Loire-Inférieure) et Saint-Malo. En 1458 (août), une flotte franco-bretonne de 60 navires, dont 13 à châteaux, c'est-à-dire de guerre, força l'entrée de Sandwich, comté de Kant, et revint chargée de butin et ramenant 24 navires anglais, dont 3 de guerre. Lobineau n'a pas dit cette expédition que conte Morice, II, p. 60-61.

« Mais aujourd'hui, continue le duc, ils sont en si petit nombre que bonnement ne suffisent plus à la garde et deffense de la place ; mais très nécessaire seroit que plus grand nombre y en eut pour le bien, seureté et augmentation d'icelle place. »

Pour obtenir ce résultat, que va faire le duc ? Il va d'abord reconstruire les murs, et les rendre, comme nous avons vu, capables de résister au canon. En second lieu, pour indemniser les habitants des dépenses qu'ils ont faites et des pertes qu'ils ont subies à cause des guerres, le duc « les exempte, et perpétuellement, du devoir d'impôt des vins et boissons qu'ils vendront (1), des tailles, aides (2), et autres subsides avec tout devoir de sécheries appartenant au duc, voulant qu'ils soient et demeurent quictes, francs et exempts, sans aucune chose à payer (3). »

Cette exemption est confirmée par Arthur III en 1457.

La reconstruction des remparts ramène la sécurité, l'exemption de toute imposition est un privilège enviable. Les habitants qui s'exilèrent vont revenir ; mais ils ne viendront pas seuls. D'autres se joindront à eux, jaloux de cet heureux privilège dont leurs enfants hériteront.

Soixante-dix ans plus tard (en 1520), le *portulan* cité plus haut (4), mentionne *Concarneo*. Me dira-t-on : « Mais le portulan mentionne tous les ports, disons mieux, les hâvres, les entrées de rivières où les navigateurs qui rasent encore timidement les côtes, trouveront abri contre le gros temps (5). — C'est uniquement à ce titre que Venodet (Benodet), à l'entrée de la rivière de Quimper, peut être nommé par lui. N'en est-il pas de même de Concarneau ? »

Voici la réponse à cette objection :

(1) C'est le billot, ci-dessus, p. 16, note 2.

(2) *Aides*. Impôt dû en trois occasions : 1° quand le fils aîné du seigneur est armé chevalier ; — 2° quand le seigneur marie sa fille aînée ; — 3° quand le seigneur est fait prisonnier. On ne voit pas nos ducs réclamer les *aides*.

(3) Remarquons que « l'impôt sur les pêcheries et sécheries » ne figure pas dans les revenus de la seigneurie. Nous en reparlerons plus loin.

(4) Ci-dessus, p. 4, note 3.

(5) « La navigation était si difficile aux côtes de Bretagne, qu'il était rare qu'un bâtiment naviguât deux ans sans se briser. » Hévin, *Questions féodales* (à propos du droit de bris), p. 347. Il cite ainsi « une vieille relation historique à la fin d'une *Très Ancienne Coutume* » (1330 à 1360).

Dix-neuf ans après la date du portulan, en janvier 1539 (1540 n. st.), arrivent à Conc deux conseillers maîtres à la chambre des comptes de Nantes : « la chambre les a nommés commissaires, en exécution de mandat du Roi François Ier, usufruitier du duché de Bretagne, pour la réformation des recettes de Concq-Fouesnant et Rosporden (1). »

Ils vont faire deux opérations : 1° établir l'état des propriétés données par baillées moyennant rentes censives (2) ; 2° « faire la baillée des maisons, terres vagues, inoccupées, occupées sans titre ou usurpées. »

Ils se mettent à l'ouvrage, le 21 janvier, et ils consacreront deux jours à la ville et autant au faubourg.

Nous donnerons plus loin le compte exact des maisons et jardins ; mais ce qui nous intéresse aussi, c'est l'indication des édifices pris comme *points de repère*.

Les commissaires signalent l'église avec son cimetière, l'hôpital et sa chapelle, dite de la Trinité, le four à ban, le puits public, le moulin (à vent) banal, la cohue (halle) et le *petit château*. — Tous ces édifices sont rassemblés dans la partie la plus large de l'îlot.

Au-delà, vers l'Ouest, sont signalées la chapelle dite *Notre-Dame du Portail*, qui touche la porte, et à côté la prison.

Enfin, l'acte mentionne en deux endroits « échelles ou degrés (escalier) pour monter sur la muraille (3). »

En dehors de l'espace occupé par les édifices mentionnés ci-dessus, tout le terrain que les murs et le chemin de ronde laissent libre est occupé par des maisons, cours et jardins.

La *Grande rue*, de la porte Ouest à l'Est, comprend 45 maisons à droite et 44 à gauche ; la *Petite rue* du Sud au Nord en comprend huit. — En tout 97 baillées.

(1) Arch. de la Loire-Inférieure, B. 1256. Rôle rentier de la sénéchaussée de Concarneau.

(2) Le mot *baillées* est pris au sens de *bail* à rente : cession de la propriété à charge de rente perpétuelle, dite *foncière* ou *censive*.

(3) Auprès de l'*échelle*, « le lieutenant du capitaine représente qu'elle est nécessaire. L'on monte par là pour faire le guet et porter l'artillerie sur le mur lorsqu'il en est besoin » Ainsi, d'ordinaire, les canons n'étaient pas sur le rempart. — Aucune mention de l'auditoire signalé plus haut, ni du prieuré.

Les conseillers font 10 nouvelles baillées en diverses parties de la ville (1).

Il y aura donc en tout 107 baillées. Plusieurs comprennent plus d'une maison. Nous pouvons compter 115 maisons (2).

Voilà pour la ville. Voici pour le faubourg :

Le procès-verbal montre là deux *rues*, plus exactement deux *quartiers*, qu'il nomme *Pénéroff* et *l'Aire-l'Evêque*.

La *rue* dite *Pénéroff*, vis-à-vis de la porte de l'Ouest, près de la chapelle Sainte-Croix et le long du rivage, est au domaine du Roi. Les commissaires y comptent 30 baillées, et ils en ajoutent 13, comprenant 3 maisons et « des applacements de landes au voisinage de la chapelle. » — Voilà donc 33 maisons signalées à *Pénéroff*. C'est en tout 148 maisons au domaine royal.

La *rue* dite *l'Aire-l'Evêque*, au Nord de *Pénéroff*, est au fief épiscopal, les commissaires n'ont pas à s'en occuper. S'ils mentionnent le four banal, c'est seulement comme point de repère.

Remarquons ici que le plan du xviiiᵉ siècle, cité plus haut (3), montre le quartier *l'Aire-l'Evêque* aussi bâti, sinon plus, que *Pénéroff*. En était-il ainsi en 1539 ? C'est vraisemblable. Si donc les commissaires ont vu 33 maisons à *Pénéroff*, il y en avait un nombre à peu près égal à *l'Aire-l'Evêque*.

Nous avons compté 115 maisons dans la ville close : ajoutons-y 66 au faubourg : l'agglomération entière aurait donc compris 181 maisons.

Soixante ans plus tard, au début du xviiᵉ siècle, le chanoine Moreau constate le progrès de Concarneau :

« Il nous montre dans l'îlot une rue bien bordée de maisons où demeurent nombre d'habitants riches, par rapport à leur commerce de mer. C'est pourquoi elle (la place) est aussi appelée ville (4). »

Il n'avait pas à parler du faubourg ; mais, quelques années plus tard, en 1619, nous sommes renseignés.

---

(1) Une d'elles concerne « un emplacement de maison joignant d'un côté au *puits public*, d'un bout au *cimetière* et d'autre bout vis-à-vis du four à ban. » — Puits et cimetière sont bien voisins.

(2) Je ne compte pas deux maisons appartenant au prieuré, dont je trouve la mention ailleurs.

(3) Ci-dessus, p. 9.

(4) Moreau, p. 61.

Dans la rue *Pénéroff* les maisons se touchent ou du moins sont assez rapprochées les unes des autres pour servir successivement d'abris à une troupe ennemie qui passe d'une maison à l'autre sous le feu de la place, et dont un seul homme est blessé (1).

Vingt ans plus tard (1636), Dubuisson-Aubenay écrira :

« Conq ou Conckerneau est une petite place environ de cent maisons, bâtie ou fortifiée pour la nourriture et sûreté des enfants des ducs qui, autrefois, étaient là élevés à cause du bon air (p. 107). »

C'était apparemment une prétention des habitants que leur ville eût été choisie pour la résidence des enfants des ducs, comme le lieu le plus salubre de la Bretagne.

Notre voyageur dit plus loin : « Il y a bien cent hommes à porter armes, et en un besoin deux cents (p. 108). »

Remarquez-le, « notre auteur ne parle que de la ville close, qu'il nomme la *place,* qu'il décrit « ceinte de murailles », située en mer qui l'environne. » Ainsi, ces nombres de « cent maisons », de « cent ou deux cents hommes à porter armes », se rapportent à la ville close.

De ce qui précède, il résulte que le nombre « d'environ cent maisons » indiqué, en 1636, par Dubuisson dans la ville close, est trop réduit, et qu'il y a lieu d'y compter 115 maisons au domaine du Roi, sans parler des autres appartenant au prieuré de Saint-Guénolé (2).

Au lieu de compter les maisons par à peu près, Dubuisson aurait bien fait de donner (ce qui était facile), le chiffre de la population. Pouvons-nous du moins l'inférer approximativement des renseignements qui précèdent et de ceux qui vont suivre ?

Moreau nous apprend que, à la fin du XVIe siècle, Penmarch avait une troupe de 2.500 arquebusiers ; et il lui attribue une population de 10.000 âmes. La milice est du quart de la population (3). A ce compte, les 100 arquebusiers de Concarneau

---

(1) Récit publié (en 1621) du siège de Conquerneau, en 1619. Nous y viendrons.

(2) Ci-dessus, p. 26.

(3) V. Moreau, p. 274 et 275. Il dit aussi que Quimper pouvait fournir 1.000 à 1.200 arquebusiers (p. 124). Il dit même « 1.200 ou 1.300 bien en ordre, » ce qui porterait la population à 4.000, 4.800 et même 5.200.

mentionnés par Dubuisson, donneraient à la ville 400 habitants ; les 200, élèveraient la population au chiffre de 800. Prendrons-nous la moyenne : 150 arquebusiers ? et en déduirons-nous approximativement pour Concarneau une population de 600 habitants ? Ce chiffre approximatif paraît acceptable.

Il donne pour chacune des 115 maisons de la ville close, un peu plus de 5 habitants ; mais nous devons tenir compte des 66 maisons du faubourg, si nous leur attribuons le même nombre d'habitants, nous arrivons au chiffre de 943 pour l'agglomération entière : 599 en ville et 343 dans le faubourg (1).

Quoi qu'il en soit, on ne peut douter que, en ces temps troublés, la fortification de l'îlot n'ait contribué au progrès de Concarneau et à l'augmentation de sa population.

Moreau ne semble pas de cet avis. Il nie l'utilité de ces murailles. « Le hâvre, dit-il, n'est guère sûr, et les approches en sont dangereuses... » Du moins, lui semble-t-il que les inconvénients de la fortification l'emportent sur ses avantages : « C'est une bonne forteresse pour la ruine du pays et inventée cependant pour son bien, une retraite à voleurs, gens de corde, etc. (2). »

Pardonnez au chanoine ligueur. Il a vu Concarneau ligueur et sauvegarde de Quimper ; il le voit dévoué au Roi et menaçant Quimper ; de là sa méchante humeur. Mais ne donnons pas à ses plaintes un sens général qu'il ne leur a pas donné. - Il se plaint seulement des « voleurs et gens de corde » qui vont demander asile à Concarneau. S'il exagère, il y a là une part de vérité.

A cette époque, les chefs militaires n'étaient pas scrupuleux sur le choix de leurs recrues, pas plus que sévères sur la discipline. Mais le chanoine ne confond pas avec les hommes ainsi enrôlés, les honnêtes habitants dont il vient de parler occupés d'un commerce lucratif. Il n'en veut pas à la ville de Concarneau. Et c'est justice.

---

(1) Voici le calcul : 600 habitants pour 115 maisons (ville close) donnent pour chacune 5.21 : 5.21 × 115 = 599.15. — Au faubourg : 5.21 × 66 = 343.86. 599.15 + 343.86 = 943.01.

(2) Moreau, p. 62-63.

En effet, que peut une population de quelques centaines d'habitants enfermés dans une étroite enceinte avec une garnison relativement nombreuse ? Si son gouverneur crie : « Vive la Ligue ! », la population ne criera pas : « Vive le Roi ! » Si le gouverneur se met à crier : « Vive le Roi ! », la population, même ligueuse, ne criera plus : « Vive la Ligue ! » Telles furent, nous le verrons plus loin, les vicissitudes par lesquelles devait passer Concarneau.

IV

La Châtellenie de Conc-Fouesnant-Rosporden.

Quelle que fût la population de Conc, il suffisait de son hâvre, de son port, de ses murailles, pour en faire le lieu le plus important des trois seigneuries ducales contigües de Conc, Fouesnant et Rosporden ; et Conc devint le chef-lieu de ce domaine. Les trois noms de Conc ou Conq, Fouesnant et Rosporden, sont très souvent accolés dans les vieux actes. Ils expriment trois seigneuries ducales, puis royales, groupées en une juridiction unique dont le siège était à Conc ; et Conc, en devenant le chef-lieu judiciaire, fut en même temps, comme nous dirions aujourd'hui, le chef-lieu *administratif* du domaine ducal.

La juridiction était circonscrite par une ligne partant de l'embouchure de l'Odet, et suivant la limite Ouest des cantons actuels de Fouesnant et de Rosporden, jusqu'à la hauteur de Coray, de là montant plus au Nord, enserrant la commune de Scaër, puis redescendant à l'embouchure de l'Aven, enveloppant Kernevel, Melgven, Nevez et Nizon. Cette délimitation comprend les cantons actuels de Concarneau, Fouesnant, Rosporden, la plus grande partie de celui de Scaër, une partie de celui de Banalec, et plus de la moitié de celui de Pont-Aven ; soit autrefois vingt-trois paroisses ou trèves et aujourd'hui vingt-et-une communes (1).

Cette limite fut, jusqu'à la Révolution, la limite du ressort de la sénéchaussée, ou, comme on disait, de la cour royale de Concarneau.

On peut se demander quelle était la valeur de chacune des trois seigneuries. Nous pouvons répondre à cette question, d'abord en ce qui concerne Fouesnant et Rosporden. Après, nous parlerons de Conc.

(1) Je trace cette limite d'après la carte de la *Bretagne féodale* de La Borderie (1889), reproduite au t. III de l'*Hist. de Bretagne* ; voir p. 56 et suivantes.

Les deux premières seigneuries ont été plus d'une fois distraites du domaine ducal ; le duc retenant seulement la *justice*, comme c'était l'usage, en preuve de souveraineté. Quelques-uns de ces actes donnent le revenu de chacune d'elles.

Par un premier acte, daté de 1381, Jean IV obtient de Jeanne de Chabot, la baronnie de Retz ; et donne en échange les seigneuries de Fouesnant et Rosporden, plus Châteaulin sur Trieux, au diocèse de Tréguier (1). Mais, Jeanne, dite *la Sage*, et qui aurait mieux mérité le surnom de *Folle*, a bien vite reconnu que le duc l'a jouée.

En acceptant cet échange, elle a subi bien plus que la lésion d'*outre moitié*, cause d'annulation des contrats. Elle proteste, le duc, redoutant le scandale d'un procès perdu d'avance, consent à reprendre ses seigneuries (2) ; et Jeanne rentre en possession de sa belle baronnie, avec ses six châteaux, ses forêts et tous ses droits utiles et honorifiques (3).

(1) Lobineau, *Hist.*, p. 445. Le château, chef-lieu de la seigneurie, était commune actuelle de Plouec, qui touche Pontrieux, arr. de Guingamp.

(2) Cette renonciation se fit avant octobre 1395. Ainsi seulement peut s'expliquer que, à ce moment, Jean IV put rendre au comte de Penthièvre Châteaulin sur Trieux, en exécution des conventions dites mal à propos, depuis cinq siècles, *traité d'Aucfer*. — V. *Croix et traité d'Aucfer*, par J. Trévédy.

(3) Mais elle n'en jouit pas longtemps. Voici un bref résumé de cette affaire :

Châteaulin sur Trieux est donné par Jean IV et accepté en 1395 (traité d'Aucfer) pour 1.300 livres de rente (71.500 fr.) au denier 20, valeur vénale 1.420.000 fr., ajoutons la valeur vénale de Fouesnant et Rosporden, dite plus loin : 577.000 = 1.997.000. — Remise en possession, la baronne désespérée donne mandat de vendre les trois seigneuries pour 1.100.000. Des conseils la ramènent à la raison, et le duc, comme je l'ai dit, rendit la baronnie.

Mais, vers 1390, il s'empare, à main armée, de la baronnie, et il la gardera six ans, jusqu'à l'arrêt du 4 mars 1596, par lequel le Parlement de France le condamne : 1o à la restitution ; 2o à des dommages-intérêts de 5.940.000 fr. ; 3o aux frais très lourds de l'instance.

Les dommages se décomposent ainsi : 1o 60.000 livres, 3.300.000 fr., pour les meubles enlevés des châteaux de la baronnie ; 2o 48 000 livres, à raison de 8.000 par année pour indue jouissance, 2.640.000 fr.

Le revenu évalué à 8.000 livres ou 440.000 fr., donne, au denier 20, une valeur de 8.800.000 fr., en échange la baronne avait reçu une valeur de 1.997.000 : différence 6.803.000 fr.

Jeanne de Chabot était une *collectionneuse*, elle réclamait 60.000 livres, 3.300.000 fr., pour les meubles du château de Princé, sa résidence ordinaire.

V. mon mémoire : *Le duc Jean IV, baron de Retz et Jeanne de Chabot, baronne de Retz.*

Ce premier acte ne donne pas le revenu de Fouesnant et Rosporden ; mais nous trouvons ce renseignement ailleurs, et nous en déduirons la valeur vénale des deux seigneuries (1).

En 1431, Jean IV évalue Fouesnant et Rosporden 700 livres de rente, environ 29.000 francs de nos jours (2). A cette époque, les ventes se font souvent au denier 20. Ce revenu permet de fixer la valeur approximative des deux seigneuries à 577.000 francs.

Vers le même temps, Jean V engage les deux seigneuries, avec Conc, en garantie de 15.000 écus d'or (17.250 livres) soit 611 661 francs, monnaie actuelle, somme qui se rapproche sensiblement de la valeur calculée sur le chiffre résultant du revenu.

Attribuons l'écart (34.000 fr.) à Concarneau, qui, nous le verrons plus loin, ne compte pour presque rien ; et acceptons le chiffre de environ 577.000 francs, comme représentant la valeur des deux seigneuries.

En 1438, Jean V assigne Fouesnant et Rosporden, pour seulement 460 livres de revenu, dans le partage de Pierre, qui sera Pierre II (3).

En 1457, la rente de 6.000 livres (200.000 francs), que le duc Pierre II assigne en douaire à sa veuve. Françoise d'Amboise, est assise en partie sur Conc, Fouesnant et Rosporden (4).

---

(1) Nous allons avoir à établir le rapport de monnaies anciennes à la monnaie actuelle. Nous suivrons les évaluations de Leber, établies vers 1845, et par là un peu faibles après soixante ans passés.

Pour ramener la livre (ou franc) des xive et xve siècles au franc actuel, Leber prend pour multiplicateurs les chiffres suivants : xive siècle 2e moitié 55. — xve 1re moitié 41.25. — xve 2e moitié 30.

La Borderie remplace le chiffre 30 par 35 au moins.

(2) Cet acte et celui qui suit sont consentis à Pierre de Rieux, maréchal de France, dit maréchal de Rochefort. Le premier est un don. Arch. Loire-Inf., k. 152. Le second une garantie. Lobineau, *Hist.*, p. 588. — A cette époque, l'écu d'or était évalué 23 sous, la livre étant, comme toujours, à 20 sous.

(3) Morice, *Pr.*, II, 1319. La réduction du revenu de 700 livres à 460, est un avantage que Jean V fait à son fils. Il faut s'en tenir au chiffre 700 comme valeur réelle.

Par le même acte, Pierre reçut Guingamp dont il va prendre le titre, pour une rente de 600 livres (24.000 fr.), quelques autres domaines, et enfin une rente de 1.250 livres (plus de 51.000 fr.), sur les sécheries de Cornouaille dont nous parlerons bientôt.

(4) Lobineau, *Hist.*, p. 664. — Constitution de douaire (14 avril 1453). Testa-

Enfin, en 1594, Henri IV offrait les trois seigneuries au duc de Mercœur avec le gouvernement de la Bretagne, pour le déterminer à faire la paix.

Telle est la châtellenie dont Concarneau fut le chef-lieu judiciaire et, comme nous l'avons dit, administratif. En effet, anciennement et pendant longtemps, le sénéchal, premier ou même unique juge du siège, eut la justice et l'administration ; et, jusqu'à la fin de l'ancien régime, il garda quelques attributions administratives, comme nous le verrons.

Nous reviendrons plus loin, avec quelques détails, sur le siège judiciaire de Concarneau ; mais il nous faut parler d'abord de la seigneurie particulière.

ment (5 septembre 1457). François II porte le douaire de 6 à 7.000 livres, soit 30 ou 40.000 fr. de plus, et la châtellenie de Conc y resta soumise. — Voir *Douaire des duchesses de Bretagne,* par J. Trévédy (1907).

V

Seigneurie particulière de Concarneau.

La seigneurie particulière, dite de Concarneau, comprenait : les paroisses de Beuzec-Conc, avec Concarneau sa trève, Lanriec et Trégunc, c'est-à-dire les quatre communes formant le canton actuel de Concarneau qui, comprenant 9.000 hectares, est le moindre de l'arrondissement de Quimper.

Mais le domaine propre du duc était très réduit. Il ne comprenait même pas tout l'îlot exigü qu'occupe la vieille ville : une partie appartenait à l'abbaye de Landevenec. De même une part du faubourg était à l'évêque de Cornouaille. Nous avons vu cela plus haut. Une déclaration du prieuré et un aveu de l'évêque, vers la fin du xviie siècle, nous renseignent sur ces deux fiefs (1).

Le prieuré comprenait, en 1678, « l'église de Saint-Guénolé avec son cimetière autour et autres issues. » Le prieuré avait eu autrefois : « la maison du prieur entre l'église et la porte du Passage, et une autre maison entre la chapelle Notre-Dame et le mur de ville ; » mais « ces deux applacements ont été employés aux fortifications. »

Les droits honorifiques et utiles consistent dans : « 1° patronage et prééminences à Saint-Guénolé, offrandes et oblations qui y sont faites ; » « 2° droit de passage en bateau, moyennant un péage de six deniers par personne, cheval ou beste de charge, entrant à Conquerneau ou en sortant (2). »

Il est observé que, « pour être quittes de payer ce devoir à chaque passage, les habitants des paroisses de Trégunc, Lanriec, Nevez, Nizon et partie de Melgven, ont de temps immémorial, consenti aux prédécesseurs du prieur « le droit de

(1) Archives Loire-Inférieure. Chambre des Comptes. Papier terrier. Réformation du Domaine royal. B. 1258, n° 21. Déclaration du prieuré, 6 septembre 1678, — et folio 454. Déclaration de l'évêque, du 29 septembre 1682. — En plus aveu reçu le 8 août 1684, 1er vol. des *Sentences*, f° 41.

(2) Il s'agit du passage de la *Chambre*, en sortant de la porte de l'Est vers Lanriec. Voilà le nom *Conquerneau* employé en 1678. Ci-dessus, p. 5, note 1.

prendre, lever et percevoir une fois par chaque année, sur tous et chacun des habitants faisant feu et fumée (1), savoir : à Trégunc et Lanriec, une gerbe de froment raisonnable et renable (2), et à Nevez, Nizon et partie de Melgven un minot d'avoine. »

Les passants de toutes autres paroisses paient la redevance originaire.

Le prieuré, restant chargé de l'entretien du bateau, afferme le droit de péage pour 81 livres tournois (environ 280 francs de notre monnaie), « payables chaque année à Noël ».

Le prieur déclare en outre « lui être dus lods et ventes, dîmes et neumes (3) non seulement à Concq mais en quelques cantons voisins ; » mais il n'en jouit pas « les titres ayant été perdus dans les guerres civiles. »

D'autre part, l'évêque de Cornouaille, dans l'aveu mentionné plus haut de 1682 (4), déclare avoir « la seigneurie de ligence, foi, hommage, chambellenage (5), lods et ventes, rachapts (6), obéissance à cour et juridiction, sur les habitants de la rue nommée l'*Aire l'Evesque*, l'un des faubourgs de la ville. »

Il réclame sur « chacune des maisons de la rue dite l'*Aire*, de cheffrente à la Saint-Mathieu quatre deniers monnaie (7) », plus quelques mesures de froment dues par un habitant.

---

(1) Plus simplement par *feu*, par *ménage*. Certaines impositions étaient ainsi établies. Sur quoi arrêt du Parlement du 21 octobre 1578. Arch. Loire-Inf., B. 1238.

(2) *Renable*, vieux mot qui veut dire *raisonnable*.

(3) *Lods et ventes*. Droit de mutation perçu au cas de vente d'immeuble.

Neume, droit perçu au cas de décès : il fut d'abord du neuvième des meubles du décédé (de là son nom), puis (1559) du neuvième du tiers : de là le nom de *tierçage*.

La *dîme* est bien connue.

(4) Arch. Loire-Inf., B. 1238. Reg., fo 454.

(5) *Chambellenage, chambellage*. Originairement, droit du chambellan ayant présenté un vassal à l'hommage « de retenir l'épée, éperons et ceinture, pour le racquit desquelles choses, on prit l'usage de lui payer une pièce d'or. » Hévin, cité par Duparc-Poullain (*Coutumes*, II, p. 590). Le ch. 224 de la *T. A. C.*, (1330-1340), fixa cette redevance à *cinq sous*, somme qui valait alors « dix livres de notre monnaie et plus », dit le Président de Perchambault écrivant en 1720 (*Coutume*, p. 383). Disons au moins 28 fr. 25 de nos jours. Eval. de Leber. Les 5 sols payés en 1789 valent 54 c. de nos jours.

(6) Droit de mutation au cas d'héritage d'immeuble.

(7) 4 deniers (un tiers de sou), en 1789, aujourd'hui environ 4 centimes.

Enfin, il déclare le four à ban mentionné plus haut.

On le voit, le domaine ducal puis royal à Concarneau, ville et faubourg, était peu important : il comprenait seulement les fortifications avec un large chemin de ronde ; l'espace laissé libre entre elles contenant les 115 maisons ou jardins mentionnés ci-dessus, enfin au faubourg, 33 maisons et 10 parcelles de landes données en baillées (1).

Chacune de ces maisons et parcelles payait une rente peu élevée : la plupart de ces rentes sont anciennes et elles sont acquittées selon leur valeur nominale, c'est-à-dire pour presque rien, dès le XVIe siècle. Elles ne suffisent pas au paiement des officiers et à l'entretien des fortifications. Nous avons vu l'exemption de toutes impositions concédée par les ducs et que les Rois vont continuer. — Double raison pour que le revenu du domaine de Concarneau ne figure pas dans l'état des revenus du domaine de Bretagne en 1534 (2).

En 1431, le revenu de Fouesnant et Rosporden est évalué 700 livres ; en 1438, par faveur pour son fils Pierre, Jean V le porte seulement à 460 livres. En 1534, le revenu non des deux seigneuries seulement, mais de la châtellenie entière, y compris Conc, figure à l'état général des revenus, pour 450 livres (13.500 de notre monnaie). Donc, en même temps que le revenu de Fouesnant et Rosporden est réduit, celui de Conc est compté pour rien (3).

En signalant plus haut (4) l'exemption générale et perpétuelle d'impôts concédée aux habitants de Conc (en 1451 et 1457), nous avons mentionné « le devoir de pêcherie et sécherie ; » et nous avons fait remarquer que le produit de cette imposition ne figure pas dans les revenus particuliers de la seigneurie, mais dans les recettes générales du duché. Puisque nous parlons de ces recettes générales, disons quelques mots des « pêcheries et sécheries, » et notamment de celles de Conc.

Les mots « devoir de pêcherie et sécherie » doivent être

(1) Ci-dessus, p. 26.
(2) Morice. *Pr.*, III, 1011.
(3) Ci-dessus, p. 32.
(4) Ci-dessus, p. 24, note 3.

interprétés par ces mots : « droit, impôt payé pour obtenir la licence de pêcher en mer et de faire sécher sur le rivage le poisson et les filets. » Ce droit avait autrefois un sérieux intérêt.

« On oserait presque dire que pendant des siècles, la pêche dite côtière a été exercée en Bretagne plus activement qu'aujourd'hui. » Une industrie fort importante autrefois a presque disparu. Je veux parler de la sécherie du poisson (1).

Avant que l'Europe allât pêcher à Terre-Neuve découverte en 1496, les morues, les congres, surtout les merlus pris et séchés sur les côtes bretonnes, tenaient en France et ailleurs, notamment en Espagne, la place qu'occupe de nos jours, la morue de Terre-Neuve et d'Islande (2). A cette époque, où le carême étendait sur toute l'Europe ses rigoureuses lois, les poissons secs de Bretagne étaient la *viande de Carême* ; et ils faisaient, semble-t-il, le fond de la nourriture dans les abbayes et couvents où l'abstinence était ordinaire.

Le droit de pêcherie et sécherie appartenait aux seigneurs dans leurs fiefs situés au bord de la mer ; mais le domaine ducal comprenait quelques parties du rivage breton.

Ainsi, les côtes de l'évêché de Cornouaille, de l'entrée de Quimperlé à l'embouchure de l'Odet, étaient du domaine ducal. La rivière d'Aven les coupait en deux parties inégales : la moindre, à l'Est, était de la châtellenie de Quimperlé ; l'autre, à l'Ouest, était de la châtellenie de Conc, Fouesnant et Rosporden. Le rivage de l'Aven à l'Odet mesure environ 70 kilomètres.

Au delà de l'Odet, les côtes de Cornouaille appartenaient à diverses seigneuries (3). En plusieurs d'entre elles, nous voyons l'imposition (singulièrement variable) payée par le *pêcheur* en

---

(1) Je prends la liberté de renvoyer à mon étude, *Pêcheries et sécheries de Léon et de Cornouaille*, où se trouvent des détails sur les pêcheries *seigneuriales* dont je ne puis parler ici (Quimper, 1891).

(2) « Quand (1299) Jean Le Roux acquit le comté de Léon, il trouva les pêcheries concédées « à titre perpétuel à sept marchands de Bayonne ; » et il continua cette ferme en élevant la rente de 105 livres à 130 soit × 113, de 11.947 fr. à 14 792. Acte du 4 mai 1279.

(3) Il faut ajouter que la paroisse de Tréoultré-Penmarc'h (aujourd'hui commune de Penmarc'h) relevait du duc. Mais il semble que (par une concession dont nous n'avons pas l'acte) le droit de pêcherie y était exercé par le seigneur de Pont-l'Abbé, sauf sur un point où le duc avait une pêcherie. C'est pourquoi nous ne parlons pas de Penmarc'h.

titre, le maître du bateau, et une imposition moindre frappant
chaque homme de l'équipage (1). Ces règles étaient-elles suivies
sur le domaine ducal ? Quelle était pour le *pêcheur* et ses hommes la quotité des droits ?

Nous n'avons sur ce point aucun renseignement ; et, à cause
même de leur variété, les tarifs seigneuriaux ne permettent
aucune induction sur le tarif ducal. C'est fâcheux, car nous
savons, à trois époques, le total des droits entrés dans le trésor ducal ; et, si nous savions le tarif, un calcul assez simple
nous donnerait le nombre approximatif des bateaux et des
pêcheurs de la châtellenie. Il n'est pas douteux que le plus
grand nombre devait être attaché au port de Conc ; et ce renseignement aurait eu quelque intérêt pour le Concarneau
d'aujourd'hui et pour ses pêcheurs. — Disons du moins ce que
nous savons de façon certaine.

Nous avons vu que, en 1438, les pêcheries et sécheries de
Cornouaille rapportaient un impôt de 1.250 livres (soit × 41-25)
51.562 (2). Nous ne savons si, à cette époque, le droit était
perçu directement par le receveur du duc (3).

Nous avons plus tard deux états des recettes de Bretagne.
Ils nous révèlent que les droits sont désormais affermés ;
que en 1501, le fermier paie 2.000 livres par année (soit × 30)
60.000 francs (4) ; et que en 1534, il paie 1.845 livres seulement,
soit 55.350 fr. (5).

Il va sans dire que le fermier sera, comme à l'ordinaire, largement rémunéré de son temps, de ses peines et soins. Toutefois la diminution, en 1534, de 4.750 fr., un *treizième* de la
rente payée en 1501, nous révèle une diminution dans les
recettes.

L'apogée de la pêcherie bretonne (si l'expression est per-
mise) se place donc vers 1501 ; et, de cette date à 1534, la

---

(1) Mais, en plusieurs paroisses, la pêcherie et sècherie semblent libres. Le
sire de Rosmadec réclame un, deux, trois merlus secs, ou un paquet de papil-
lons (petites raies).

(2) Ci-dessus, p. 32, note 5.

(3) C'est très probable. La *ferme* de l'impôt paraît une importation française
en Bretagne.

(4) Morice, *Pr.*, III, 855.

(5) Morice, *Pr.*, III, 1011 (v. 1014).

décadence a commencé. La cause de ruine est permanente, progressive et irrémédiable. Quelle est-elle ? — La pêche de la morue inaugurée à Terre-Neuve ! Les Bretons sont pour beaucoup dans la décadence des pêcheries bretonnes.

En effet, avant même que la France ait pris possession de l'île, en 1525, les pêcheurs de Bréhat, cessant de pêcher le congre et le merlus en vue de leurs demeures, vont pêcher la morue à Terre-Neuve et même en Islande. Ils y sont avant 1514 (1) ; d'autres bretons les suivent ; et, avant la fin du siècle, en 1578, un breton, Troïlus de Mescouez, marquis de la Roche Coetremoal, sera nommé par Henri III, vice-roi de Terre-Neuve.

La France est loin d'avoir aujourd'hui à Terre-Neuve cette prééminence.

Je mentionnais en commençant l'usage des merlus secs dans les couvents et abbayes. Cette fourniture était un don assez ordinaire des seigneurs riverains de la mer, et des ducs.

C'est ainsi que, en 1202, Alain de Penthièvre, comte de Guingamp, Tréguier et Goello, fondant l'abbaye de Beauport, donne aux moines le revenu de ses pêcheries voisines ; et, plus tard, ils obtiennent la dîme des congres, morues, merlus pêchés et séchés par les Bréhatins (2).

Le duc de Bretagne, lui-même, est débiteur à Beauport de onze cents « merlus secs, renables, bons et marchands sur ses pêcheries et sécheries de Conc. »

Le vicomte Alain de Rohan a fondé, en 1184, l'abbaye de Bon-Repos (3). En 1381, le duc Jean IV obtient des moines Cisterciens de Bon-Repos « un grand service à son décès, pour son âme et celles de ses prédécesseurs avec commémora-

(1) Ce fait est appris par la sentence dont nous allons parler entre Beauport et les habitants de Bréhat. Ci-dessous, note 2.

(2) Nous n'avons pas la date de cet acte, mais il est antérieur à la découverte de Terre-Neuve. Les Bréhatins pêchant à Terre-Neuve, la dîme des poissons bretons diminua ; alors, l'abbé de Beauport, arguant de l'acte dont s'agit, réclama la dîme des morues prises par les Bréhatins à Terre-Neuve et en Islande. Sa requête fut rejetée et très justement. — Soc. Arch. des Côtes-du-Nord, t. II, p. XXXIII.

(3) Morice, *Pr.*, I, 696.

tion et prières de chaque jour ; » en récompense, il donne aux moines « cinq cents de merlus secs à prendre sur les profits, droictures et revenus des sécheries de Cornouaille et de Kerluinec (1). »

Ce n'est pas tout. En 1678, l'abbé de Langonnet, Claude de Marbœuf, et le couvent de Langonnet déclarent qu'il leur est dû « cinq cents merlus secs, renables, bons et marchands, au grand cent, à raison de six-vingts pour cent, payés (2) et rendus à l'abbaye, francs et quittes, sans aucun devoir ni paiement de deniers, à chaque jour fête de saint Jean-Baptiste, 24 juin (3). »

Au temps où nous reporte cet acte, le receveur du Roi faisait sans doute acheter ces 600 merlus de premier choix : encore une somme à ajouter aux dépenses de la seigneurie.

Mais on peut croire que les exemptions concédées « perpétuellement » par les ducs n'existaient plus. Les Rois ne leur reconnaissent pas ce caractère de « perpétuité, » puisque Henri III, en 1577, les confirma pour neuf années ; et nous n'avons pas d'actes confirmatifs postérieurs.

Il faut reconnaître que le privilège accordé aux habitants au milieu du XVe siècle, en récompense et en encouragement de leur zèle à la défense de la place, ne se justifiait plus deux siècles après. La garnison royale suffisait désormais à défendre Concarneau.

(1) Morice, *Pr.*, II, 374-75. Il y a près de la pointe de Mousterlin, *Kermahuec*, serait-ce Kerluinec (ker, leunec, lieu (poisson) ?

(2) *Payés*, c'est-à-dire *remis, livrés* : même sens que *rendus*.

(3) Arch. de la Loire-Inférieure. Papier terrier. Réformation, B. 1238, f⁰ 3678. Déclaration du 24 septembre 1678.

L'abbaye de Langonnet (commune de Langonnet, canton de Gourin, arrondissement de Pontivy), avait été fondée, en 1136, par le duc Conan III. La déclaration dit que cette rente est la « récompense de parties de terres et rentes, » cédées au duc par l'abbaye. De 1649 à 1754, l'abbaye a eu trois Marbœuf pour abbés, Isaac, Claude, et René-Auguste nommé en 1725. L'acte explique que « la livraison du poisson en nature ou de sa juste valeur en espèces est à l'option du couvent. » Le *grand cent* porte le nombre de 500 à 600 merlus.

L'abbaye reconstruite au XVIIIe siècle fut presque aussitôt saisie nationalement. En 1807, un haras y fut établi, et la chapelle devint l'écurie des étalons. En 1850, je l'ai vue en cet état. V. dans Ogée, vº *Langonnet*, I, p. 441, une description enthousiaste du haras « un des plus magnifiques de France. » Le haras a été supprimé et la profanation a cessé en 1858.

— 41 —

* * *

Une remarque est à faire.

A Concarneau, ni dans les autres seigneuries du duc puis du Roi, il n'est question de ces droits et devoirs féodaux qui nous semblent singuliers, sinon souvent ridicules. M. de la Borderie n'a pas cru déroger à la dignité de l'histoire, quand il a mentionné et décrit plusieurs de ces droits dans sa grande histoire de Bretagne ; mais il en a connu bien d'autres qu'il a signalés ailleurs (1), ou qu'il n'a pas signalés : il a omis notamment les droits de ce genre exercés à Quimper et à Pont-l'Abbé.

Les grands-pères et les bisaïeuls des Concarnois nos contemporains ont été témoins, au XVIIIe siècle, de l'exercice de ces droits ; c'est à ce titre qu'il est peut-être permis d'en rappeler la mémoire à leurs descendants.

Ces droits ou devoirs ont souvent marqué le souvenir d'une concession accordée ou d'un service rendu ; et au Moyen-Age tout service, même considéré comme un honneur par celui qui le rendait, recevait sa rémunération. Ces droits publiquement exercés ont été originairement, ou sont devenus des réjouissances publiques, et on peut remarquer que tous s'exercent pendant la belle saison.

Parlons de Quimper d'abord.

Le seigneur de Coatfao a fourni, dit-on, beaucoup de bois pour la charpente de la cathédrale de Cornouaille (2). En récompense, il aura « *le droit de sonnerie* et de *cueillette des œufs,* » qui sont corrélatifs.

Le droit de *sonnerie* s'exerce les jeudi, vendredi et samedi de la semaine sainte. Quatre vassaux de Coatfao viennent à Quimper. Munis de « cornes en terre, ils entrent à la cathédrale, s'asseoient un moment au chœur, puis font le tour de

____

(1) *Droits et usages curieux de la féodalité en Bretagne. Histoire...*, t. III, p. 120-129. — *Conf. de Rennes*, t. II, p. 81-86. — *Mélanges d'histoire et d'archéologie bretonne.* T. Ier, table, *Droits féodaux, grenouillage.* T. II, *Droits féodaux,* notamment *chevauchée à Rennes, chansons, esteux, pelotes,* etc.

(2) Coatfao *(le Bois du hêtre),* haute justice en Pluguffan, canton de Quimper, unie à la haute justice de Pratanras, et possédée au milieu du XVIIIe siècle par Louise-Marguerite de la Marck, future duchesse d'Arenberg.

l'église « en cornaillant comme des fous (1) » ; après quoi, ils vont « corner dans les rues et faubourgs du fief épiscopal ». Tous les « polissons » de la ville entière leur font cortège (2).

Le mardi de Pâques, se fait la *cueillette des œufs*, suite de la sonnerie. Les quatre paysans « cornards » reviennent « porteurs de paniers, de pinces et marteaux. » Ils vont de porte en porte, réclamant deux œufs des maisons où il y a gens mariés, un œuf seulement où il y a veuf ou veuve ; mais au lieu d'œufs ils acceptent en paiement deux liards. Le même bruyant cortège les suit. On rit, on paie la redevance si minime. Malheur à celui qui ne paierait pas, les paysans enlèveront la serrure de sa porte !

Le seigneur de Guengat réclame comme un honneur d'être un des quatre porteurs des évêques de Cornouaille, à leur entrée solennelle (3). Est-ce en prix de ce « service » d'honneur, qu'il a « le droit de percevoir un os moellier de chaque boucher de la ville et de faire courre une poule blanche aux bouchers, la veille de saint Pierre, » 28 juin ?

La perception de l'*os moellier* se fait sans cérémonie, à supposer qu'elle se fasse. Il en est autrement du *vol de la poule*. Le 28 juin, au matin, « un gentilhomme » vient présenter une poule au sénéchal de l'évêque, le priant de donner acte qu'elle est toute blanche. Le sénéchal donne acte et la poule portée au parvis de la cathédrale est donnée *à courre* aux bouchers.

La place est pleine de curieux dont les sympathies sont à la poule. Que celle-ci, prenant un haut vol, se réfugie sur quel-

---

(1) J'emprunte ces expressions, et celles qui suivent, au receveur de l'évêque qui, seul peut-être à Quimper, se refusa à la *cueillette* des œufs.

En 1741, le sr Amette, receveur de l'évêque, refusa le paiement du droit (en son nom personnel) et fit si bien, avec la maladroite assistance de son procureur au parlement, qu'il se trouva être le seul adversaire de haut et puissant seigneur Louis Engilbert, comte de la Marck, lieutenant général, grand d'Espagne, etc., etc., tuteur de sa fille. Le parlement renvoya l'affaire au juge royal de Concarneau ; mais elle fut arrangée entre l'évêque et le comte de la Marck. Sur cette affaire, voir *Promenade à Pratanras et Coatfao*, par J. Trévédy, 1882.

(2) De ce qu'ils cornent dans l'église et pendant un office, puis le samedi, après que les cloches « sont revenues de Rome, » il faut conclure que la *sonnerie* n'est pas un appel remplaçant « du *Jeudi saint* la bruyante crécelle, » mais un *droit spécial* que le seigneur réclame comme *honorifique*.

(3) Guengat, canton de Douarnenez.

que pierre en saillie de l'église, de quelles joyeuses acclamations sera-t-elle saluée !

Passons à Pont-l'Abbé.

Le droit de *bienvenue* consiste « à prendre de chaque nouveau venu pour demeurer dans la ville, noble ou roturier (1), une poule, un pot de vin rouge et un sou de pain, lequel droit est laissé par le seigneur aux jeunes gens bourgeois de la ville, pour leurs divertissements du carnaval ; lesquels, le mardi gras, accompagnés du syndic, lèvent le dit droit ; et faute de paiement, les dits jeunes gens ont le droit, en présence du syndic, de faire ouvrir les portes par serrurier, et de prendre par leur sergent, nommé *Pantalon* (2), une pièce de meuble, et de la faire vendre aussitôt au bout de la cohue. »

Un droit analogue est réclamé en même temps, avec la même sanction et la même destination, aux nouveaux mariés de l'année, nobles et roturiers. Ce droit est dit de *bazoche* ou *caquinerie* (3).

Enfin, le seigneur de Pont-l'Abbé réclame et exerce un autre droit, dit de *viande à garçon*. Il est ainsi énoncé : « Les possesseurs des terres soumises au droit sont tenus de fournir à deux garçons, bons mangeurs et bons beuveurs, de la bonne chair salée, du bon pain blanc et du bon vin, tant qu'ils pourront manger et boire, sans se lever de table, le long du jour de soleil levant à soleil couchant. »

Ce *devoir* exceptionnel est dû par deux biens ecclésiastiques : deux cures. Le curé de Loctudy doit recevoir quatre fois dans l'année ces goinfres privilégiés !

Voilà une grosse farce dans le goût du vieux temps ! Rabelais a connu la danse bretonne du *trihori*, que nous ne connaissons plus, décrite par Ambroise Paré, célébrée par Noël du Fail (4).

(1) On a vu là un ressouvenir du droit d'*aubaine*.

(2) C'est le nom du personnage bouffon de la comédie italienne.

(3) Comment expliquer l'emploi de ces mots si éloignés de leur sens ordinaire : « communauté des clercs du palais » et « habitation de *caquins*, caquéux ou lépreux ? »

(4) Rabelais, *Pantagruel*, liv. V, chap. XXXII. — Ambroise Paré, *Voyage en Bretagne* (1543). — Noël du Fail, chap. XIX : « La danse du trihori est l'honneur depuis longtemps acquis à la Bretagne..., » etc.

Que Rabelais eût connu le droit de « viande à garçon », comme il aurait ri et fait rire !

Ces droits féodaux, vraiment pantagruéliques, ne se trouvent qu'à Pont-l'Abbé. Depuis Rabelais, le goût a changé. Le droit de « viande à garçon » n'aura pas le don de plaire. Du moins n'enflammera-t-il pas des colères posthumes, comme cet autre droit, ridicule terreur des naïfs, quand, en temps d'élections législatives, retentit à leurs oreilles l'écho de cette phrase d'un député breton à l'Assemblée constituante :

« Qu'on nous apporte ces titres, qui obligent les hommes à battre les étangs pour empêcher les grenouilles de troubler le sommeil de leurs voluptueux seigneurs (1). »

C'est l'*affreux* droit de *grenouillage*.

Or, voici le grenouillage de l'évêque de Saint-Brieuc, le *seul* existant en Bretagne et le mieux connu des *cinq* grenouillages authentiquement constatés dans la France entière (2).

Deux citoyens de Saint-Brieuc, de bonne bourgeoisie, peut-être nobles, possédent au centre de la ville deux maisons bordant un ruisseau, dit Lingoguet, à raison desquelles ils déclarent dans leurs aveux une rente de 12 sous, plus le devoir qui suit :

« Sont tenus chaque année (le 23 juin, la vigile de saint Jean-Baptiste), de quérir le seigneur évêque ou son receveur et le prier d'assister à la servitude qu'ils sont tenus de faire à cause des dites maisons, qui est qu'ayant une baguette de bois en main, ils frapperont sur le ruisseau par trois fois et diront : « Grenouilles, taissez-vous, laissez Monsieur dormir ; » et en défaut de ce faire, ils doivent 15 sols monnaie d'amende. »

Quelques observations : Le devoir se rend dans la journée, puisque le débiteur va chercher l'évêque pour assister à cette « servitude » ; or, le jour, les grenouilles ne chantent guère. —

(1) L'historien Lacretelle avait mal lu ou mal retenu, ou, comme d'autres, n'avait pas lu le discours qu'il résume. Il écrit que Le Guen parla « d'étangs battus pour procurer à de voluptueux seigneurs le plaisir d'entendre la musique des grenouilles. » *Hist. de l'Assemblée constituante*, p. 137. Le grave historien n'avait sans doute jamais lancé une pierre dans une mare à grenouilles.

(2) Qu'il me soit permis de renvoyer à mon étude *Le droit de grenouillage* (*Assoc. Bretonne*, 1899). On a signalé en France *14* grenouillages. Cinq seulement résultent d'actes authentiques ; et, sur les cinq, deux sont signalés seulement au XIIᵉ siècle !... Il en serait donc resté trois au plus au XVIIIᵉ siècle.

Si l'évêque avait la fantaisie de répondre à la convocation, c'est en sa présence, et lui bien éveillé qu'il serait dit : « Monsieur dort ». Enfin, le ruisseau de Lingoguet est infect ; il charrie les immondices de la ville, et jamais grenouille n'y a vécu ; il est couvert depuis la fin du XVIIe siècle. Tout cela est donc plaisanterie (1).

Ce devoir est *rachelable*, moyennant l'amende de 15 sous, acquittée au XVIIIe siècle selon sa valeur nominale, environ 1 fr. 65 d'aujourd'hui. Le choix du devoir ou de l'amende est aux propriétaires. Sont-ils d'humeur joviale ? Veulent-ils amuser le public ? Ils accompliront le devoir. Au cas contraire, ils paieront l'amende.

Un devoir facultatif n'est pas vexatoire, et qui peut s'en plaindre ?

Ce ne sont assurément pas les débiteurs du grenouillage, quand ils peuvent s'en libérer en acquittant une amende de 15 sous ! Une rente de 12 sous, une amende de 15 sous par an pour la jouissance de la place de deux maisons, ce n'est pas cher !

Ce grenouillage nous paraît le prototype du droit. Ce fut une pure plaisanterie aux yeux des députés à l'Assemblée nationale, puisqu'ils ne l'ont pas compris dans la longue énumération des droits féodaux supprimés (2).

---

(1) Ogée prend tout cela au sérieux, sinon au tragique. Il dit que le devoir se rend à l'heure des vêpres, *le jour* de la fête de la saint Jean-Baptiste, célébrée alors à l'égal du dimanche ; et il ajoute : « Suivant ce droit, il faut que l'évêque dorme pendant les vêpres. » Nous ajouterons : « Suivant ce droit, il faut aussi que l'évêque endormi vienne assister à l'injonction faite aux grenouilles. » — V[o] *Saint Brieuc*, II, p. 710. — Ogée aurait mieux fait de nous dire (ce qu'il omet) que ce grenouillage est purement *facultatif*, comme on va voir.

(2) Le député à l'Assemblée nationale, auteur de la phrase citée plus haut, est Le Guen (de Kerangal, du nom de sa mère), marchand de vins et de toiles à Landivisiau.

Jamais discours si décousu et si faible n'eut un tel succès. Il semble que biographes et historiens se soient entendus pour le citer, sans l'avoir lu au *Moniteur*. On lit partout que Le Guen de Kerangal, dont plusieurs font un gentilhomme, fut le premier à proposer l'abolition des droits féodaux. Or, le vicomte de Noailles et le duc d'Aiguillon l'avaient proposée avant lui ; et Le Guen, à la fin de son discours, leur rendait hautement témoignage. — Dans un banquet à Rennes, le 11 août 1896, le Président de la République (M. Faure) disait : « N'est-ce pas un breton, Le Guen de Kerangal, qui, dans la nuit du 4 août, fit voter d'acclamation l'abandon des privilèges de la noblesse ? »

VI

Cour de Conc-Fouesnant-Rosporden. — Justices Seigneuriales.

Nous allons rappeler un ordre de choses disparu depuis moins de cent-vingt ans, qu'ont vu les grands pères des hommes comme moi septuagénaires, et qui est à peu près inconnu de leurs petits-fils. Par malheur, nous n'avons les archives de la cour de Concarneau qu'à partir de 1688 ; et nous ne trouvons de renseignements sur les justices seigneuriales que dans les archives de la cour (1). Notre étude sera donc presque renfermée dans le xviiie siècle. Mais on verra que, sauf en deux points importants, les institutions judiciaires n'ont guère changé depuis leurs origines.

§ 1er. — Cour ducale puis royale.

La châtellenie n'eut qu'une cour de justice dont le siège fut à Concarneau (2). Nous avons montré ce siège existant au xiiie siècle, et nous avons mentionné la construction de son auditoire dès cette époque (3).

Au xiiie siècle, la Bretagne était partagée en huit grandes divisions dites *baillies* (4) : Nantes, Rennes, Broerech ou Vannes, Ploërmel, Cornouaille, Léon, Tréguier ou Goello,

(1) Archives du Finistère. Série B., Cour de Conc. Nos 912 à 1331. *Inventaire sommaire*, T. 1er, p. 285 à 407. — Je marquerai les renvois par la lettre B et le no des cartons.

(2) Ogée présente le tableau le plus inexact de la juridiction de Conc-Fouesnant-Rosporden. Outre le siège de Conc, il en place un à Beuzec-Conc, un autre à Fouesnant, un 4e à Rosporden. Il dit que les trois derniers furent supprimés par édit de Charles IX, en 1564 (1565) ; il cite ailleurs l'édit de Troyes, comme ayant porté ces suppressions. Cet édit n'exista jamais ; nous allons venir à l'édit de 1565.

(3) Ci-dessus, p. 22.

(4) Sur ce point, M. de la Borderie, *Géographie féodale de la Bretagne*, 1889, notamment p. 73 et suiv., et *Histoire*, t. III, p. 56 et suiv., chap. VI (4e époque).

Penthièvre. Ces circonscriptions domaniales et judiciaires représentaient les anciens comtés désormais réunis dans la main du duc. A la tête de chacune d'elles est un sénéchal, grand officier ayant part à l'administration, mais chargé surtout de la justice. Le corps judiciaire, la sénéchaussée, dont le sénéchal est le chef, juge en appel les sentences rendues par les justices royales, dites « bailliages », puis « sénéchaussées ordinaires (1) » comprises dans le ressort de chaque baillie.

La baillie de Cornouaille comprenait l'évêché de Cornouaille ou de Quimper, moins pourtant sa pointe extrême Nord-Est vers Pontivy. — Dans ce vaste espace étaient neuf sièges ducaux dont les principaux : Concarneau, Châteaulin, Carhaix, Gourin, Quimperlé (2).

Tant que subsista l'organisation des baillies, Concarneau garda la paisible possession du siège ; mais, au milieu du XVIe siècle, cette heureuse paix fut troublée.

Par édit de mars 1551 (1552 n. st.), Henri II partagea la Bretagne entre quatre présidiaux, dont les sièges furent établis à Nantes, Rennes, Vannes et Quimper (3). Entre autres attributions, les présidiaux eurent le jugement des appels des sénéchaussées ou « sièges ordinaires » de leurs ressorts.

Le ressort du présidial de Quimper comprit l'ancienne baillie (moins l'arrondissement actuel de Quimperlé), mais plus l'évê-

---

(1) *Ordinaires*, au sens d'*inférieures*, est une expression empruntée à l'édit de 1552, auquel nous allons venir.

(2) Les autres : Châteauneuf du Faou, Huelgoat, Landeleau et Duault.

(3) Sans parler du présidial éphémère de Ploërmel, supprimé après quatre mois et pour de bonnes raisons, par édit d'août 1552, et uni au siège de Vannes. — Voir les deux édits aux *Questions féodales* d'Hévin, p. XVI et XXIX.

La ville de Ploërmel put se consoler quand elle devint, peu après, le siège principal du grand maître des Eaux et forêts de Bretagne. Edit de février 1555 (1556 n. st) Morice, *Pr.* III, 1158.

Est-il permis de rappeler, comme une *curiosité* récemment publiée, l'édit d'avril 1598, par lequel Henri IV créa un présidial de Dinan, dont le ressort comprenait au moins la moitié du ressort du présidial de Rennes. Le parlement et les Etats s'opposèrent à cette création, et un édit de mars 1601 déclara « les lettres de création révoquées. »

Ce fait a été *révélé* par la publication que fit le regretté docteur Aubry, de Saint-Brieuc, d'une copie authentique des lettres de Henri IV. *Soc. d'Emulation des Côtes-du-Nord*, 1895. *Le Présidial de Dinan*, par le Dr Aubry et J. Trévédy.

ché de Léon, et, à l'Est de Morlaix, une partie de l'évêché de Tréguier : c'était un ressort plus vaste que celui de la cour d'assises de Quimper.

Il faut remarquer que le présidial ne formait pas une compagnie distincte de la sénéchaussée siégeant dans la ville présidiale. Le sénéchal resta chef de la sénéchaussée ordinaire, assisté de l'alloué (1er juge) et du lieutenant (2° juge), et il devint chef du présidial composé de sept conseillers, un avocat du Roi et un greffier. Il présida ainsi une compagnie de 10 à 12 juges (1).

Or, les sénéchaux des quatre villes présidiales ainsi accrus en dignité furent pris d'une commune ambition : chacun prétendit élargir le ressort de sa sénéchaussée *ordinaire*. Le moyen sembla tout simple : *unir* les sièges royaux à la sénéchaussée présidiale. — Mais *unir* par exemple le siège de Concarneau à Quimper, n'est-ce pas supprimer le siège de Concarneau ? Cette suppression portait préjudice aux villes, et lésait les intérêts des officiers qui avaient payé leurs charges (2). Villes et officiers protestèrent, et alors commencèrent des débats, disons mieux, une lutte qui eut de singulières péripéties.

L'édit de 1552 énumère 42 sièges royaux. Les présidiaux représentèrent que beaucoup pouvaient être unis à d'autres. C'était vrai pour plusieurs. Ces observations furent écoutées : par lettres données à Troyes, le 29 mars 1564 (1565 n. st.), Charles IX ordonna une information sur ce point ; et, par édit d'octobre 1565 rendu à Châteaubriand, 23 sièges furent unis aux 19 sièges conservés (3).

« Les habitants de Châteaulin, la sénéchaussée et ressort

---

(1) Chan. Moreau lui-même conseiller au présidial de Quimper, p. 237.

D'après l'édit, il y avait 10 officiers. Il y en eut 11 quand il y eut un président *au* (et non *du*) présidial. Cet office créé après l'édit de 1552, fut *comme intermittent*. Souvent l'office était acquis par le sénéchal, qui prévenait par là des conflits trop ordinaires. Bertrand d'Argentré fit ainsi. Un édit d'août 1764 supprima l'office de président *au* présidial.

(2) Il va sans dire qu'elles étaient remboursées. V. Edit de 1565 *in fine*. Quelques officiers obtinrent ou acceptèrent un office à la sénéchaussée présidiale, en échange de leurs offices supprimés. Nous en aurons l'exemple tout à l'heure.

(3) Morice, *Pr.*, III, 1346.

de Conc-Fouesnant-Rosporden », eurent beau protester contre leur union à Quimper, l'union fut ordonnée.

Mais l'exécution de l'édit n'alla pas toute seule. Ainsi, en fait, c'est seulement deux ans et demi après l'édit, le 22 mars 1568, que la sénéchaussée de Quimper vit se réaliser l'union de Châteaulin (1).

En fut-il de même de Concarneau ? Nous ne pouvons le dire. Ce que nous savons, c'est que, vingt ans après l'édit, la juridiction de Concarneau était distincte de celle de Quimper.

Voici la preuve de ce fait : En 1587, la communauté de Quimper, d'accord cette fois avec le siège, (ce qui n'était pas toujours), se met à solliciter l'union de Concarneau à Quimper, et même l'union de Gourin dont le ressort confine avec celui de Concarneau, vers Scaër. Cette union accomplie, le ressort de la sénéchaussée ordinaire de Quimper contiendra presque entièrement les deux arrondissements actuels de Quimper et de Châteaulin, plus une partie de l'ancien évêché de Cornouaille, comprise aujourd'hui dans le Morbihan (Gourin et Le Faouët). Des débats s'engagent que termine un accord dont nous ne savons pas les termes, mais que la communauté de Quimper ratifie (2).

Est-ce en vertu de cet accord, n'est-ce pas plutôt à la faveur des troubles qui suivirent, que s'accomplit cette double union (3) ? Du moins existait-elle avant la capitulation accordée à Quimper par le maréchal d'Aumont, en octobre 1594. Dans le projet de capitulation qui doit être soumis au Roi, se lit la phrase suivante dictée sans doute par le sénéchal Le Baud, qui n'oublia jamais ses intérêts personnels : « Les bailliages de Châteaulin et autres (Concarneau et Gourin) unis à la juridiction de Quimper, s'exerceront en l'auditoire de Quimper, comme à présent... » Le Roi, conseillé peut-être par le maréchal d'Aumont, corrigea la phrase et écrivit : « L'exer-

(1) Le sénéchal de Châteaulin, Louis de Trégain, obtint l'office de lieutenant à Quimper. Il fut reçu le 12 avril 1568.

(2) Arch. du Finistère, E. 92. Communauté de Quimper. — Reg. de 75 rôles remplis, 1587-1588, très curieux et dont copie devrait être faite, fᵒˢ 18 rᵒ, 25 rᵒ, 26 rᵒ, 51 vᵒ.

(3) C'est très probable, Concarneau étant à la Ligue, comme nous verrons plus loin, les officiers royaux durent venir à Quimper.

cice de la juridiction se fera ainsi qu'auparavant les troubles (1)... »

Quoi qu'il en soit, avant 1622 (2), Châteaulin, Gourin, et, sans aucun doute, Concarneau, étaient rentrés en possession de leurs sièges.

Ces unions de sièges avaient pour inconvénient d'éloigner le juge du justiciable ; mais cet inconvénient était moins grave qu'on ne pourrait croire : les justices seigneuriales jugeaient bien plus d'affaires que la justice royale ; elles allaient subsister, et c'est seulement leurs juges d'appel qui étaient éloignés des justiciables des seigneurs.

Du reste, une fois rentrée en possession du siège, la ville de Concarneau le garda jusqu'à l'organisation nouvelle de la justice, en 1789.

Voilà donc un édit du Roi resté sans exécution en ce qui concerne Châteaulin et Concarneau (3).

Officiers de justice

La cour de Concarneau se composait seulement d'un sénéchal, d'un lieutenant, d'un procureur du Roi et d'un greffier. Il n'y avait pas d'*alloué*.

Le sénéchal est dit « premier magistrat juge civil et criminel de la sénéchaussée (4). »

L'*alloué* est le premier assesseur, le lieutenant est le second.

N'y ayant pas d'alloué, le sénéchal juge *seul*. De même le lieutenant qui ne juge que comme suppléant du sénéchal.

Sénéchal, lieutenant, procureur du Roi, ont acquis leurs offices, qui deviennent en leurs mains une propriété transmissible à prix d'argent. Au contraire, le greffier n'est pas acquéreur et

---

(1) Morice, *Pr.*, III, 1602-1603. Ch. Moreau, p. 227.

(2) Cette date est donnée par une requête insérée au terrier de la Commanderie de la Feillée. Arch. du Finistère, II. 115.

(3) Nous avons mentionné plus haut le retrait par Henri IV de l'édit portant création du présidial de Dinan. De tels exemples démontrent que le pouvoir royal était moins absolu qu'on ne le dit. — Ci-dessus, p 47, note 3.

(4) Le sénéchal est officier de *robe longue* en Bretagne (Lettres de Charles IX, 14 mai 1566. Morice, *Pr.*, III, 1349). — Nous reviendrons plus loin au sénéchal de Concarneau.

A quelque degré de juridiction que ce soit, le sénéchal est le premier juge.

propriétaire du greffe. Il en est devenu locataire « par adjudication (1) », et pour un temps, semble-t-il, assez court.

Les officiers attachés au siège étaient nombreux : quelques avocats, d'ordinaire juges ou procureurs fiscaux dans des juridictions seigneuriales voisines ;

vingt notaires (en 1728) en même temps procureurs (avoués). Plus tard, ce cumul passa de mode. En 1788, il n'y a plus que treize notaires, dont deux seulement sont dits procureurs. Soit treize notaires et dix procureurs (B. 974-1066) ;

deux huissiers, cinq sergents (2).

Ajoutons, comme ayant des relations habituelles avec le siège : un commissaire aux saisies immobilières (3) ; — un priseur juré vendeur de meubles (commissaire priseur (4) ; — un juré crieur (5).

Les procureurs, souvent notaires, et des sergents demeurent hors de la ville, quelques-uns à trois ou quatre lieues ; or, l'audience s'ouvre à huit heures, c'est de bonne heure pour

---

(1) B. 1530. Adjudication des greffes pour six ans au prix de 3.000 livres, (environ 6.540 fr.,) 21 janvier 1781. C'est une ferme de 500 livres, environ 1090 fr. par année.

(2) B. 974-1066. — Comme on le voit, une distinction est faite entre les huissiers et les sergents, et elle était à faire. Les *huissiers* (de *huis*, porte) ou huissiers à verge font « les significations nécessaires à l'instruction du procès et à l'exécution des jugements ; ils ont aussi le service des audiences (audienciers) ; les *sergents* font les actes dits extrajudiciaires, commandements, contraintes, saisies, etc., que les huissiers peuvent faire aussi. » V. Denisart, vᵒ *Huissiers*. — Molière, *Tartuffe*. Acte V, scène IVᵉ. Racine, *Les Plaideurs*. Acte Iᵉʳ, scène VIII.

(3) Etablis par édits de février 1626 et juillet 1689, près des justices royales, ces officiers ont l'entière administration des immeubles saisis qu'ils afferment et dont ils touchent les revenus.

(4) Etablis par édit d'octobre 1696 et déclaration du Roi du 12 mars 1697. B. 926.

(5) Crieur public. Selon toute apparence, non seulement le crieur *en ventes* à l'encan ou *encanteur*, mais le crieur des *vins* (annonçant le prix des vins), le crieur des *corps*, annonçant les morts, les enfants ou animaux perdus. — C'était à Paris la même confrérie. Encore une charge créée dans un but financier. Edit de janvier 1690.

1696. « Remontrance faite par noble homme Charles Desroches que le sʳ Gérard de la Haye, chargé par S. M. de la vente des offices de juré-crieur dans le royaume, lui a donné (lisez vendu) la commission de juré-crieur dans la ville de Concarneau et dix paroisses voisines. » — B. 925, p. 293-294.

ceux qui demeurent si loin (1). Un jour, le 18 septembre 1690, en pleine audience, un quidam, qualifié « maître faisant pour le greffier », demande au procureur du Roi : « Pourquoi, contre l'ordre, l'audience commence-t-elle si tôt ? Si cela continue, je porterai plainte au parlement. » — La réponse du procureur est bien simple : « L'heure a été fixée par arrêt de règlement dont j'ai assuré et dois assurer l'exécution (2). » Mais, relevant bientôt le ridicule défi de ce maître maladroit, voilà le procureur rappelant aux huissiers et sergents qu'ils doivent résider au siège de la juridiction (20 mars 1691). Il n'obtient pas, à ce qu'il paraît, l'obéissance ; et, le 6 novembre suivant, il requiert et obtient « commandement aux huissiers et sergents de résider dans la ville sous peine d'interdiction des fonctions de leurs charges (3).

L'audience continue de s'ouvrir à huit heures ; elle était suspendue pour le diner de midi ; puis, se tenait une audience « de relevée ».

La cour siégeait le lundi ; si les deux audiences du matin et de relevée n'avaient pas suffi à l'expédition des affaires, la cour siégeait le mardi.

COMPÉTENCE

Comme nos tribunaux d'arrondissement, la cour avait compétence civile et criminelle. De plus, elle avait des pouvoirs de police et même d'administration aujourd'hui dévolus à l'autorité municipale. — Nous passerons brièvement sur ces divers objets.

Compétence civile.

La cour, c'est-à-dire le sénéchal *seul*, en son absence le

---

(1) Au milieu du xvɪ siècle, un notaire résidait à Cadol, entre Concarneau et Rosporden. Ligueur, il fut tué, dit-on, dans une rencontre, en 1576. Cent ans après, son arrière petit-fils était notaire à Quimper. En 1692, après le désastre de la Hogue, il montait un navire armé en course comme second et capitaine de volontaires ; et par deux fois il envoyait des Anglais prisonniers à Quimper. Ces deux notaires, nommés Laënnec, sont les ancêtres au 7ᵉ et 4ᵉ degré du célèbre médecin Laënnec. *Maison natale du docteur Laënnec,* par J. Trévédy (1884).

(2) B. 914. — Arrêt de règlement, « décision prise par une cour souveraine et obligatoire pour tout son ressort, sous le bon plaisir du Roi. »

(3) B. 915 et 918.

lieutenant *seul*, jugeait : 1º en appel, toutes les sentences des justices seigneuriales, dites *inférieures* ; — 2º en première instance, les affaires concernant les vassaux du duc, puis du Roi. Anciennement, toutes ces sentences allaient en appel à la sénéchaussée de la baillie.

« Une cause de cinq sols pouvait passer par tous les degrés de juridiction (1) : des sièges ducaux (ex. Concarneau, puis Quimper), elle allait par *contredit* (1ᵉʳ appel) aux sénéchaux de Rennes et de Nantes (2), de là par autre *appel* au parlement des ducs, d'où elle pouvait, en deux cas, passer au parlement de France (3). »

Le présidial, tribunal d'appel, arrêta heureusement le plus grand nombre de ces affaires.

Sont de la compétence de la cour, toutes les affaires portées aujourd'hui devant les juges de paix ou les tribunaux d'arrondissement.

La cour enregistre et publie : les édits, déclarations, lettres-patentes ; — les arrêts de règlement du parlement ou ceux dont le parlement a ordonné la publication ; — certaines ordonnances du gouverneur de Bretagne ; — les convocations aux Etats ; — les *monitoires, aggraves* et *réaggraves* (4).

La cour complète ou rectifie, après enquête, les actes de l'état-civil dressés alors par les curés.

Elle reçoit les aveux faits au Roi (et auparavant au duc), c'est-à-dire la déclaration solennelle du vassal de la seigneurie royale qu'il tient son fief du Roi son seigneur.

---

(1) Hévin, *Consultations*, p. 6. D'Argentré dit « une cause de deux liards. »

(2) Les contredits des sièges de la baillie de Nantes allaient à Nantes, ceux des autres baillies à Rennes. La baillie de Nantes était le diocèse de Nantes.

(3) Hévin n'en dit pas assez, comme nous verrons aux *Justices seigneuriales*.

(4) Il faut expliquer ces mots pour n'y pas revenir. Une partie en cause, les procureurs du Roi ou des seigneurs peuvent, « en cas graves ou en scandales publics, présenter requête au juge saisi (royal, seigneurial ou ecclésiastique), pour demander la permission d'obtenir *monitoire*. » La permission donnée est renvoyée à l'official qui ne peut refuser le monitoire.

Le *monitoire* est le commandement fait par l'official aux fidèles, de révéler ce qu'ils savent sur le fait énoncé, sous les peines canoniques. — L'*aggrave* est la fulmination d'un second monitoire, le premier ayant été sans effet. — La *réaggrave* est un dernier monitoire, après lequel la désobéissance a encouru les peines canoniques, l'excommunication. — Ord. de 1670, titre 7.

Elle reçoit le serment des experts, de divers fonctionnaires ou officiers, des médecins-chirurgiens « qui ont passé avec succès l'examen requis, et fait le chef-d'œuvre de l'amputation (1). » Une fois au moins la cour a reçu un « barbier, perruquier, baigneur, étuviste (2). »

Outre ses audiences ordinaires, la cour tient tous les trois mois des audiences solennelles, appelées par la Coutume *assises* et dites depuis *plaids généraux*. Là sont évoqués tous les officiers du siège, les seigneurs sergents *féodés* et sergents *voyers*. Là se font les *appropriements*, c'est-à-dire « les mises en possession des acquêts après trois bannies » des actes qui les constatent.

Compétence criminelle.

A la différence de nos tribunaux, la cour avait toute compétence : criminelle, correctionnelle, de simple police, comme nous disons. Aux temps reculés, les seigneurs des hauts justiciers devaient juger beaucoup d'accusations criminelles. Mais, aux xviie et xviiie siècles, nombre de hautes justices ne s'exerçaient plus (3).

A cette époque, les cours comme celle de Concarneau auraient donc eu à juger souvent au grand criminel, si le présidial n'avait évoqué nombre d'affaires pour les juger *prévôtalement*, c'est-à-dire sans appel (4).

(1) B. 919, 1040, etc.

(2) En 1786, B. 1308. — Le roi Louis XIV, qui porta si majestueusement la perruque, s'occupa beaucoup des « barbiers, perruquiers, baigneurs et étuvistes. » Des édits de mars 1673, novembre et décembre 1691, février 1692, et octobre 1701, les concernent, sans parler d'un règlement homologué, le 17 août 1694, par le parlement.

On lit dans l'édit de 1701 : « L'usage de la perruque est devenu si commun…, que le nombre des places créées par les édits n'est plus suffisant, en sorte que nous avons cru devoir l'augmenter…, pour donner lieu à un grand nombre d'apprentis de cette profession et qui s'y sont perfectionnés… de l'exercer librement. »

C'est le prétexte : la cause vraie c'est la *finance* qui paiera le brevet.

Les *barbiers*, dits depuis *perruquiers*, furent distincts des *étuviers*, depuis *étuvistes*. Dans la liste des métiers de Paris, les barbiers sont sous la 37e bannière, les étuviers sous la 42e (Ordon. de Louis XI, juin 1467).

Les perruquiers avaient pour patron saint Louis, et faisaient leur fête le 25 août (*Calendrier des Confréries de Paris*, par l'abbé Dufour, p. 152, 163, 164).

(3) Nous dirons plus loin pourquoi.

(4) Il s'agit des « *cas prévôtaux* ou *présidiaux* » énumérés par les ordonnances.

Toutefois, au cours du XVIIIe siècle, nous voyons la cour condamner pour vols qualifiés, violences graves, infanticides, et même assassinats. Plusieurs fois, elle prononce les peines de la pendaison, des galères même perpétuelles ; et deux fois elle porte pour vol et meurtre et assassinat sur la voie publique, la peine affreuse de la roue (1).

La sentence dit que le condamné « aura les bras, jambes et reins rompus vif sur un échafaud, et sera ensuite étendu sur une roue, la face tournée vers le ciel, pour y finir ses jours tant qu'il plaira à Dieu le laisser vivre. »

Mais la cruelle curiosité des spectateurs sera déçue : ces sentences, si elles avaient dû être réellement exécutées, auraient contenu une disposition secrète (un *retentum*) disant que les condamnés « seront étranglés avant de recevoir les coups (2).. » Mais les deux condamnations sont prononcées contre des fugitifs, elles ne seront exécutées que par effigie, c'est-à-dire que chacune des sentences sera affichée sur un poteau dressé au lieu de l'exécution.

La seconde sentence ordonne qu'après l'exécution au faubourg de la ville, « le cadavre sera porté et exposé sur un poteau planté à cette fin au bas de la montagne de Locamand, près le pont Saint-Laurent, et dans l'endroit où a été porté, jeté, trouvé et levé par la justice, le corps de l'assassiné Le Maho, » c'est-à-dire près du moulin de l'ancien prieuré de Locaman, sur la route de Concarneau à Quimper.

C'est le moment de nous expliquer sur un point indiqué plus haut, je veux dire le nombre des juges, et sur l'appel en cause criminelle.

Nous avons dit que le sénéchal, ou à son défaut le lieutenant, jugeait *seul*.

---

(1) C'est une honte que l'introduction en France, sous François Ier, de cette barbarie d'Allemagne. — B. 1322, 1326. Ces condamnations sont prononcées les 15 octobre 1771 et 30 juin 1788 ! Comment le sénéchal s'est-il saisi de ces affaires qui sont des *cas présidiaux* ou *prévôtaux*, à juger en dernier ressort par le présidial ? (Ord. de 1670, art. 12 et 15, et déclaration du 5 février 1731).

(2) Tallemant des Réaux (*Historiettes*, t. IV, p. 147, 1re édit.) dit que ce *retentum* excitait la colère des spectateurs.

Au *civil* c'est vrai, d'une manière absolue ; au *criminel*, une explication est nécessaire.

Notre Très Ancienne Coutume (1330-1340) semble effrayée du pouvoir donné à un homme de prononcer la peine de mort, et de la responsabilité qui pèsera sur lui jugeant *seul*.

De là les conseils qu'elle donne ou les obligations qu'elle impose aux juges (1) : « Nul juge ne doit condamner à mort, si justice ne trouve chose certaine ; car justice doit être plus émue (désireuse) d'absoudre que de condamner... La cause doit être plus claire que les étoiles du ciel...

« Ceux qui ont justice à gouverner doivent appeler à leurs audiences ceux qui savent les droits et les coutumes... »

Nous voyons ce conseil de la Coutume suivi dans une cause trop célèbre : celle de Gilles de Laval, baron de Retz.

Ce brillant compagnon de Jeanne d'Arc, maréchal de France, comparaît, le 25 octobre 1440, devant Pierre de l'Hospital, sénéchal de Rennes et président de Bretagne (2). L'audience se tient au Bouffay de Nantes où « avoit telle assemblée de gens que le Bouffay en estoit plein. » C'est devant cette multitude que l'accusé « confesse » ses crimes, et en témoigne un repentir aussi sincère qu'il a été tardif (3).

A ce moment, le président « demande l'advis de plusieurs saiges et gens du conseil illec assistans ; queulx (qui) dirent qu'il (Gilles) estoit digne de mort : les uns à la souffrir en une manière et les aultres en une autre manière... »

Ces mots, *les uns*, *les autres*, ont leur intérêt : ils indiquent que nombre de « saiges et gens du conseil » ont donné « leurs avis », puisque plusieurs « les uns » ont émis une opinion, et plusieurs encore « les autres » une opinion contraire.

A quel titre ont-ils émis ces avis ? Est-ce comme *assesseurs* du président, avec voix *délibérative* ; en sorte que la majo-

(1) Chap. (article) 99.

(2) Président... ou juge universel, créé vers la fin du règne de Jean IV. Il préside le parlement du duc, et siège aux Etats au degré au-dessous du duc, au milieu, entre le grand maître d'hôtel et l'amiral. Il est en habit royal, c'est-à-dire en robe de pourpre.

(3) Procédure criminelle publiée dans *Gilles de Raîs*, par l'abbé Bossard (1866), p. CXLIII, nᵒˢ 9 et 10.

rité de leurs voix, contraire à l'opinion personnelle du président, dictera la sentence qu'il va rendre ? Ne leur a-t-il pas demandé simplement *conseil* ?

Il y a toute apparence. En effet, la sentence de mort par le feu prononcée, le président, sans plus consulter, fixe l'heure de l'exécution le lendemain, décide que « attendu la bonne contrition » du condamné, son corps, après la mort, ne restera pas exposé à la flamme, pour être entièrement consumé ; il permet à Gilles de marquer le lieu de sa sépulture, et s'engage à solliciter de l'évêque la procession que Gilles a demandée comme une grâce et une expiation.

Cet exemple permet de dire qu'au xv⁰ siècle et sous notre Très Ancienne Coutume, réformée seulement en 1539, le juge criminel, même s'entourant de conseils, condamnait *seul* à mort.

L'usage ou la jurisprudence changea-t-elle ? Du moins voyons-nous en 1771 et 1788, le dernier sénéchal de Concarneau appeler à lui dans des causes capitales (1), non *plusieurs* hommes de lois, comme avait fait le président de Bretagne ; mais seulement deux, auxquels il donne le titre d'*assesseurs*. Il semble ainsi indiquer qu'ils *jugent* avec lui comme auraient fait alloué et lieutenant, si le siège avait été composé de trois officiers.

Ainsi, la responsabilité d'une condamnation à mort pèse (et de quel poids !) sur *un seul*, au xv⁰ siècle, quand la sentence est sans remède, sans appel. Au contraire, la responsabilité se partage entre trois, au xviiⁱⁱ⁰ siècle, quand elle est bien moins lourde, puisque la sentence sera toujours soumise aux juges d'appel. — C'est ce que nous allons voir.

Nous avons dit plus haut la multiplicité des degrés d'appel en matière civile, même dans les plus minimes affaires. A la même époque, et par une singulière anomalie, « l'appel au criminel n'était pas reçu » (2) ; c'est-à-dire que toutes condamnations à des peines corporelles et même à la mort étaient prononcées sans appel possible.

(1) Les deux affaires de défaut où fut prononcée la peine de la roue.
(2) D'Argentré, *Hist.*, p. 232. Ed. de 1618. Hévin, *Questions féodales*, ch. II, p. 94. *Consult.*, p. 6.

Si la peine est prononcée sans appel, on juge qu' « elle doit être prestement exécutée, à la fin d'exaucer justice, et de donner exemple (1)... » On condamnait le matin et on faisait exécuter l'après-midi (2).

L'appel fut introduit seulement en 1538, après l'union de la Bretagne à la France ; il était facultatif pour le condamné seulement et la partie civile (3).

Vers la fin du siècle suivant, la grande ordonnance criminelle d'août 1670 rendit l'appel *nécessaire et de droit*. Le procureur du Roi ou le procureur fiscal du haut justicier était tenu d'interjeter appel, hors les cas *prévôtaux et présidiaux*. L'appel allait au parlement (4).

Quand, après l'ordonnance de 1670, les condamnations ne furent plus exécutées qu'en vertu d'arrêt du parlement ou jugement prévôtal, la promptitude de l'exécution resta la règle : « Les sentences de punition de corps doivent être promptement exécutées aux lieux plus exemplaires, en terreur du peuple. » (Art. 637, *Nouvelle Coutume*).

EXÉCUTION — GIBET — PRISON

A Concarneau, les *exécutions* se faisaient d'ordinaire, au moins au XVIIIe siècle, soit sur la « place de la ville close » (5), soit plus souvent sur la place du faubourg (6). Mais il semble

---

(1) *T. A. C.,* chap. 247 (in fine) dans Sauvageau, t. II, p. 194.

(2) Hévin, *Cons.*, III, p. 7. Toutefois, l'exécution dans le jour même n'était pas une règle absolue. Ex. : le baron de Retz exécuté le lendemain de la condamnation.

(3) Il ne paraît pas que la partie publique, le procureur du Roi et ceux des hauts justiciers pussent appeler, par exemple *à minima*. Titre XXVI des *Appellations*, art. 6.

(4) En quoi l'ordonnance rendit un mauvais service à plus d'un condamné qui fut plus sévèrement frappé par le parlement. « On voit une sentence de mort exécutée sans appel, à la réquisition du condamné qui supplia le procureur de ne point appeler. » Violation formelle de l'ordonnance. Du Parc-Poullain sur art. 637, t. III, p. 780, note 1.

(5) B. 1322. Il s'agit d'une exécution par *effigie*. C'est la place dessinée au plan et signalée plus haut (p. 10), au point d'intersection de la *Grande* et de la *Petite rue*. La *place* est un triangle de 30 m. de base et de 60 et 40 m. de côtés.

(6) B. 1327 (une femme pendue en 1786). — 1326 (un homme roué par effigie

qu'anciennement, on pendait au gibet ou fourches patibulaires, ou selon l'expression usuelle à la *Justice* du Roi, près du village de Kerancalvez, de l'autre bord de la *Chambre*, le bras de mer du *Passage* (1).

Nous venons de nommer le gibet. Un mot d'explication. On confond souvent, mais à tort, la potence et le gibet. La potence dont la forme est bien connue, était l'instrument du supplice de la *pendaison*. La potence était élevée, par ordre des juges, sur une place des villes, et disparaissait après l'exécution. Le gibet était un édifice permanent, composé de plusieurs poteaux de bois, ou plus souvent de pierres, unis par des traverses munies de crochets. Détachés de la potence, les corps des *hommes* suppliciés (2) étaient accrochés au gibet et y restaient exposés jusqu'à leur destruction, au moins partielle. — Ainsi, on pendait à la potence, on exposait au gibet (3).

Mais on prit de bonne heure l'usage de pendre au gibet au moins les suppliciés dont les corps devaient y être exposés. On s'épargnait ainsi le transport des corps de la potence au gibet, qui pouvait être assez éloigné du lieu de l'exécution.

Après ce que nous avons dit de l'exposition des corps, on comprendra que les gibets ne pouvaient être construits dans l'intérieur des villes ; mais à la campagne, au bord d'une grande route, sur un lieu élevé, afin, disait-on, « de porter au loin la terreur » (4).

La cour avait sa prison. Nous l'avons mentionnée plus haut (5). Les conseillers de la chambre des comptes venus à Concarneau en 1640, nous la montrent au voisinage de la chapelle Notre-Dame.

---

en 1788). — D'après le plan, cette place auprès de la chapelle Sainte-Croix était bien plus vaste que l'autre.

(1) C'est ce coteau voisin « que Dubuisson signale commandant la ville tout à fait. » Ci-dessus, p. 18. La carte de l'état-major porte en ce point la cote 24.

(2) Les corps des femmes n'étaient pas exposés, du moins depuis l'arrêt de règlement du 30 mars 1733.

(3) Au lieu du mot *gibet*, on a dit *fourches patibulaires*, ou *fourches*, *fourche* (au singulier), ou *patibulaires*, enfin *justice*, en breton *justiciou*. Ces noms de *justice* et *justiciou* portés par beaucoup de pièces de terre marquent de façon certaine la place de *patibulaires*.

(4) Nous parlerons plus loin des fourches patibulaires des hauts justiciers.

(5) Ci-dessus, p. 25.

Par une singulière dérogation à l'usage, que je n'ai pas rencontrée ailleurs, un seigneur haut justicier était inféodé « de la garde et des clés de cette prison royale, et il en fournissait le geôlier (1). »

A quelles conditions ? C'est ce que je ne puis dire. Autrefois le geôlier n'était pas payé, du moins d'ordinaire. Au contraire, il payait la ferme de la prison. Le Roi dans les prisons royales fournissait une livre et demie de pain, par jour, à chaque prisonnier (2), le geôlier ne leur devait que l'eau. Les prisonniers qui en avaient le moyen, ajoutaient ce qu'ils pouvaient à cette maigre pitance : la charité privée venait au secours des indigents (3) ; et le geôlier tirait profit de ces fournitures supplémentaires (4).

Correctionnellement, la cour juge des vagabondages, des coups et violences, des scènes de cabarets, des vols et escroqueries, comme de nos jours.

En *simple police*, nombre d'injures et de tapage injurieux. C'est ainsi qu'en juillet 1771, est poursuivi un « montreur de marionnettes » nommé Rivière. Huit marchands et négociants de Concarneau ont porté contre lui une plainte indignée. Et pourquoi ? Il a osé « chansonner la rogue d'une manière satyrique » ! — Quand s'ouvre l'audience, toute la ville est là partageant l'indignation des plaignants. Interrogés sur les injures contenues dans la chanson, les plaignants s'excusent : « Ces grossièretés sont telles que la pudeur défend de les répéter. » Mais comment le juge, s'il ne les connaît pas, pourra-t-il les apprécier ? — Rivière produit des témoins à décharge. L'un déclare que l'auteur de la chanson n'est pas Rivière... C'est...

(1) Le seigneur de Chef du Bois Thominec dont nous parlerons plus loin. B. 1290 *in fine*, septembre 1786. Réception du geôlier fourni par Mre Mauduit, s^{gr} de Chef du Bois Thominec, en possession de ce droit.

(2) Le *pain du Roi*, qu'on a dit aussi du pain des soldats.

(3) Molière fait dire à *Tartuffe* (acte III, scène II) :

> Si l'on vient pour me voir, je vais aux prisonniers
> Des aumônes que j'ai partager les deniers.

(4) Le métier de geôlier était « dangereux » (Ferrière, v° *Geôlier*). Denisart cite (v° *Geôlier*) un arrêt du 23 juillet 1766, condamnant un geôlier à payer 10.000 livres (plus de 22.000 francs) au créancier d'un prisonnier évadé.

le procureur du Roi présent à l'audience ! D'autres témoins affirment que, s'il n'est pas l'auteur, il est du moins « le promoteur » de la chanson ; et que « pour l'entendre aux représentations de Rivière, il se déguise en matelot ». Enfin, ils prétendent « qu'il protège Rivière et qu'il lui a fait ouvrir les portes de la prison ».

Quelle fut l'attitude du procureur du Roi ainsi incriminé, et exposé aux rires de l'auditoire et à l'indignation des plaignants ? Quelle fut la surprise du sénéchal en présence de telles révélations ?

Ce que nous voudrions savoir et dire, c'est la sentence rendue... Il semble qu'il n'y en ait pas eu (1).

En *simple police* aussi, la plainte du procureur du Roi contre les bourgeois qui paraissent chaque jour sur les pavés de la ville portant l'épée, comme les nobles, et contreviennent ainsi à l'arrêt du parlement du 30 juin 1767 (2).

Police Administrative

Le siège règle la police des halles et « réfrène les perceptions abusives de l'afféagiste de la coutume », c'est-à-dire des droits d'entrée de place, etc. (B. 1306).

Il nomme les appréciateurs du blé, vin, pain, viande et chandelle (B. 1180) ; dresse et affiche la pancarte (taxe) du prix de ces objets (B. 1306).

Il nomme le vérificateur des poids et mesures et reçoit ses procès-verbaux (B. 1287).

Il défend de sortir de la ville avec des haches pour aller couper (ou mieux *faire*) du bois mort aux campagnes voisines (B. 1188).

Il défend de refuser les pièces de 2, 6, 12 et 24 sols usées, pourvu qu'elles soient encore marquées d'un côté (B. 1189).

Un jour il ordonne « aux huissiers de la sénéchaussée de se transporter en force à la campagne pour arrêter un fou

---

(1) B. 1328. Cela se comprend, si la chanson ne contient que des *injures à la rogue*. Comment voir dans la rogue une *personne* pouvant recevoir une injure ?

(2) B. 1049. Vers le même temps, les bourgeois de Saint-Malo demandaient l'autorisation de porter l'épée.

furieux et dangereux et le déposer provisoirement dans une casemate de la ville. » (B. 1066.)

Il fait « commandement à un de ses sergents de mettre à exécution le rôle de la *capitation* vers les refusants de payer, à peine d'en demeurer personnellement responsable. » (B. 1042.)

Il fait « défense aux habitants de Concarneau et du bourg de Trégunc, aux soirs de saint Jean et de saint Pierre, d'allumer des feux autres que ceux qui seront allumés et bénits par le clergé, afin de prévenir les incendies. » (B. 1786.) Précaution probablement suscitée par un sinistre récent, et nécessaire à cette époque.

Les pompes à incendie étaient inventées (1699) ; mais nos petites villes bretonnes n'en étaient pas pourvues (1); de plus, l'éclairage des rues n'existait pas. Le 16 décembre 1779, le parlement avait porté un arrêt de règlement (2) qui prescrivait à tous habitants des villes, bourgs et campagnes, d'aller ou d'envoyer au secours en cas d'incendie et de travailler de toutes leurs forces sous peine de prison ; ordre est donné à chaque habitant de se pourvoir d'un seau dans sa maison et de mettre une chandelle sur sa fenêtre, quand on sonnera le tocsin dans toutes les villes non éclairées, notamment Brest, sous peine d'amende (3).

Le Sénéchal

Quand nous avons dit la compétence de la cour, nous avons dit celle du sénéchal tenant audience, puisqu'il juge seul. Mais il a en outre, hors de l'audience, des attributions aujourd'hui dévolues aux juges de paix (4). Il convoque et préside les assemblées (conseils) de famille, organisant une tutelle, « décrétant » (autorisant) un mariage de mineur, un emprunt,

---

(1) « En 1794, Concarneau n'avait ni pompe à feu, ni seaux pour les incendies. » Cambry, p. 357. — Quimper avait en 1745 *des* pompes et 400 seaux de cuir pour leur service ; en 1772, la ville avait trois pompes. — *Promenade à Quimper,* par J. Trévédy, p. 150.

(2) Présidial de Quimper. B. 99.

(3) Le texte de l'*Inventaire sommaire* dit *six sous.* Six sous de 1779 vaudraient (au compte de Leber) 17 sous, 85 c. aujourd'hui. Ne faut-il pas supposer une faute d'impression ? N'est-ce pas 6 livres ? (13 fr. 10 c. de notre monnaie.)

(4) Les trois derniers sénéchaux de Concarneau ont été Charles Lohéac, Julien La Ruffie, Antoine du Laurens de la Barre.

la dation d'un conseil judiciaire, etc. Il statue sur l'apposition et la levée des scellés, etc...

Enfin, le sénéchal a des prérogatives honorifiques.

C'est lui qui, au moins en l'absence du gouverneur — et il ne réside guère — fait « sonner la campane, pour convoquer à la chapelle Notre-Dame du Portail, dite du Rosaire au XVIIIe siècle, l'assemblée de la ville » qu'il va présider.

C'est le sénéchal qui, chaque année, quand le papegaut a été abattu, proclame l'heureux « abatteur » et l'intronise en sa royauté d'une année (1).

Enfin, lorsque Concarneau reçoit un hôte de distinction, le sénéchal est d'ordinaire l'*orateur* chargé de lui souhaiter la bienvenue.

Maintenant, serait-on curieux de savoir la valeur, le prix des offices de judicature à Concarneau, et quels étaient les émoluments de chacun de ces offices ?

Dubuisson, qui nous a fourni tant de renseignements, n'a pas manqué de s'en enquérir. Il écrit (p. 108) :

« Il y a justice ou barre royale, avec sénéchal dont l'office vaut de 8 à 9.000 écus, et lieutenant 10.000 livres et procureur du roy. »

L'écu vaut 3 livres (monnaie de compte), 8 à 9.000 écus valent donc 24 à 27.000 livres (2). La livre de cette époque (1636) est évaluée à 3 francs 832[m] de notre monnaie (3). 24.000 livres valent donc 91.968 francs et 27.000 livres valent 102.464 francs.

Les 10.000 livres, prix de l'office de lieutenant, valent 38 320 francs.

Poursuivons. Dubuisson est allé de Concarneau à Quimper. Là encore il a pris ses informations et il écrit (p. 119) :

« L'office de sénéchal vaut 20 000 écus, soit 60.000 livres ou 229.930 francs de nos jours ; » et il ajoute : « L'office de président au présidial vaut seulement 24 000 livres (91.968 francs)

(1) B. 1295. Nous parlerons du papegaut. Chap. VII, Communauté...

(2) Il s'agit d'écus d'or créés sous Charles VI ; l'écu d'argent (de 3 livres) ne fut créé par Louis XIII qu'en 1641. Les lettres de Henri IV établissant le présidial de Dinan (1598) comptent l'écu d'or pour 3 livres.

(3) Evaluation de Leber faite pour 1845 et un peu faible aujourd'hui.

à cause du peu de profit qu'il luy fait, n'ayant qu'une seule audience, le vendredi, le sénéchal occupant le reste (1). »

Et les émoluments de ces offices payés si chers ?

Je n'ai aucun renseignement en ce qui concerne les sénéchaussées « ordinaires » comme celle de Concarneau. En ce qui concerne les sénéchaussées présidiales, voici ce que nous pouvons dire :

L'édit de 1552 créant les présidiaux allouait à chacun une somme totale de 1.400 livres. — Un édit de Henri IV de 1598 évalue cette somme à 466 écus 2/3. C'est évaluer l'écu à 3 livres (2).

La même lettre de Henri IV fait la répartition des 466 écus 2/3 entre les officiers du présidial. Il alloue : au sénéchal 66 écus ou 200 livres, soit 3.000 francs ; — aux autres officiers la moitié, 33 écus ou 100 livres, soit 1.500 francs.

Voilà de minces appointements ! 3.000 francs d'un office payé une valeur de 229.390 francs, ce n'est pas l'intérêt de cette somme à 1 fr. 30 %.

Mais il y avait les *épices* (3) ; et, s'il faut en croire Moreau, elles étaient considérables, du moins celles du sénéchal du présidial de Quimper. Elles auraient rapporté une somme représentant au moins 15.000 francs de nos jours (4) : somme qui semble bien considérable.

Nous persistons à croire que sénéchal et autres plaçaient la « finance » de leurs offices à de minimes intérêts et payaient très cher l'honneur de leurs titres.

(1) L'auteur veut dire que les *épices* dont nous allons parler, sont à peu près rien pour le président qui siège si peu. — Sur le président *au* présidial, ci-dessus, p. 48, note 1.

(2) J'ai cité plus haut cet édit, daté d'Angers, avril 1598, qui érige un présidial à Dinan. — Ci-dessus, p. 47, note 3.

(3) *Epices et vacations,* droits payés par les parties aux juges ; celui qui gagne son procès les avance sauf son recours sur celui qui l'a perdu. « Un jugement n'est pas expédié avant le paiement des *épices.* » Ferrière. *Dict. de droit,* v° *Epices.*

(4) Voici comment nous arrivons à ce chiffre, quelque peu problématique.

Parlant du sénéchal Le Baud, Moreau écrit (p. 236) : « Son état était..... le plus lucratif de Basse-Bretagne. » Or, les gouverneurs de Quimper et Concarneau touchaient alors 400 écus (ou 18 000 fr. de nos jours). *Documents sur la Ligue en Bretagne, Etat des garnisons royales,* p. 194. Les appointements du sénéchal Le Baud étant de 3.000 fr., monnaie actuelle ; les épices auraient dû être de 15.000 pour atteindre au traitement des gouverneurs à 18.000 fr.

§ 2. — Justices seigneuriales.

Personne n'ignore la distinction des justices seigneuriales en *basses*, *moyennes* et *hautes*.

En ce qui concerne les deux premières classes de justice, un mot seulement :

Les *basses justices* connaissent *au civil* d'affaires personnelles et réelles, jusqu'à 60 sols (3 livres) ; *au criminel*, elles prononcent une amende de 10 sols au plus ; — elles ne peuvent emprisonner ; — elles doivent renvoyer à la haute justice ce qui excède leur compétence.

Les *moyennes justices* jugent les affaires personnelles et réelles sans fixation de valeur ; — elles jugent les *délits* passibles d'une amende de trois livres au plus ; — elles peuvent informer sur délits plus graves et crimes, en faisant arrêter l'inculpé ; mais ne peuvent le retenir plus de vingt-quatre heures, et doivent le renvoyer au haut justicier.

Voilà quelles étaient la plupart des justices seigneuriales comprises dans la châtellenie.

Parlons maintenant des hautes justices (1).

Les appels des basses et moyennes justices vont à la haute justice.

Le seigneur haut justicier a la haute, moyenne et basse justice, c'est-à-dire le droit de nommer des juges qui prononceront *au civil* sur toutes causes personnelles et réelles entre les vassaux ; et, *au criminel*, connaîtront de tous crimes et délits, sauf les *cas royaux*, et, depuis l'ordonnance de 1670, les cas *prévôtaux* ou *présidiaux* (2). Ces juges peuvent prononcer toutes peines, même la mort.

Sera-t-on curieux de savoir quel était le nombre de ces jus-

___

(1) On entend dire aujourd'hui, surtout en temps d'élections, que les seigneurs *avaient droit de vie et de mort*. Absolument comme M. le Président de la République qui nomme des juges prononçant la peine de mort.

(2) *Cas royaux* : lèse-majesté, fausse monnaie, rébellion, hérésie et huit autres. — *Cas prévôtaux* ou *présidiaux* jugés sans appel. L'article 11 du titre Ier, ajoute quelques cas, notamment « excès sur les chemins publics, » vols avec violence, meurtre et assassinat.

tices en Bretagne ? Voici sur cette question les seules indications que je puisse fournir.

En 1711, un document de l'Intendance en signale 3.905 ;
d'un autre document de même source, daté de 1766,
on peut déduire le chiffre de .... 2.922.

Ogée, écrivant en 1775, en compte (1) .... 2 326.

En une telle question, est-il permis de chercher dans la *moyenne* un chiffre approximatif ? La moyenne de ces trois nombres donne *3.035* ; soit en chiffres ronds 3.000. Il y a en Bretagne 1.700 paroisses ou trèves, il y aurait donc eu moins de trois justices par deux paroisses ? C'est peu.

Toutefois, l'auteur contemporain d'un savant livre sur *Les Justices seigneuriales de Bretagne* a réduit le nombre de ces justices à 2.500, « à la veille de la Révolution » (2).

Autre question : Et le nombre des *hautes* justices ?

Ici, nous n'avons qu'un chiffre officiel : celui de l'enquête de 1766. Elle donne pour 31 subdélégations, à peu près la moitié de la Bretagne, 788 hautes justices. Si nous doublons ce chiffre, nous avons pour la Bretagne entière, 1.576 hautes justices. Compte quelque peu hypothétique (3).

Mais, laissons là ces généralités et ces conjectures, et revenons à Concarneau. — Combien de justices étaient comprises sous cette juridiction ?

La subdélégation de Concarneau figure dans l'enquête de 1766 ; mais ce document ne fournit qu'un chiffre : 12 pour les hautes justices, rien des moyennes et basses. — Cherchons ailleurs.

---

(1) Ogée, *Introduction*, p. 17.

(2) M. Giffart, pensionnaire de la fondation Thiers, docteur en droit, auteur de *Les Justices seigneuriales en Bretagne aux XVIIe et XVIIIe siècles* (1902).

V. dans ce volume les documents cités plus haut : Comptes de 1711 et de 1766. *Pièces justificatives*, p. 307-308, et compte de l'auteur, p. 42. — A remarquer que l'enquête de 1766 ne renseigne que sur 31 des 64 subdélégations : elle donne le chiffre de 1.465 qui, dédoublé (un peu arbitrairement), nous a fourni le nombre 2.922.

(3) Trompé par quelques indications inexactes ou incomplètes d'Ogée, j'ai compté environ 850 hautes justices en Bretagne (*Organisation judiciaire*, in fine). M. Giffart (p. 45) a très justement rejeté ce compte. — Il propose le chiffre de 1 500. Soit ! — Mais comment concilier ce chiffre avec celui de 2.500 comme total de toutes les justices ? Comment, y ayant 1.500 hautes justices, n'y aurait-il que 1.000 justices moyennes et basses ?

Une montre du ban et de l'arrière-ban de Cornouaille, de 1481, mentionne environ 80 nobles ou tenant fiefs nobles, c'est-à-dire roturiers possédant fiefs nobles et à ce titre astreints au service de guerre (1). Du chiffre de ces 80 fiefs nobles, nous pouvons conclure à peu près le même nombre de justices (2).

Ajoutons que dans 20 des paroisses ou trèves composant la châtellenie, Ogée nomme 71 *maisons nobles*. Il n'en indique pas une seule dans les trois autres ; nul doute qu'il n'en ait omis plusieurs. On le voit, le chiffre d'Ogée se rapproche sensiblement du chiffre 80. — Ce nombre peut donc marquer approximativement le nombre des justices (3)...

Cela dit, nous devrons nous borner à rechercher les noms des seigneuries ayant eu haute justice.

Combien la châtellenie comprenait-elle de *hautes* justices ? C'est ce que je ne puis dire avec une certitude absolue. Après beaucoup de recherches, j'ai trouvé pour le XVIIIᵉ siècle, dix-huit hautes justices dépendant du siège de Concarneau. Je vais en donner les noms (4).

Entre ces dix-huit hauts justiciers, huit sont à distinguer à raison des titres particuliers qui leur appartiennent.

1° Cinq sont dits *sergents féodés* (on dit quelquefois *fieffés*) du duc (originairement) (5). C'est-à-dire qu'ils sont tenus envers le duc et les juges ducaux à certains devoirs dont la

(1) Fréminville, *Antiquités du Finistère*, 2ᵉ partie, p. 350-366.

(2) « Le fief est rarement sans justice. » Hévin, *Consultations*, nᵒ 77, p. 378. « La plus violente des présomptions contre celui qui se prétend seigneur de fief, est de n'avoir aucun droit de justice. » *Consultations*, p. 579.

(3) M. Giffard écrit p. XVI, « Arch. du Finistère, série B, 1194. Liste des justices seigneuriales sous la juridiction de Concarneau. » Il ne se trouve à ce nᵒ que huit noms de hautes justices ; on en trouve d'autres à d'autres nᵒˢ de la série B.

(4) J'ai relevé dix-sept noms, soit dans divers actes consultés pour mes études sur la Cornouaille, soit dans l'*Inventaire sommaire* des Archives de la cour de Concarneau. Le 18ᵉ nom (Botpadern, Elliant), m'a été fourni tout récemment par le Vᵗᵉ Villiers du Terrage, inspecteur général honoraire des Ponts-et-Chaussées, *Note sur les Anciens Chemins de la paroisse d'Elliant* (Bull. de la Soc. Arch. du Finistère). On a vu, à la page précédente, que l'enquête de 1766 compte 12 hautes justices. — Ogée en nomme dix dont je soulignerai les noms.

(5) Beaucoup de grands seigneurs avaient, comme le duc, des sergents féodés ; mais je ne parle ici que de ceux du duc.

jouissance d'un fief est le *gage* (la rémunération), avec certaines prérogatives, dont la principale était la haute justice (1).

Les sergents féodés faisaient auprès du duc un service d'honneur, la verge de sergent en main. Ils étaient appelés à l'ouverture des Etats ; leur absence (sauf excuses) était punie de la confiscation du gage. — En dehors de ce service d'apparat, ils faisaient auprès des cours ducales office de *sergents* ordinaires : par exemple (par leurs *commis*) ils donnaient les ajournements au nom des sujets ; et cet acte était fait *gratuitement*, puisqu'il était payé d'avance par la jouissance du gage (2). — Nous leur verrons d'autres devoirs en procédure criminelle.

Les cinq sergenteries féodées étaient *Chef du Bois-Thominec* (Lanriec), Mineven (Beuzec-Conc), Le Plessix-Fouesnant (Le Quenquis, en Fouesnant) (3), Rohantec (Elliant), Rosensaux (Scaër).

2° Huit hauts justiciers ont un privilège particulier, dit aux derniers siècles, le *droit de menée à la cour* (4). C'est pour chacun d'eux la faculté de faire expédier par la cour les affaires concernant leurs vassaux.

Ces affaires viennent aux audiences ordinaires, après les affaires citées par les sergents royaux. Mais l'ordre des seigneurs *menéants* est réglé : ils sont 1er, 2e, 3e menéant (5).

Nous avons vu plus haut une affaire civile de cinq sous, de deux liards (6), pouvant être jugée successivement quatre fois.

---

(1) « La haute justice est naturelle aux sergents féodés du duc. » Hévin, *Questions féodales*, p. 259. — « Aussi, les sergents féodés du duc s'estimaient-ils bien au-dessus des sergents féodés des barons. » Id., p. 276.

(2) C'est en quoi la qualité de sergent féodé accordée au seigneur était utile à ses vassaux.

(3) *Le Quenquis* est la traduction bretonne de *Le Plessis*.

(4) Sur la menée, d'abord *devoir* du seigneur, puis *droit* pour lui. Hévin, *Questions féodales*, p. 358, n° 9 ; p. 155, n° 11 et p. 357, n° 7. — Ce n'est pas le moment d'insister sur ce point curieux.

(5) En 1774-75, Louis, comte de Guer, marquis de Pontcallec, en même temps seigneur de Kergunus et Kerrichard (Trégunc) et de Riec et la Porte-Neuve, déclare que sa *menée*, comme seigneur de Kergunus, s'exerce tous les lundis à Concarneau, aussitôt après la justice de S. M., et que la justice de Riec s'exerce tous les mardis à Pont-Aven. B. 1053. Il était donc 1er menéant à Concarneau.

(6) Ci-dessus, p. 53.

J'ai fait remarquer que ce n'était pas compter tous les degrés de juridiction par lesquels l'affaire de cinq sols pouvait passer.

En effet, le jurisconsulte que je citais prend cómme exemple une affaire jugée en première instance par le siège ducal, par exemple celui de Concarneau. Supposez l'affaire (c'est le cas le plus ordinaire) jugée en basse ou moyenne justice : elle viendra en appel à la haute justice avant d'être soumise, en appel encore, au juge ducal. Elle aura donc été jugée deux fois avant de lui venir. Le seigneur, en exerçant son droit de menée, pouvait amener l'affaire droit au juge ducal. Ainsi, comme la sergenterie féodée, le droit de menée était utile aux vassaux du menéant (1).

Les seigneurs menéants de Concarneau sont les cinq sergents féodés, plus les seigneurs de Coatcon (Beuzec-Conc), *Coatcanton* (Melgven), et *Kergunus* (Trégunc).

3º *Sergents voyers*. — Je trouve deux des hauts justiciers ayant le titre de *voyers* ou *sergents voyers* : ce sont le seigneur de *Chef du Bois-Thominec* et celui de Coatcon.

Il faut remplacer ce titre par celui que les jurisconsultes emploient d'ordinaire : *Seigneur voyer*. — Le titre de sergents leur attribue apparemment les mêmes devoirs et les mêmes droits qu'à l'officier nommé *voyer*, « commis pour avoir soin des rues et chemins, chargé de donner les alignements, d'empêcher les usurpations, et d'exiger le droit de péage pour l'entretien des chemins. »

Enfin, pour compléter la liste des dix-huit hautes justices, il me reste à en nommer dix, dont les seigneurs ne sont ni sergents féodés ni menéants, ni sergents voyers. Les voici :

Le Hénan (Nizon), *Goarlot* (Melgven), *Kerveguen-Trévalot* (Scaër), *Coatloret* (id.) (2), *Tréanna* et Botpadern (Elliant), Mur-Henvez-Guérinen (Saint-Evarzec), *Cheffontaines* ou la Fontaine (Clohars), Locaman (Fouesnant), *Moros* (Lanriec).

Nous l'avons dit plus haut, de même que le juge ducal, le

(1) Ci-dessus, p. 69.
(2) Coatloret allait passer du ressort de Concarneau dans celui de Quimperlé. Lettres royales de décembre 1765. B. 1048.

juge du haut justicier condamnait même à mort jugeant sans appel. Comme le juge ducal, avant de prononcer une sentence de mort, il devait « appeler à lui ceux qui savent les droits et les coutumes (1) » ; mais où trouvera-t-il ces utiles auxiliaires ? Il ne peut s'adresser qu'aux hommes de loi exerçant dans sa juridiction. Quels sont-ils ? Avocats à la cour demeurant d'ordinaire loin de son siège, procureurs du siège et (peut être) notaires.

Quoi qu'il en soit, un jurisconsulte a pu écrire : « (Le juge) du haut justicier appelant à soi des postulants de sa juridiction pour assesseurs, condamnait le matin et faisait pendre la relevée (2). »

Ce qui veut dire qu'après la condamnation prononcée à l'audience du matin, juge, procureur fiscal, sergents allaient dîner, et que, à l'heure de l'audience de relevée, ils se retrouvaient pour conduire le condamné au supplice !

Cette procédure expéditive a-t-elle toujours répondu à la pensée des religieux auteurs de notre très Ancienne Coutume ?

L'ordonnance d'août 1670 coupa court à cette vieille pratique, en ordonnant aux procureurs fiscaux de relever appel au parlement, de toutes les condamnations par eux requises. C'était dire que pas une condamnation ne serait exécutée avant d'avoir été confirmée en parlement.

C'est pourquoi, pour le dire tout de suite, l'ordonnance a pu permettre aux parlements de faire exécuter les sentences confirmées ; mais à titre d'exception et « pour des considérations particulières » (3).

---

(1) Ci-dessus, p. 58.

(2) Hévin, *Consult.*, p. 6. — Je crois et pour les raisons données (ci-dessus, p. 57), que les postulants qu'Hévin nomme *assesseurs* n'étaient que des *conseils*.

A remarquer qu'il fut interdit de juger à l'audience de relevée, une cause pouvant entraîner mort naturelle ou civile, galère ou bannissement. Ord. crim. de 1670, t. XXV, art. IX.

(3) C'est l'article XVI du titre XXVI.

« Si les arrêts portent condamnation, les condamnés seront renvoyés sur les lieux, aux frais de ceux qui en sont tenus, s'il n'est autrement ordonné pour des considérations particulières. »

Nous verrons que, en 1772, ces frais de renvoi furent mis à la charge du trésor : ce fut, avec le peu de sûreté des routes et des prisons, une *considération* qui porta souvent à retenir l'exécution à Rennes.

Cette disposition nouvelle allait produire une conséquence imprévue : c'est que nombre de hautes justices vont cesser de juger *au criminel* ; et la raison de ce fait est bien simple.

Par l'appel *de droit*, le haut justicier est contraint de faire conduire le condamné devant le parlement à Rennes ; et, outre la responsabilité qu'il encourt, il est chargé des frais du voyage et de la nourriture dans la prison (1). Dans ces conditions nouvelles, les hauts justiciers feront juger le moins possible : que le juge royal se saisisse d'une affaire, ils le laisseront faire, heureux de s'en débarrasser ; et les fonctions de la haute justice glisseront ainsi des mains du haut justicier qui ne les retient pas, aux mains du juge royal, impatientes de s'en saisir.

Il n'y avait là que demi-mal. Mais une autre hypothèse se présentait : le juge royal a ignoré le délit ou le crime, le juge seigneurial l'a su et n'agit pas à cause des frais « à faire ». La charge des frais ne sera-t-elle pas un motif de favoriser l'impunité ? Voilà le danger que le pouvoir royal craint ou peut-être reconnaît, et auquel il va remédier. Par ordonnance de mars 1772, le roi Louis XV met à la charge de l'Etat la plupart des frais de l'instruction, et, en *appel*, tous les frais de transport, de *renvoi* et d'exécution (2).

Ajoutons que les présidiaux ne manquent pas de prononcer la suppression des hautes justices inoccupées (3).

Mais la haute justice s'exercera encore au *civil*. Elle existera en *droit*. Les hauts justiciers seront ainsi libérés de l'exercice de la justice criminelle devenu trop onéreux : ils garderont l'honneur ancien sans les charges nouvelles ; dans

(1) Au minimum, 14 livres par jour (au moins 31 fr. de notre monnaie), seulement pour l'escorte. Or, le convoi ne fait que huit lieues par jour en hiver et dix en été. Règlement du 12 janvier 1737. Ogée compte de Rennes à Quimper 50 lieues. Supposez un condamné conduit de Quimper à Rennes : il mettra 6 jours en hiver, 5 en été. C'est 186 ou 155 fr. alloués à l'escorte seule. M. Giffart donne (p. 237-238) un mémoire daté du 21 avril 1744, des frais faits par la haute justice de Cheffontaines pour une affaire d'homicide. Le total est de 2.294^l 17^s 4^d, plus de 4.468 fr. de notre monnaie.

(2) M. Giffart, *Pièces justificatives*, n° 15, p. 343. Très heureuse révélation.

(3) Ex. à Quimper, la justice de la Commanderie de Saint-Jean, supprimée en 1621, et rétablie par le Parlement en 1727.

leurs aveux, ils réclameront la haute justice avec ses marques publiques, notamment les fourches patibulaires (1).

J'ai parlé plus haut du *gibet* ou fourches patibulaires du prince. Il faut ajouter quelques mots des fourches patibulaires des seigneurs.

Pour élever des patibulaires, il fallait l'expresse concession du souverain. Anciennement, ce droit fut très rare, mais plus tard il se multiplia, si bien qu'on a pu écrire que « les hauts justiciers ont droit d'avoir des patibulaires. » Ce changement s'explique ainsi :

« Les juges du duc estimaient à honneur et privilège, le soin de faire exécuter les condamnés des juges seigneuriaux (2). » Plus tard, ils se refusèrent à cet office. L'exécution revenait donc aux seigneurs ; mais elle devait se faire dans leurs fiefs et elle comprenait deux actes : pendre et exposer. On ne pouvait exposer en ville ; donc les patibulaires devenaient nécessaires, et c'est ainsi que le duc fut amené à les accorder à tous les hauts justiciers.

L'acte de concession fixait le nombre des poteaux ou piliers : d'ordinaire deux pour les simples seigneuries. Les seigneurs qui se prétendaient des neuf barons de Bretagne en réclamaient six, nombre *maximum* (3). L'addition d'un pilier à ceux existants déjà était une faveur enviée (4).

J'ai parlé plus haut de l'exécution des condamnations prononcées par les juges ducaux. Disons, à ce propos, que les sergents féodés assistaient les juges, non seulement à l'audience, mais quand ils conduisaient les patients au supplice.

---

(1) Voilà ce qui se passa à Quimper pour les regaires, haute justice de l'évêque. Mais d'autres justices cessèrent peut-être toute fonction. En 1750, Guémadeuc, seigneurie bannière très ancienne, évêché de Saint-Brieuc, ne trouvait pas à affermer son greffe offert à 12 livres (environ 24 francs) par an... et la location des greffes était à peu près le seul revenu de la justice.

(2) Hévin, *Consultations*, II, p. 10.

(3) Ainsi, le sire de Pont-l'Abbé se disant un des neuf barons. Aveu au Roi de 1731. Arch. du Finistère.

(4) En 1505, la reine Anne permit à Vincent de Plœuc, seigneur du Plessis-Ergué, etc., paroisse d'Ergué-Armel, d'ajouter un 4ᵉ poteau, notamment à sa justice du Plessis, située au village de Kervao, sur la route de Concarneau à Quimper.

Il semble toutefois que, à Concarneau, ce devoir regardait surtout le seigneur de Chef-du-Bois-Thominec. Nous l'avons vu gardien des clés de la prison et fournissant le geôlier ; un acte nous apprend que pour la pendaison il devait « fournir des gens et des cordes », et « conduire le condamné jusqu'au bateau, et le faire traverser l'eau jusqu'à la pierre dite *Men ar laer*, » quand l'exécution se faisait aux patibulaires (1).

Les seigneurs sergents féodés ne se refusaient pas à ces services, « tant les ministères de la justice étaient réputés glorieux, mais le goût des honneurs changea (2). » Des sergents féodés renoncèrent à leurs gages pour ne pas rendre ces services, qui plus tard ne furent plus demandés. Le marquis de Tinténiac, qui, en 1766, devint acquéreur de Chef-du-Bois, et ainsi sergent féodé de Concarneau, n'avait pas à craindre que ce service lui fût jamais réclamé (3).

Je ne vais pas (cela m'entraînerait trop loin) donner quelques indications sur toutes ces hautes justices ; mais je ne puis omettre quelques mots sur Moros.

Moros avait été acquis, avec autres terres voisines, par l'illustre Duquesne, le 21 janvier 1651. Il s'y fixa et y demeura environ dix ans. En janvier 1682, il obtint de Louis XIV la haute justice pour Moros, « à la condition qu'il n'y sera fait aucun exercice de la religion prétendue réformée. » — « C'est, lui est-il écrit, une des menues satisfactions dont le Roy peut payer ses victoires, tant qu'il sera à Genève... » — « Il pourrait prétendre à toutes les grâces, c'est-à-dire au titre d'amiral, mais lui-même y mettait obstacle, par son attachement au calvinisme. »

Après la mort de Duquesne, en 1688, Moros et les terres annexées passèrent à son quatrième fils, qui avait abjuré et qui mourut en 1741 (4). En 1728, il avait vendu le Moros à

(1) Ci-dessus, p. 59 et 60, note 1.

(2) Hévin, *Consultations*, II, p. 10.

(5) B. 1046. Plaids généraux, janvier 1766. Acquèt par François de Tinténiac, marquis de Quimerch, seigneur de Livinot, etc. de Messire Thomas de Mauduit du manoir de Chef du Bois, etc.

(4) *Duquesne aux Moros*, très intéressante étude par M. Véron, ancien officier de marine (1894).

Duquesne mourut en 1688. Il laissait des enfants mineurs. Leur mère tutrice

N. Le Perrier de Salvert ; et c'est cet acquéreur ou son héritier qui eut l'honneur de recevoir en 1747, le duc de Penthièvre, gouverneur de Bretagne (1).

Les justices seigneuriales avaient fait leur temps. La plupart des bailliages en demandaient la suppression. L'Assemblée Nationale la prononça par décret des 4-11 août 1789. Mais l'Assemblée n'entendait pas suspendre le cours de la justice : elle déclara que « les officiers des justices continueraient leurs fonctions jusqu'à l'établissement d'un nouvel ordre judiciaire. »

Un an plus tard, un décret du 16 août 1790 y pourvut en créant les juges de paix en chaque canton, et un tribunal composé de 5 juges (au moins) dans les 530 (environ) districts de France. Il fallait du temps aux électeurs pour choisir cette armée de juges, et beaucoup de juges seigneuriaux siégèrent jusqu'aux premiers mois de 1791 (2).

Au lieu de son sénéchal royal, Concarneau, devenu chef-lieu de canton, eut un juge de paix et des prud'hommes, assesseurs du juge de paix, élus pour rendre la justice « au nom du Roi. »

Gabrielle de Bernière, plaidait en cette qualité devant la cour de Conc, en avril 1691 (B. 916).

(1) Nous verrons plus tard la réception faite au gouverneur.

(2) Et peut-être postérieurement.

VII

La Ville et Communauté de Concarneau.

§ 1er. — Administration.

Nous ne pouvons indiquer, même approximativement, la date de l'établissement de la *communauté*, c'est-à-dire de la *commune*, de la *municipalité*.

La première communauté bretonne est celle de Guingamp, ville principale du Penthièvre ; elle semble un don de Charles de Blois et de Jeanne de Penthièvre. Elle apparaît au milieu du xive siècle, et elle est complètement organisée en 1380.

Les princes de la maison de Montfort suivirent l'exemple donné par leur adversaire malheureux ; et les communautés bretonnes vont s'établir de proche en proche, non, comme en France, après des luttes sanglantes, mais par dons du souverain exerçant en Bretagne une sorte de monarchie représentative (1).

C'est surtout pendant le règne long et pacifique de Jean V, que s'accomplit cet heureux événement. Vers 1410, les communautés de Rennes et de Nantes sont organisées ; et, au milieu du siècle, presque toutes les villes jouissent d'institutions, souvent moins complètes, mais analogues (2).

Originairement, leur organisation ne ressemble guère à celle de nos communes actuelles.

(1) Voir pourtant la *commune jurée* de Saint-Malo, xive siècle. La Borderie, *Hist*, III, p. 324-338.

(2) En 1890, M. Laronze, inspecteur d'académie, a publié un livre intitulé : *Essai sur le régime municipal en Bretagne, pendant les Guerres de religion*. Ce titre semble trop général puisque l'auteur déclare (p. 6) que « son étude ne portera que sur Nantes, Rennes et Saint-Malo. » Nous ne pouvons admettre avec lui que « certaines franchises accordées par les ducs fussent depuis longtemps oubliées ou négligées, et que l'organisation municipale n'apparaisse nettement qu'à partir de 1560. » (p. 5).

Cet ouvrage, fruit d'un long et sérieux travail, est une thèse pour le doctorat présentée à la Sorbonne : il est revêtu du permis officiel d'imprimer ; il est et sera lu en Bretagne. Or, sur un point auquel nous allons venir, M. Laronze a été très insuffisamment renseigné. Nous nous permettrons de signaler quelques omissions et inexactitudes,

Le « général des paroisses bretonnes », c'est-à-dire la généralité des paroissiens appelés à l'église pour les offices, avait l'usage, l'office terminé, de délibérer sur les intérêts temporels de la paroisse. Les premières communautés prirent l'usage de cette délibération générale : « l'assemblée des bourgeois » ne fut pas d'abord un conseil *élu*, mais « la généralité des notables » réunis pour délibérer, et nommer quelques mandataires.

L'un d'eux est le *miseur* : c'est le trésorier. Il perçoit les revenus, et il « met en mises » (dépenses, de là son nom). Un peu plus tard, apparaît le « procureur des bourgeois » : c'est le chef de la communauté, auquel succédera le syndic que remplacera le maire.

Plus tard, le conseil de la communauté fut soumis à l'élection, et, avec le temps, l'organisation de la communauté se rapprocha de plus en plus de nos municipalités actuelles.

Mais nombre de communautés, entre autres celle de Concarneau, et d'autres plus importantes, par exemple celle de Quimper, firent une faute, dont nous portons la peine... Elles ne se donnèrent pas un greffe (j'emploie l'expression ancienne) qui gardât fidèlement le dépôt des registres et des délibérations. Le syndic gardait le registre chez lui; mais il le faisait *sien*. Qu'il partît, il l'emportait. S'il mourait, ses enfants le trouvaient dans son héritage (1), et avec le temps il disparaissait. Ainsi s'explique que soient perdus pour les villes et pour nous tant de registres, même du xviiie siècle (2) ! On ne s'étonnera donc pas que les plus anciennes pièces concernant Concarneau conservées aux archives de l'Intendance de Bretagne, datent de 1698. Nous ne pouvons qu'y emprunter quelques renseignements (3).

La communauté présentait au gouverneur de Bretagne une liste de « sujets pouvant être commis aux fonctions et charges municipales. » Elle dressait, semble-t-il, cette liste sans peine; mais, une fois nommés, ces « sujets » se montraient peu assi-

---

(1) Nous aurons de cet abus un curieux exemple à Concarneau.

(2) La plus ancienne délibération gardée à Concarneau est de 1748.

(3) Les indications qui suivent sont empruntées surtout à la liasse C. 623. Archives d'Ille-et-Vilaine.

dus à l'assemblée. Toute absence non justifiée était punie d'une amende de dix livres (environ 23 francs de nos jours). Pénalité qu'on peut trouver excessive, mais qui fut inefficace. L'intendant se voit contraint d'avertir que les conseillers qui auront encouru l'amende deux fois seront exclus de l'assemblée... C'est justement ce que plusieurs souhaitent.

Même laisser-aller dans une partie de l'administration. Un jour, l'intendant annonce à Quimper le passage d'un contrôleur ambulant du domaine : il vient « vérifier les registres des délibérations municipales. » Et pourquoi ? « Pour rechercher et recouvrer les droits de contrôle dûs depuis vingt années ! »

En 1636, au dire de Dubuisson (p. 108), « la communauté était pauvre » ; il en était de même au xviii⁰ siècle, comme nous allons voir. Toutefois, le chiffre que nous donnerons représente le revenu *ordinaire* de la ville ; elle trouvera un revenu supplémentaire dans les *octrois*, que le Roi ne lui refusera pas : c'est-à-dire « les droits d'entrée en ville par voie de terre et de mer. » Ces octrois sont affectés aux pavés de la ville et à la voirie, deux objets que nous ne voyons pas mentionnés dans les comptes qui restent.

Ils sont datés de 1702-1703 et de 1704-1705, car la communauté règle ses comptes seulement tous les deux ans.

Dans le premier compte 1702-3, la recette est de 3.782 livres plus quelques deniers (10.400 francs de nos jours) (1), — soit pour chaque année 1.891 livres (ou 5.200 francs). — La dépense est de 4.039 livres (11.107 francs). — Déficit 257 livres ou 706 francs.

Je relève quelques articles : Indemnité au député aux Etats 200 livres (2), — au prédicateur (du carême) 200 livres, — « pour la finance et deux sols pour livre des offices de contrôleur de la communauté, et des capitaine et lieutenant des bourgeois 1.547 livres. »

Voilà trois de ces nombreux *offices* créés pour les besoins

---

(1) Tous les chiffres que nous allons indiquer de 1702 à 1705, sont à multiplier par 2,75.

(2) Cette indemnité, fixée par arrêt du conseil de 1681, pouvait suffire à cette époque, puisqu'elle représentait plus de 700 fr. monnaie actuelle ; mais, 200 livres au milieu du xviii⁰ siècle valant seulement 420 fr. monnaie actuelle, l'indemnité était insuffisante, et il y eut souvent lieu à des suppléments.

du trésor et dont la communauté se serait très volontiers privée, et sans aucun préjudice pour elle. Or, contrainte de les acheter, elle les paie plus des 4/5 de son maigre budget annuel de 1.891 livres ; et cette dépense faite, il lui reste 346 livres pour les dépenses indispensables !

En 1704-1705, la recette est encore moindre qu'au compte précédent : 3.400 livres (9.950 francs), mais la ville n'a pas d'office à acquérir ; elle ne dépense que 3.117 livres (8.461.75) : elle a donc un boni de 899 livres.

Une dépense assez lourde mise à la charge de la communauté, c'est l'indemnité de logement allouée au gouverneur, qu'il réside ou non. C'est une somme de 300 livres (1.150 fr. au milieu du XVIIe siècle, 620 au milieu du XVIIIe). Il faut dire que plusieurs gouverneurs, même résidants, ne la réclament pas (1) ; mais d'autres, même non résidants, ne se feront pas scrupule de l'encaisser.

Une autre indemnité de logement est due par la ville : elle porte à son budget de chaque année une somme de 50 livres au profit du canonnier. Ce brave homme mérite cette indemnité : il est fidèle à son poste et la ville recourt souvent à son habileté.

Une dépense éventuelle, mais qui revient assez souvent : les réjouissances publiques. Bonne patriote, la ville ne s'en plaint pas, quoiqu'elles grèvent son budget. A la naissance d'un enfant de France, à l'annonce d'une victoire, pour une paix glorieuse ou tout autre événement heureux, le gouverneur de Bretagne demande une démonstration joyeuse. La communauté fait allumer un feu de joie, tirer le canon, chanter le *Te Deum*.

La dépense est régulièrement de 30 livres (de l'époque).

Le passage de grands personnages est aussi l'occasion de quelques dépenses. Il faut quelquefois préparer un logement, du moins faut-il toujours offrir « le vin de ville et l'hypocras ». Mais les personnages si bien accueillis et longuement harangués (cela va sans dire) laisseront au départ *une bourse* pour les indigents et pour l'hospice, qui est pauvre.

Le feu de joie, le tir du canon, le chant du *Te Deum* sont

____

(1) Ainsi, l'indemnité ne figure pas aux comptes de 1702-3, 1704-5.

des réjouissances *officielles* : le soir venu, les maisons des habitants s'illuminent. On peut se figurer ces illuminations : des boules d'argile dans lesquelles sont piquées des chandelles de suif ou même de résine en font les frais. Telles étaient encore les illuminations dans les petites villes, en 1835, sous le Roi Louis-Philippe. Telles avaient été les illuminations que, cinquante ans auparavant, en 1785, son aïeul maternel, le duc de Penthièvre, gouverneur de Bretagne, prescrivait à Concarneau (1).

Comment, avec un budget si réduit, la communauté pouvait-elle, selon l'expression vulgaire, joindre les deux bouts ? Elle le faisait pourtant, et même elle réalisait quelques économies : un jour on la voit acquérir un champ, dit *Parc ar Groas*, pour en faire un champ de foire (1699).

Or, à cette époque, les villes, comme « le bon père de famille », craignaient de recourir à l'emprunt pour satisfaire aux besoins courants. Surtout, s'abstenaient-elles (ce qu'on ne sait plus aujourd'hui) d'emprunter pour des dépenses voluptuaires. Mais Concarneau s'honora, lors d'une épidémie, en contractant, pour venir efficacement au secours des malheureux, un emprunt de 2.400 livres (5.280 francs de notre monnaie) plus que sa recette ordinaire annuelle ! (1772).

Il y aurait intérêt à dresser une liste des fonctionnaires existant à Concarneau au moins au xviiie siècle. Je ne parle pas des magistrats et officiers ou, comme on disait, gens de justice et hommes de loi, mentionnés plus haut ; mais des fonctionnaires administratifs ou financiers.

Dans les pièces que j'ai pu voir, je ne trouve mentionnés que le subdélégué de l'intendance dont nous dirons quelques mots, — le receveur de Msr l'amiral, — le receveur des consignations et droits des ports et hâvres, — le receveur des

---

(1) *Arch. Finist.*, B. 1188. « Ordre du duc de Penthièvre à tous habitants de Concarneau, d'illuminer leurs maisons de huit heures à extinction de chandelles, sous peine de 10 livres d'amende (22 francs d'aujourd'hui), à l'occasion de la naissance du prince Charles, duc de Normandie. »

Il s'agit du dauphin, fils de Louis XVI, né le 27 mars 1785, qui sera l'infortuné Louis XVII.

octrois maritimes, — le receveur (ou directeur) des postes aux lettres (1).

Nous ne voyons pas mentionné le capitaine de la milice des gardes-côtes. C'est que, quoi que l'on ait dit, Concarneau n'était pas chef-lieu d'une capitainerie (2).

Pour dresser une liste des fonctionnaires, il faudrait un document qui nous fait défaut, un *rôle de la capitation*. Or, nous avons trouvé dans une note seulement le chiffre total de cette imposition : 2.272 livres, 13 sous (5.000 francs environ).

La *capitation* était un impôt de répartition, personnel et proportionnel, c'est-à-dire réparti entre toute personne (sauf les indigents) proportionnellement au revenu de chacun.

Le rôle des imposés indique leurs professions. Le rôle de Concarneau aurait eu un intérêt particulier. Voici pourquoi : En certaines villes, à Quimper par exemple, la moindre imposition est de *une livre* ; à Concarneau, il y a des impositions moindres, puisque la somme totale donnée plus haut comprend des sous. Le rôle ferait donc connaître les noms de presque tous les habitants, moins les mendiants ; il nous dirait les noms des fonctionnaires et peut-être leurs émoluments.

Un mot maintenant du subdélégué de l'intendance (3).

On entend souvent dire : « L'intendant de Bretagne était un préfet ; » ajoutons : ayant pour *département* les cinq départements taillés depuis dans l'ancienne province de Bretagne. La vérité est que, avec ce vaste département, l'intendant avait des attributions plus étendues que les préfets d'aujourd'hui.

On a écrit aussi : « Les subdélégués étaient des espèces de sous-préfets (4). » La vérité est que suppléant l'intendant, ils

(1) Ecrivant en 1775, Ogée (I, p. 196) mentionne « une poste aux lettres. » — Elle n'existait qu'en espérance alors, puisque la ville en fait la demande par son maire Belot, le 11 novembre 1782 (Rennes, C. 623).

Les postes d'alors ne ressemblaient guère à celles d'aujourd'hui. M. Billonnois, troisième mari de la mère de La Tour d'Auvergne-Corret, était en même temps directeur des postes et entreposeur des tabacs à Carhaix.

(2) Nous avons sous les yeux la liste des 20 capitaineries de Bretagne, en 1766 (Arch. d'Ille-et-Vilaine, C. 1145). Les quatre de l'évêché de Cornouaille sont à Quimperlé, Quimper, Pontcroix et Crozon.

(3) Sur les subdélégations. Arch. d'Ille-et-Vilaine, Intendance, C. I et suivants.

(4) Ogée, *Annotateur*, II, 573, note 2.

avaient des attributions plus étendues que celles des sous-préfets, mais leur « compétence territoriale » était bien moindre.

La subdélégation de Concarneau comprenait tout son ressort judiciaire, moins la paroisse de Gouesnach (1).

Dans les cinq départements bretons, il y a aujourd'hui 25 arrondissements : il y avait soixante-quatre subdélégations, dont deux à Rennes et trois à Nantes. C'est comme deux et demie par arrondissement actuel (2).

On voit combien en général une subdélégation était exigüe ; c'est pourquoi le subdélégué dans une petite ville était un personnage modeste, peu occupé et peu rétribué (3).

A une époque où les fonctions de chacun n'étaient pas nettement délimitées comme de nos jours, nous ne voyons pas à Concarneau la communauté agitée par ces compétitions habituelles ailleurs. Un jour pourtant elle vit la paix troublée.

En 1764, un nouveau procureur du Roi, se parant du titre de substitut du procureur général (4), fit faire par un sergent royal, sommation au maire de l'admettre aux délibérations de la communauté, « pour qu'il voie s'il ne s'y passe rien de

(1) Selon Ogée (I, p. 308), Gouesnach était dans la subdélégation de Quimper.

(2) C'était trop selon l'intendance qui, plus d'une fois, proposa des suppressions ; mais les villes protestaient et obtenaient gain de cause (C. 1).

Ogée, I, p. 17, dit 64. Je m'en tiens à ce chiffre. Son éditeur, 2ᵉ édition, vᵒ *Rennes*, II, p. 573, note 2 in fine, dit que « il ne les énumère pas » ; — et pour une très mauvaise raison. — L'arrondissement actuel de Quimper était partagé en quatre subdélégations : Quimper, Pont-l'Abbé, Concarneau et Pontcroix.

(3) Le subdélégué exerçait souvent une autre fonction : Exemple à Pont-l'Abbé, M Royou, père de l'abbé, de l'historien et du septembriseur Guermeur. Il était en même temps subdélégué et procureur fiscal de la seigneurie (1766-1775). Il est dit « subdélégué et négociant », dans l'acte de partage de ses biens, 1789.

Ce cumul était une nécessité. Nous n'avons pu savoir le chiffre des appointements des subdélégués. Ils étaient peu de chose, s'ils étaient proportionnels à ceux de l'intendant. Celui-ci, le troisième personnage de Bretagne, ne toucha que 4.000 livres, jusque vers 1780, où il reçut 8.000 livres, environ 16 300 fr. (de notre monnaie). Ogée, *Annotateur*, II, p. 573, note 2 in fine.

(4) Il avait bien ce caractère, mais les procureurs du Roi ne prenaient pas ce titre : aujourd'hui les procureurs de la République font de même. — Ce procureur est celui que nous avons vu accusé de la chanson contre la rogue. Ci-dessus, p. 60.

contraire aux lois. » Cette sommation, que n'a précédée aucune demande courtoise, semble une déclaration de guerre. Le maire réunit l'assemblée, et, sur son avis, écrit à l'intendant. Celui-ci condamne la sommation du procureur dans la forme et au fond, et demande ce qui a pu déterminer cette incartade. Le maire répond : « Je ne puis, ni personne non plus, rendre raison de ce qui a pu faire ainsi agir le sieur P... Je doute qu'il le sache lui-même. »

L'intendant rappelle au procureur du Roi un arrêt « qu'il aurait dû connaître » et qui condamne sa prétention ; et lui déclare en termes très courtois, mais très nets, qu'il n'a pas à connaître ce qui se passe dans les assemblées de la communauté.

Vingt.quatre ans plus tard, autre difficulté et plus sérieuse :
Au 14 juillet 1789, des têtes avaient été promenées au bout de piques dans les rues de Paris. La province prit peur ; et, en plusieurs villes, il se forma des associations, dites *comités permanents*, dont l'objet était « la sécurité des personnes et des biens. » Au mois d'août, Concarneau avait son « comité permanent. »

Les citoyens qui le composaient, sans aucun mandat légal, s'attribuèrent de singulières prérogatives. Ils vont disposer des finances municipales. Ils ordonnent des dépenses non approuvées par la communauté. Le miseur ne sait plus auquel entendre. Le 17 août, il écrit à l'intendant une lettre désespérée, et l'intendant de lui répondre : « Rien ne sera fait sans mon ordonnance. » Le miseur aurait mieux aimé une lettre de l'intendant, disant au comité : « Il ne vous appartient pas de disposer d'un denier des finances municipales. » Mais il y a des temps où les dépositaires de l'autorité ont peur de la responsabilité.

Quelques années plus tard, des citoyens qui accaparent le titre de patriotes et se qualifient même « patriotes enragés » vont à leur tour former des comités. Ils ne disposeront pas des finances municipales, mais de la liberté de leurs concitoyens. Je veux parler des *comités de surveillance*, dont la mémoire est restée en exécration sous le titre qu'ils se donnèrent, de comités *révolutionnaires* (1).

(1) Ce titre leur fut interdit par le décret du 26 mai 1793. Duvergier *(Lois et Décrets*, t. V, p. 379) ; mais il passa dans l'usage et même dans le langage officiel.

Par décrets des 21 et 30 mars 1793 (1), la Convention avait créé ces comités ; mais seulement pour la surveillance des étrangers et dans les communes ou sections de communes ayant au moins mille électeurs, soit une population présumée de 8.000 habitants (2). Les comités devaient être composés de 12 membres qui pouvaient être élus par cent des électeurs inscrits : le 10e seulement des électeurs. Singulière majorité ! Les fonctions des comités étaient gratuites.

Mais les villes de plus de 8.000 habitants sont relativement rares : il n'y en a que neuf ou dix en Bretagne ; trois dans le Finistère, Brest, Morlaix, Quimper (3). Il y aura donc peu de comités : trois dans le Finistère et un seul dans l'arrondissement actuel de Quimper.

C'est la loi ! Mais des comités vont s'établir dans nombre de lieux qui n'ont pas les mille électeurs : il y en aura six dans l'arrondissement actuel de Quimper : deux aux chefs-lieux de districts, Quimper et Pont-Croix, et les autres à Pont-l'Abbé, Briec, Rosporden et Concarneau (4). Les représentants du peuple, qui viennent de temps en temps « régénérer » les communes, les ont créés ou approuvés ; et dès le 4 juin 1793 (5), la Convention les a maintenus « provisoirement » ; le provisoire devient définitif, et le comité de Salut public correspond avec ces comités aussi bien qu'avec ceux établis aux termes des décrets de mars (6).

Mais bientôt tout sera changé (7) : les membres des comités ne sont plus *élus* par les électeurs, mais *choisis* par l'administration. — Ils reçoivent une indemnité de 3 livres par jour

(1) Duv., v. p. 258 et 286.

(2) Ce chiffre est indiqué dans un décret du 13 frimaire an VII (5 décembre 1794), Duv. VIII, p. 423.

(3) Populations données par Ogée : à Brest, 24.000 ; à Morlaix, 9.800 ; à Quimper, 9.500.

(4) Populations indiquées par Ogée et noms révolutionnaires des villes : Pont-l'Abbé (Pont-Marat) ; — Pont-Croix (Pont-Libre), 760 ; — Rosporden, 900 ; — Briec, 4.600 avec ses deux trèves ; — Concarneau, 1.700. — Ogée ne donne pas la population de Pont-l'Abbé partagé, avant 1789, entre plusieurs paroisses rurales.

(5) Décret, Duv., V, p. 389.

(6) Déc. 1er juillet 1793. Duv., VI, p. 2.

(7) Décret du 5 septembre Duv., VI, p. 345.

d'abord (au moins 6 fr. de notre monnaie), des représentants vont l'élever à 5 livres, comme à Paris (10 francs de nos jours). Il ne s'agit plus de la surveillance des étrangers ; les comités sont chargés de dresser les listes des émigrés, puis des suspects (1), et de lancer contre eux des mandats d'arrêt qui seront exécutés sur l'heure et sans recours possible, sans que la personne arrêtée sache les motifs de son arrestation !

Ce n'est pas tout : les comités seront chargés de reviser les certificats de civisme (2), d'assurer l'application des lois révolutionnaires et des mesures de sûreté publique (3), de rechercher les conspirateurs, de dresser la liste des nobles et de délivrer les *ordres de passe* (4).

Un traitement quotidien assuré sans travail n'est pas à dédaigner ; exercer une autorité absolue, tracassière ; avoir le moyen de satisfaire ses haines, ses vengeances, ses jalousies, même sa cupidité, quel stimulant ! C'est à qui sera *fonctionnaire* des comités (5) !

Mais dans les comités établis régulièrement ou par la fantaisie des représentants du peuple, il n'y a pas place pour tous. Des citoyens se réunissent, se forment en *comités* qui se mettent comme les autres à provoquer, recevoir et transmettre les délations, à emprisonner leurs concitoyens. — Représentants en mission et administrations laissent faire !

Et avec quel entrain ces comités vont se mettre à dresser des listes de personnes émigrées et de suspects, dont les biens seront séquestrés, et pourront être (plusieurs y comptent bien) mis en vente et acquis à vil prix (6).

(1) *Emigrés*, Déc. 13 septembre 1793. Duv., VI, p. 207. — Lois des *suspects*, 17 septembre. Duv., VI, p. 213.

(2) Déc. du 20 septembre. Duv., VI, p. 220.

(3) Déc. 11 frimaire, an II (1er décembre 1793). Duv., VI, p. 393.

(4) Espèce de lettres d'exil contraignant à résider dans un lieu désigné et à se présenter chaque jour à la municipalité. Déc. 27 germinal, an II (15 avril 1794). Duv., VII, p. 171.

(5) Le titre « fonctionnaires » était employé à la Convention. Séance du 7 fructidor, an II. Ci-dessous, p. 86, note 1.

(6) Cet effroyable abus résulte de cette phrase du décret du 13 frimaire, an III (3 décembre 1794). Duv., VII, p. 422 : « Les membres des comités établis selon les décrets ou par un arrêté particulier des représentants, *sont les seuls* qui auront droit aux trois francs par jour. . »

Il y avait donc d'autres comités ! Oui, et nous en trouvons *trois* à Morlaix :

Faut-il nommer un de ces présumés émigrés ? — La Tour d'Auvergne ! Il est inscrit sur les listes fatales, dans les départements du Finistère et des Côtes-du-Nord. Certificats officiels de sa présence à l'armée des Pyrénées, protestations des représentants du peuple à l'armée, rapports du général Servan lus à la Convention, rien n'y fait. Le glorieux capitaine est encore présumé émigré quand il demande et obtient sa retraite, en novembre 1794 (1).

Les comités n'oublient pas leurs intérêts. Moins de deux mois après qu'ils ont été investis d'un mandat politique, quelques-uns ont frappé des citoyens de taxes arbitraires dont leur patriotisme a tiré profit (2).

Après la chûte de Robespierre, 10 thermidor, an II (28 juillet 1794). les comités furent réduits à un par chef-lieu de district et de commune de 8 000 habitants (3). Le droit d'arrestation leur est laissé. Mais tout individu arrêté doit être interrogé dans les vingt-quatre heures, et doit, dans les trois jours, recevoir copie du mandat d'arrêt indiquant les motifs de l'arrestation (4).

Au cours de la discussion, un représentant dit que « plus de 500.000 membres des comités allaient être privés de leur *emploi,* » que parmi « ces fonctionnaires » il y avait des

un dans chacune des trois sections de la Roche, des Halles, de la maison commune. Ils n'ont pas de traitement, ils frappent des taxes, et ils arrêtent des citoyens qu'ils envoient au tribunal révolutionnaire de Brest, c'est-à-dire à la mort !

(1) Le neveu par alliance de La Tour d'Auvergne, Guillard de Kersauzic, n'a pas quitté sa maison *un seul jour* ; il est maire de Locmaria, puis président du canton du Huelgoat dans les années IV, V, VI, VII ; il est présumé émigré. De même sa femme. Et leurs biens sont séquestrés.

(2) Déc. du 16 frimaire, an II, 6 décembre 1793. Duv., VI, p. 400, — charge les administrations de poursuivre la remise des taxes indûment faites et perçues par les comités. — Pour en faire la restitution aux citoyens taxés indûment ? — Non, pour être versés au trésor ! O probité ! !

(3) Décret du 7 fructidor, an II (24 août 1794). Duv , VII, p. 313, donne une simple mention du décret avec renvoi au *Bulletin des Lois* XLVII, nº 247. La loi du 26 février 1790 avait établi dans les 83 départements, 528 districts qui ne sont, quoi que l'on écrive, ni les *arrondissements*, ni les *cantons* actuels. Voir Duv., I, p. 121 à 130.

(4) A Quimper, des individus arrêtés demandent les motifs de leurs arrestations ; le comité ne peut pas répondre, il lui faut des renseignements !

« scélérats » ; mais que « la masse ayant contribué au salut
de la République, la protection de la Nation était due aux
comités (1). »

Concarneau n'étant pas chef-lieu de district, le comité cessa
de siéger.

Quatre mois plus tard, la Convention prenait en considération une proposition de suppression de tous les comités (2).

Enfin, un bienfaisant décret du 1er ventôse, an III (19 février
1795), déclara les comités supprimés dans toutes les villes de
moins de 50.000 âmes, à partir du 21 mars prochain (3).

Ils avaient duré deux ans, et, depuis septembre 1793, ils
étaient des offices de délation et exerçaient une insupportable
tyrannie. Aussitôt, des plaintes et des réclamations se produisirent de toutes parts. La Convention ne manqua pas de leur
imposer silence. Le 21 vendémiaire an IV (13 octobre 1795) (4),
un décret défendit « à tout juge de prononcer aucune condamnation contre les anciens membres des comités. »

L'impunité était ainsi assurée, même aux « scélérats »
signalés à la Convention !

Mais le décret du 1er ventôse an III ordonnait le « dépôt des
registres aux municipalités. » La prescription ne fut pas exécutée : les comités et les municipalités souvent complices de
leurs méfaits avaient tout intérêt à la disparition de ces registres accusateurs, et presque tous furent détruits.

Un registre du comité de Quimper subsiste, et nous avons
pu faire l'*Histoire du Comité révolutionnaire de Quimper* (5) ;
nous ne pouvons faire la même étude sur le comité de Concarneau. Nous devons nous contenter de donner plus loin quelques indications puisées dans le registre du comité de Quimper. On verra qu'une fois au moins, à propos des religieuses septuagénaires qui avaient usé leur vie au service des
pauvres de l'hôpital, le comité de Concarneau montra une
rigueur dont s'indigna le comité de Quimper.

(1) Séance du 7 fructidor. *Moniteur* du 9, n° 339, p. 1391-1392.
(2) Déc. du 13 frimaire, an III. 2 décembre 1794. Duv., VII, 424.
(3) Duv., VIII, p. 30.
(4) Duv., VIII, p. 391.
(5) *Histoire du Comité révolutionnaire de Quimper* (1897), avec un Appendice
donnant les listes des détenus.

Je nommais tout-à-l'heure les représentants du peuple en mission ; ils ne pouvaient tout faire par eux-mêmes et employaient des délégués chargés de leurs « pouvoirs illimités ».

En juillet 1793, Concarneau vit arriver un délégué des représentants en mission à Brest. C'était Royou-Guermeur, né à Pont-l'Abbé, âgé alors de 36 ans, frère des deux journalistes royalistes, ami de Marat, septembriseur, membre du comité d'exécution qui avait rempli les prisons de Paris, en vue des massacres projetés. Au lendemain des tueries de septembre, Guermeur était arrivé à Quimper porteur de la circulaire expédiée par Danton, invitant la France à suivre l'exemple de Paris, et il la distribuait avec l'*Ami du Peuple* de Marat. Il se dit « patriote enragé, » admirateur de Marat et de Danton ; il parle avec dédain de Rolland et Brissot. La violence de son langage épouvante, et l'administration l'incarcère au château du Taureau, en rade de Morlaix (22 septembre 1792) ; il y passera quatre mois ; puis, le 4 mars 1793, il sera rélégué sous une sorte de surveillance à Pont-l'Abbé.

La victoire de la Montagne fut la victoire de Guermeur sur l'administration du Finistère. Dès le 19 juillet 1793, cette administration était décrétée d'accusation, et Guermeur enfin libre allait avoir la confiance des vainqueurs. Il resta dans le Finistère.

On sait qu'après la déroute de Pacy-sur-Eure (13 juillet 1793), plusieurs girondins cherchèrent asile en Bretagne avec Le Goaezre de Kervélégan. Ils échappèrent aux recherches, et quelques-uns purent s'embarquer à Concarneau pour Bordeaux. Mais l'administration les recherchait activement et avait mis à prix la tête de Kervélégan (1).

Guermeur était à bout de ressources (2), il n'aurait pas été fâché de mériter une des primes offertes à celui qui livrerait Kervélégan ; et parcourant les campagnes et les villes, il cherchait activement les traces des girondins fugitifs. A Concarneau, il eut une bonne aubaine.

(1) Dix mille livres à celui qui le livrerait vivant, cinq mille à celui qui le livrerait mort.

(2) Retenu à Pont-l'Abbé, il avait obtenu de l'administration 40 sols par jour pour sa subsistance (20 juin).

Un patron de barque, nommé Scanvic, avait porté les girondins à Bordeaux. Comme il rentrait à Concarneau, ses papiers de bord furent saisis. On y trouva une lettre de remercîments adressée par un girondin à un habitant de Quimper. Guermeur revint en hâte dans cette ville, convoqua les citoyens dans la ci-devant chapelle du collège, et montant dans la chaire donna lecture de ces lettres.

Le 18 juillet, Scanvic fut arrêté, puis traduit au tribunal criminel de Brest. Le 6 août (19 thermidor), il comparut devant les juges avec trois autres accusés. Un seul fut condamné et exécuté le jour même : Scanvic fut acquitté et rentra à Concarneau. Heureux fut-il que le tribunal révolutionnaire ne siégeât pas encore à Brest (1) !

Cambry a fait allusion à cette affaire. Il a écrit : « Nos infortunés députés trouvèrent là des amis assez courageux pour leur offrir un bâtiment pour les porter au sein de leur patrie ingrate (2). »

Le *Voyage* de Cambry est de 1794, mais cette phrase est postérieure. Ecrite alors, combien elle eût été téméraire ! Elle eût fait de l'auteur un girondin, un fédéraliste digne de mort.

§ 2. — Privilèges.

Il nous faut maintenant parler de deux privilèges de la ville, fort inégaux en importance, mais qui lui furent également chers : le droit de députation aux Etats et le jeu du papegaut.

DÉPUTATION AUX ETATS

Il n'est pas douteux que certaines villes ont député aux Etats avant d'être communautés. Concarneau fut-il de ce nombre ? Ce n'est pas probable : nous ne le voyons apparaître aux Etats que peu avant l'année 1600 ; et, avant cette époque, il avait la communauté (3).

(1) Il ne fut établi que le 22 pluviôse an III (9 février 1794).
(2) *Voyage dans le Finistère.* Ed. de 1836, p. 361. District de Quimper, *in fine.*
(3) D. Morice, *Pr.*, III, XVII, porte Concarneau sur une liste de 31 *communautés*, ayant député avant l'année 1600.

Les *Trois Etats* sont mentionnés pour la première fois dans un procès-verbal de 1309. Mais Lobineau et Morice semblent croire que les villes avaient paru aux Etats avant cette date (1). Depuis, on les y voit en 1315, 1352, et plus fréquemment après l'avènement au trône de Jean de Montfort. Dès cette époque, l'importance politique des villes de Bretagne, c'est-à-dire du Tiers-Etat Breton, est attestée par le Roi Charles V (2).

Cette importance augmente au xvᵉ siècle. En 1408, 23 villes sont nommées ; en 1451, 1455, 1462, il y en a 25 ; et ces listes ne sont pas complètes (3) ; il en est ainsi jusqu'à 1567, année où commence la collection des procès-verbaux des Etats.

D. Morice a essayé de combler ces lacunes ; et il a dressé deux listes. La première comprend les noms des villes ayant député avant 1600. Concarneau figure sur cette liste.

En 1614, le Roi Louis XIII et la reine régente vinrent ouvrir les Etats à Nantes ; et les Etats demandèrent qu'il fût fait un rôle des villes ayant droit de députation. Le rôle comprit 42 villes, au nombre desquelles Concarneau (4). Le 6 juin 1667, un arrêt du Conseil fixa la liste des communautés « ayant revenus d'octroi » et députant aux Etats ; il apporta quelques modifications à la liste de 1614 (5). Concarneau figure sur les deux listes, et sa place aux Etats ne lui sera pas ôtée.

Ce chiffre de 42 villes ne sera pas modifié (6). Mais l'ambi-

---

(1) Lobineau, *Hist.*, p. 295. — Morice, *Pr.*, III, Préface, p. XV.

(2) Conseils du roi mourant (16 septembre 1380) à ses frères : « Le duc de Bretagne est plus anglais que français. C'est pourquoi tenez les nobles de Bretagne et les *bonnes villes* en amour. Vous lui briserez ainsi ses intentions (au duc). »

(3) Toutes finissent par ces mots agaçants : « Et autres *bonnes villes* ».

(4) Nous disons 42, quoique l'état comprit 44 villes ; mais quatre sont réunies deux à deux, savoir : Brest et Saint-Renan (siège royal), Antrain et Bazouges. Ces quatre villes n'avaient que deux voix.

(5) Six noms furent supprimés : Brest — Saint-Renan, Châteaubriant et quatre autres. Les deux premières villes furent aussitôt rétablies. Deux places furent attribuées à Hédé et La Roche-Bernard, et deux réservées à Port-Louis et Lorient qui naissait avec la Compagnie des Indes.

(6) De ces 42 villes, 21 sont aujourd'hui chefs-lieux d'arrondissements. Ne députaient pas Loudéac, Châteaulin, Paimbœuf, Savenay (que remplace Saint-Nazaire, alors simple village). Les 21 autres villes sont aujourd'hui chefs-lieux de canton.

·tion du Tiers est d'obtenir une représentation égale en nombre à celle de la noblesse. Ce rêve ne se réalisera pas ; mais le nombre des députés des villes augmentera pendant que diminuera le nombre des nobles siégeant aux Etats.

Ainsi, un peu après 1667, cinq villes obtiennent un *second député* : Rennes d'abord, puis Nantes, Vannes, Saint-Malo et Morlaix. Le nombre des voix du Tiers monte de 42 à 47.

En même temps qu'il obtenait une augmentation du nombre de ses représentants, le Tiers poursuivait la réduction du nombre des nobles. Les intendants de Bretagne secondaient ces visées, le Pouvoir n'y était pas opposé ; et pour ce motif : c'est que la noblesse défendait avec plus de vigueur que personne les privilèges de la province et s'opposait à la création de nouveaux impôts.

C'est seulement à partir du milieu du xviiᵉ siècle que les nobles vinrent en grand nombre aux Etats (1). De 1689 à 1717, on en compte de 300 à 600. La noblesse reconnaît qu'une telle affluence produit quelque désordre ; peut-être estime-t-elle que les anoblis récents y sont trop nombreux ? Sur une motion émanée de la noblesse, en 1717, les Etats décident que seuls les petits-fils des anoblis siégeront avec les nobles (2).

Confirmant cette décision, en 1736 (26 juin), une déclaration du Roi fixe, pour l'entrée aux Etats, cent ans de gouvernement et de partage noble, et vingt-cinq ans d'âge.

C'est d'après ces règles que les nobles, réunis à Saint-Brieuc en 1789, se trouvèrent au nombre de 863. Il n'est pas douteux que, dans des circonstances moins graves, ils auraient été moins nombreux.

Quel était à ce moment le nombre des représentants du Tiers ?

Aux Etats ouverts à Rennes le 22 décembre 1788, le Tiers demande encore une augmentation de voix. Un arrêt du Conseil est rendu, le 20 janvier 1789, approuvé par le Roi, qui accorde deux députés en plus à chacune des 42 villes ; le chiffre de 84 surajouté portait le nombre des députés à 131.

---

(1) En 1689, 450 nobles.

(2) En 1726, 500 nobles sont présents ; en 1728, 978. C'est le chiffre le plus élevé que j'aie vu. — En 1736, 602 ; en 1738, 434 ; en 1746, 613 ; en 1752, 666 ; en 1754, 760 ; en 1764, 581.

Ajoutons que le mode d'élection était changé : les députés, au lieu d'être choisis par la communauté, devaient être élus par les habitants.

Si les Etats s'étaient réunis, il y aurait eu 131 députés du Tiers en présence de 900 au plus des corps privilégiés (1).

Quelques mois après, des élections allaient se faire pour nommer des députés, non plus aux Etats de la province de Bretagne, mais aux Etats généraux du royaume.

La noblesse et le haut clergé se réunirent en une assemblée unique à Saint-Brieuc ; le bas clergé s'assembla en chacun des neuf diocèses ; le Tiers fut convoqué aux chefs-lieux de 13 bailliages entre lesquels furent arbitrairement répartis les ressorts des 25 sénéchaussées royales de la province.

Le bas clergé avait à nommer 22 députés et le Tiers 44. Quimper et Concarneau réunis nommèrent trois députés : MM. Le Déan, Le Goaezre de Kervélégan, Le Guillou de Kerincuff, avec deux suppléants : MM. Morineau et Tréhot de Clermont (2).

---

(1) L'arrêt ne reçut pas d'exécution. — D'après l'arrêt de 1667, les députés du Tiers étaient 47, aujourd'hui les cinq départements bretons ont 43 représentants à la Chambre.

Voici un tableau comparatif donnant idée de cette double représentation :

	Anciennement	Aujourd'hui
Côtes-du-Nord	8	9
Finistère	10	10
Ille-et-Vilaine	11	8
Loire-Inférieure	6	8
Morbihan	12	8
	47	43

(2) M. A. Proust (*Archives de l'Ouest*) dit que Concarneau et Quimper nommèrent *quatre* députés, au nombre desquels *Trébol de Clermont*. Au lieu de *Le Guillou de Kerincuff*, l'auteur écrit *Le Guiou de Kerinarff*. Beaucoup de noms d'hommes et de lieux sont ainsi méconnaissables. Un titre solennel comme *Archives de l'Ouest* promettait au lecteur et imposait à l'auteur un peu plus de correction. — Cf. Kerviler, *Recherches et Notices sur les Députés aux Etats généraux*, *Revue de l'Ouest*, I, p. 55.

Papegaut (1)

Au Moyen-Age, en cas d'alerte, les habitants des places combattaient avec la garnison ; il fallait donc que l'arc et plus tard l'arbalète ne fussent pas en leurs mains des fardeaux inutiles. Depuis le xiv⁰ siècle au moins, les habitants tiraient de l'arc. Cet exercice devint pour eux une obligation après la création (en 1425) des milices paroissiales, qui devinrent les *Bons-corps*. Dès cette époque, les tireurs ne faisaient-ils pas leur apprentissage au jeu du papegaut ?

Le *Papegaut* était un oiseau de bois ou de carton peint (2) auquel on tirait, à l'arc d'abord, puis à l'arbalète ; et, quand les armes *à feu* eurent remplacé les armes *à corde*, on tira à l'arquebuse et enfin au mousquet.

On a écrit : « L'institution du papegaut en Bretagne remonte au xv⁰ siècle : François II, par une ordonnance de 1483, l'établit à Nantes, Rennes et Saint-Malo (3). »

La vérité est que le papegaut existait près de cent ans auparavant, en 1398, à Quimperlé. Nous le trouvons en faveur à Vannes en 1455 (4) ; et l'ordonnance nous le montre en grand honneur à Nantes même, longtemps avant 1482. Elle est rendue en réponse à une requête de nombre de « bourgeois fréquentans le jeu d'arc... à chacune fête (dimanche), » en faveur du « roi

---

(1) C'est aux pages qui vont suivre que j'ai fait allusion (ci-dessus, p. 75) dans une note sur l'ouvrage intitulé : *Essai sur le régime municipal en Bretagne pendant la Ligue,* par M. Laronze. Les archives de ce temps, presque uniquement étudiées par l'auteur, ne pouvaient le renseigner sur : 1⁰ la suppression (temporaire) des papegauts par Henri IV (1605) ; 2⁰ la reconnaissance et réduction de leurs privilèges par arrêt de 1671 ; 3⁰ leur suppression définitive en 1770. Or, voilà les trois faits principaux de l'histoire du papegaut. V. mon étude : *Les papegauts de Bretagne et notamment le papegaut de Quimper.*

(2) Non, comme on l'a dit, de *fer.* La preuve, c'est le titre de *connétable* donné en certains lieux à celui dont la flèche avait enlevé un premier morceau du papegaut. Ex. à Carhaix. — On suppose, d'ailleurs, que l' « oiseau » peut être abattu pièce à pièce, ci-dessous, p. 98.

(3) M. Laronze, p. 189.

(4) Quimperlé, Compte du miseur, 1398-1399. *Hist. de l'abbaye de Sainte-Croix,* p. 625. — V. Bull. Soc. Arch. du Finistère, t. V, p. 35, *Le Papegaut de Quimperlé.*
Vannes. Gratification du duc Pierre II, « aux arbalestriers de Vannes qui avaient tiré devant luy au papegault. » Dernier juin 1455. Lobineau, *Pr.,* 1193.

des archers qui, par la coutume dudit jeu, en chacun an est fait au mois de mai, en abattant d'un coup de flèche une enseigne d'oiseau nommé *papegaut*, assis sur une haute tour de notre ville, etc. (1). »

L'abatteur avait déjà, comme on voit, le titre de *roi*; l'année de sa royauté révolue, il aura le titre d'ancien roi, et jouira de quelques prérogatives : il donnera son avis « sur la bonne confection, sur le loyal abat du papegaut, etc. »

Le tir solennel du mois de mai est un concours. Tout concours suppose un exercice préalable, et François II nous apprend que cet exercice se faisait « continuellement... à chaque fête », avant même que l'abatteur eût aucun privilège.

Nous avons dit plus haut que le duc Jean V, conseillé par son frère, le connétable de Richemont, créa les milices paroissiales (1425). L'ordonnance du duc suppose que beaucoup savent tirer de l'arc (2). Il importait que tous en fissent l'apprentissage. Nul doute qu'à partir de cette date les ducs n'aient créé des papegauts en nombre de villes, surtout aux places « maritimes ou frontières ». On ne peut douter que, à ce double titre, Concarneau n'ait eu très anciennement son papegaut. Dans le mandement de 1451, le duc Pierre II rappelle que, pendant la guerre de Cent ans, « les habitants de Concarneau se sont souvent armés pour faire résistance aux Anglais (3). » Comment leurs services auraient-ils été utiles, si les habitants n'avaient pas su tirer de l'arc ?

Voici, je crois, une autre preuve de l'ancienneté du papegaut :

C'est le sénéchal qui, sur le rapport des chevaliers du jeu, « déclarait l'abat du papegaut bien et dûment fait », proclamait le roi et le mettait en possession des émoluments attribués « à l'abatteur (4) ».

(1) L'ordonnance a été publiée *in-extenso* par les Bibliophiles bretons, dans *Archives de Bretagne*, t. Ier, 72-73.

(2) V. l'ordonnance, Lobineau, *Pr.*, 990-1.000. — Morice, *Pr.*, II, 1161-67. — L'ordonnance de avril 1448 (de Montils-les-Tours), par laquelle, sur les conseils de Richemont, Charles VII créa *les francs-archers*, semble calquée sur l'ordonnance de 1425. L'exemple est venu de Bretagne.

(3) Ci-dessus, p. 23-24.

(4) C'est la formule uniforme employée dans 19 procès-verbaux des années 1742-1770. Arch. du Finistère, Concarneau, B. 1295. Ci-dessus, p. 63. Nous viendrons à ces procès-verbaux.

Le tir du papegaut était, comme nous dirions aujourd'hui, une affaire *municipale*. Du pouvoir attribué au sénéchal ne peut-on pas conjecturer que le papegaut a précédé la création des communautés urbaines ? Or, en grand nombre, elles sont antérieures à 1450.

L'ordonnance de 1482 ne marque donc pas la date de la première institution du papegaut en Bretagne ; mais elle semble avoir innové en accordant « au roi pour l'année de sa royauté seulement, exemption de toutes tailles, aides, emprunts, etc., et de guet, garde de portes et autres subsides et subventions personnels (1). »

En outre, le duc lui « donne l'impôt (2) de 20 *pipes* (40 barriques) de vin nantais qu'il fera vendre en détail dans sa maison ou autre maison de la ville (3). »

Deux observations :

1° François II n'exempte que le vin de Nantes, vin *breton* payant beaucoup moins cher que le vin étranger importé en Bretagne ; nous ne voyons pas ailleurs cette restriction imposée à l'abatteur.

2° L'exemption des tailles, aides etc., impôts *variables*, cessera bientôt ; mais elle sera compensée, avec avantage pour l'abatteur, par une exemption bien plus large des droits sur le vin vendu au détail. François II compte par *pipes* : les Rois de France, ses successeurs, compteront par *tonneaux* (4).

Au XVIe siècle, après la réunion de la Bretagne à la France, il fut fait, au point de vue des finances sans doute, une recherche des lettres autorisant le papegaut ; or, plusieurs villes les avaient perdues : elles firent sans peine la preuve de l'usage ;

---

(1) Le mot *subsides* est pris au sens d'*impôts* ; et le mot *subventions* au sens de *secours, services*.

(2) « Donne l'impôt », c'est-à-dire l'exemption de l'impôt.

(3) Comment a-t-on pu écrire que le duc accordait « attribution de noblesse héréditaire et rang aux Etats à celui qui abattrait le papegaut trois fois. » Imagination ! *Magasin pittoresque*, 1842, p. 523. Dict. de Larousse, etc.

(4) Le tonneau est compté pour deux pipes et la pipe pour deux barriques : le tonneau vaut donc quatre barriques. La barrique est comptée pour cent-vingt pots ; le pot est environ deux litres. La barrique est donc un peu plus que la barrique actuelle de Bordeaux.

l'usage fut pris pour la preuve du droit, et les Rois de France accordèrent très libéralement des autorisations.

On a écrit : « Henri II, Charles IX, Henri III, encouragent le papegaut ; mais en paroles seulement. . Mais les villes savent faire de larges sacrifices en sa faveur (1). »

Les faits démontrent au contraire de la part des Rois une extrême libéralité que la cour des comptes et le conseil d'Etat trouveront excessive, et de la part des communautés unies aux fermiers des impôts, une rapacité insatiable et une honteuse lésinerie.

Faut-il des exemples de la libéralité royale et de la rapacité des fermiers de l'impôt ? Nous les trouvons à Concarneau.

En septembre 1557, Henri II accorde à cette ville le droit de papegaut, par des lettres ainsi relatées dans un arrêt du Conseil du 27 juillet 1671 (2) : « Permission aux habitants de Concarneau de tirer tous les ans au mois de may au jeu du papegault de l'arquebuze, et de vendre par celuy qui l'aurait abatu, la quantité de *trente* tonneaux de vin en ladite ville ou autres lieux que bon lui sembleroit en la jurisdiction d'icelle, francs et exempts de tous droits d'impôts et de billots, lettres vérifiées en la dite Chambre des Comptes pour l'exemption de *vingt-cinq* tonneaux de vin seulement. »

Une exemption de droits sur 30 tonneaux ou 120 barriques n'est pas un mince avantage : la cour des Comptes le juge excessif et réduit à 25 tonneaux ou 100 barriques ; mais, sans parler du titre et des honneurs de roi, l'exemption même réduite récompense royalement l'adresse de l'abatteur.

Mais à quelle somme en monnaie actuelle peut s'évaluer ce prix ?

Les éléments d'un calcul exact nous font défaut (3). Procédons par approximation — disons mieux — par comparaison.

(1) M. Laronze, p. 190.

(2) Ogée a écrit : (I, p. 196.) « L'an 1557, le roi Henri II accorda à Concarneau, comme quatrième place forte de Bretagne, le droit de papegaut. » Dans l'arrêt de 1671, il n'est pas question du titre de « quatrième place forte » que Concarneau ne méritait pas.

(3) L'exemption porte sur l'impôt nommé en Bretagne *devoirs*. On distingue les *grands devoirs* payés sur le vin *hors* (de hors de Bretagne) et les *petits*

Le papegaut de Concarneau a les mêmes privilèges que le papegaut de Quimper : exemption sur 30 tonneaux (120 barriques) réduite à 25 tonneaux (100 barriques).

Or, nous sommes renseignés en ce qui concerne Quimper.

En 1594, pendant les troubles, Quimper saisit l'occasion de supprimer le tir du papegaut, pour *unir* à ses finances (c'est-à-dire confisquer à son profit) les émoluments du papegaut.

De ce chef, le miseur porte à son compte une somme de 600 livres, soit aujourd'hui 3.169 francs au minimum (1).

Mais — disons-le tout de suite — en 1671, nous allons voir l'exemption sur 25 tonneaux réduite à 15 tonneaux. Il nous faudra donc réduire nos chiffres des deux cinquièmes : 240 livres. — Il restera seulement 360 livres, ou 1.901 francs.

Au début du XVIIe siècle, bien que devenus moins utiles, les exercices du papegaut étaient encore en grande faveur, lorsque, par édit de 1605, Henri IV les supprima, pour « unir leurs exemptions d'impôts au trésor royal. » Le Parlement de Bretagne refusa l'enregistrement de l'édit, les Etats protestèrent ; et une déclaration de mars 1606 « interprétant » ou plus exactement retirant l'édit, rétablit le jeu, mais à l'arquebuse seulement ; l'arc et l'arbalète étaient passés de mode (2).

Au milieu du XVIIe siècle, le pouvoir royal demanda encore

devoirs payés sur le vin *breton*. Les *devoirs* comprennent une double imposition :

La première *fixe*, dite *impôt* : par barrique 42 sous 10 deniers pour le vin *hors* ; — seulement 12 sous 5 deniers pour le vin *breton*.

La seconde, *proportionnelle*, est le *billot* : c'est la valeur marchande de *six pots*, environ 12 litres par barrique.

L'exemption comprend aussi : 1° les *issues et entrées*, créées par le duc Jean IV et continuées par les Rois, sous le nom d'*octrois* (impôts variables).

2° Les *sous* pour livre — 2 sous en 1705 — 4 sous à partir de cette date jusqu'à 1768.

Mais je ne parlerai que de l'*impôt* et du *billot*.

(1) Compte du miseur Rolland Le Denic. Bull. Soc. Arch. du Finistère, XII, 1885, p. 131. Je multiplie par 5,25, chiffre indiqué par Leber en 1845, et un peu faible aujourd'hui après 62 ans passés.

(2) Toutefois quelques villes obtinrent le rétablissement des tirs à l'arc et à l'arbalète ; mais il n'y eut qu'un prix pour les trois, prix moindre pour l'arc, plus élevé pour l'arbalète, et plus encore pour l'arquebuse. C'était un encouragement au progrès.

aux villes la justification de leurs droits au papegaut (1) :
37 villes produisirent les lettres du duc François II (1482),
et des lettres, *confirmatives* ou non, des Rois François Ier,
Henri II, François II, Charles IX, Henri III, Henri IV,
Louis XIII, et même une de Louis XIV, faisant preuve du
droit (2).

Concarneau produisit non les lettres mêmes de Henri II, que
la ville crut peut-être prudent de garder ; mais l'expédition
authentique dont nous avons parlé plus haut (3).

Par arrêt du 27 juillet 1671, le Conseil d'Etat admet les productions de 36 villes, y compris Concarneau (4). Mais il réduisit presque toutes les exemptions, notamment celles de Concarneau, à 15 tonneaux. C'était la moitié de l'exemption accordée
en 1557, déjà réduite à 25 tonneaux par la cour des Comptes.

Après l'arrêt de 1671, on voit en plusieurs villes l'abatteur
traitant avec les fermiers des devoirs pour une somme de 300
ou 350 livres (environ 1.000 ou 1.150 francs). Marché lésion-
naire auquel l'abatteur se soumet par peur du procès dont le
fermier le menace. D'autres vendent leur droit à un cabaretier, qui, encouragé par le fermier, le paiera un prix déri-
soire (5).

Mais bientôt les chiffres indiqués plus haut, 300, 350 livres,
deviendront l'exception, comme nous allons voir.

Un siècle environ après l'arrêt de 1671, le 31 décembre

(1) M. Laronze (p. 190) compte 10 villes, outre Rennes, Nantes et Saint-Malo,
faisant tirer le papegaut au temps de la Ligue. Or 26 des 37 productions faites
en 1671 sont antérieures à la Ligue.

(2) Plusieurs villes qui n'avaient rien produit alors (notamment Brest) firent
plus tard la preuve de leur droit. Des 37 villes produisant en 1671, une seule
fut déboutée, Carhaix. Elle fit sa preuve plus tard, et était en possession en
1727. V. *Le papegaut de Carhaix*, par J. Trévédy.

(3) Ci-dessus p. 95.

(4) L'arrêt de 1671 a été imprimé et forme une brochure de 85 pages qui
semble rarissime. Elle se trouve aux archives des Côtes-du-Nord, B. 7, reliée
avec nombre de pièces dans un *Recueil d'édits et arrêts* colligés par Quérangal
de la Hautière, alloué royal de Saint-Brieuc. T. VIII.

(5) M. Laronze (p. 193) : « Le droit était vendu à un ou plusieurs cabaretiers,
qui le payaient fort cher, cela va sans dire. » Non, il n'était cédé qu'à un seul
(sous un seul brandon). Arrêt de 1671 et arrêt de Rennes, 20 avril 1724, qui
décide que l'unique cabaretier devra être chevalier de l'arquebuse. Arch. d'Ille-
et-Vilaine, C. 2615.

1768, les Etats de Bretagne, jugeant l'apprentissage et l'encouragement du tir inutiles, demandèrent la suppression des papegauts et l'emploi de leurs deniers à « l'entretien des hôpitaux en état de retirer, nourrir et élever les enfants trouvés. »

A ce moment, 43 villes faisaient tirer au papegaut (1). Plusieurs protestèrent contre la suppression projetée : notamment Saint-Malo (2) ; mais d'autres parurent renoncer au « jeu », dans l'intérêt de leurs hôpitaux. Un arrêt du Conseil du 7 mai 1770 supprima les papegauts, sauf pourtant celui de Saint-Malo, et peut-être ceux de Groix et de la Roche-Bernard, que nous voyons existants encore en 1776 (3).

Nous avons vu plus haut les fermiers des devoirs acquérant pour un prix vil, à 300 et 350 livres, des exemptions valant beaucoup plus : leur rapacité ne se contente pas de ce premier succès ; et, cent ans après, les fermiers paient moins cher des exemptions qui valent plus qu'après l'arrêt de 1671. Elles valent plus, parce que les droits exemptés sont augmentés des *2 sous par livre*, créés en 1705 (4).

Voici les divers prix que je relève en 1770 :

Les abatteurs reçoivent 800 livres (Saint-Malo), 400 livres (Nantes et Rennes), 300, 240, 200, 180, 150, 130, 120, 90, 75, 70, 63, 60. Deux abatteurs à Guérande et Piriac ne reçoivent *rien*. L'abatteur de Lesneven est réduit d'année en année (240, 200, 180). Le papegaut de Malestroit est évalué à 83 livres, moitié pour l'hôpital, moitié pour l'abatteur, soit 41 livres 10 sols à chacun. On compte 6 livres à celui qui abat la tête de l'oiseau, 6 livres à *celui qui a le blanc* (?) ; 2 livres au greffier ; 4 livres au tambour. — Reste au roi, 23 livres, 10 sous (5).

(1) D'autres villes avaient eu le papegaut, notamment Rostrenen, Bécherel, Tinténiac. — Brest ne l'avait plus en 1770. En 1757, la communauté avait demandé qu'il fût remplacé par un *plant* de *mai*.

(2) Nantes protesta après l'arrêt rendu, trop tard.

(3) Lettre de l'Intendant. C. 2615. — Il s'agit de la petite île de Groix, en avant de Port-Louis. Elle produisait des lettres de Henri IV de 1599, lui accordant exemption de 30 tonneaux.

(4) Ci-dessus, p. 95, note 3.

(5) Ces chiffres sont extraits des papiers de l'intendance, C. 2615. Pour avoir la valeur en monnaie actuelle, il faut multiplier par 2.020. Ainsi la dernière somme, 23 livres 10 sous, vaut aujourd'hui 47 fr. 47 c. — L'arrêt de 1671 n'avait pas imposé tous ces paiements à l'abatteur. Il avait simplement partagé le prix

L'abatteur de Concarneau est mieux traité. Voici une lettre écrite le 6 juillet 1770, par le subdélégué de l'intendance :

« On tire le papegault en cette ville chaque année au mois de may authorisé par lettres patentes de 1557 par lesquelles l'abateur devait jouir de la liberté de vendre et débiter quitte et franc de tout tribut, de droit d'impôt et billot, entrée de port et hâvre et autres subsides et impositions quelconques, trente tonneaux de vin de tel crû que bon lui semblerayt pendant un an ; mais bien s'en faut qu'il retire cet avantage depuis plusieurs années, causé, prétend-on, par diverses difficultés que font les fermiers des devoirs. Depuis plusieurs années, l'abatteur s'accommode avec eux et en a retiré l'un 300 livres, les autres 340 jusqu'à 350, *attribution bien au-dessous du véritable droit* (1). »

C'est-à-dire 606, 686, 707 francs de nos jours. Quelle était donc la valeur du « véritable droit » auquel le subdélégué fait allusion, sans nous le faire connaître ?

Les archives de Quimper vont encore nous renseigner. — Nous avons vu plus haut que les droits du papegaut (sur 15 tonneaux) pouvaient être évalués, après l'arrêt de 1671, environ 1.900 fr. de notre monnaie. Depuis, ils furent quelque peu augmentés par l'exemption des deux sous pour livres, après 1705.

A la suppression, les droits de Quimper, 15 tonneaux, furent unis à ceux de Penmarc'h (10 tonneaux), soit en tout l'exemption sur 25 tonneaux que Quimper estimait, en 1594, 600 livres ou 3.169 francs actuels (2).

Ces droits réunis furent attribués à l'hospice de Quimper. Ils sont compris aux comptes de l'hospice pour la somme de 1.200 livres, environ 2.400 francs de notre monnaie (3). Dans cette somme, Penmarc'h figure pour 2/5 et Quimper pour 3/5, soit 480 livres pour Penmarc'h, 720 pour Quimper.

---

par moitié, entre l'abatteur et l'hôpital. La ville voulait tout prendre. Lettre de l'Intendant, 1758.

(1) On remarquera que le subdélégué en est aux 50 tonneaux exemptés par Henri II, et qu'il ne tient pas compte des réductions à 25, puis à 15 tonneaux, mentionnées ci-dessus.

(2) Ci-dessus, p. 96.

(3) *Les Hôpitaux de Quimper,* par le Cᵗ Paty. Bull. de la Soc. Arch. du Finistère (1883), p. 476 et suiv.

Telle devait être, à peu près, la valeur du « véritable droit » à Concarneau. On voit que la plainte du subdélégué est trop fondée.

A propos de la suppression des papegauts, rappelons un fait qui montrera avec quelle insouciance étaient gardées les archives municipales.

En novembre 1770, le maire de Concarneau, député aux Etats, demande copie des lettres établissant le papegaut ; il a besoin de cette pièce pour que les droits de l'abatteur soient régulièrement transportés à l'hôpital. La communauté s'assemble et « nomme deux commissaires pour faire la perquisition des lettres... Les commissaires descendent aux archives et ne trouvent rien ; » mais ils ont appris que les lettres peuvent être aux mains de tierces personnes. « La communauté charge les commissaires de toutes perquisitions à cet égard et d'en faire un rapport. » Les commissaires (Dupont Bodélio et Morineau) rapportent, non l'original des lettres du 7 septembre 1557, mais une copie authentique tirée le 6 octobre 1669 (Mes Billette et Caradec, notaires royaux), qui leur a été remise par l'héritier d'un ancien maire (1).

Un dernier mot sur le règlement du papegaut. — La religion chrétienne avait mis son empreinte sur toutes nos institutions. Les règlements du jeu de papegaut avaient un caractère non seulement moral, mais religieux. Des pénalités sont portées contre les arquebusiers querelleurs, ivrognes, blasphémateurs : ceux-ci peuvent même être dégradés de leurs armes (2).

Il va sans dire que les archers ou chevaliers du jeu forment une compagnie que le roi commande. A la procession de la Fête-Dieu célébrée au mois de juin, le roi paraissait dans l'éclat de sa dignité nouvelle, « à la tête de la compagnie marchant en bataille pour assister le Saint-Sacrement que les chevaliers ont promis et juré de conserver et défendre au péril de leur vie (3). »

(1) Copie présentée au conseil en 1670. Ci-dessus, p. 97.
(2) Règlement de Quimper (1538), de Saint-Brieuc (1638).
(3) Règlement de Saint-Brieuc (1638).

« Commandement est fait expressément à tous chevaliers ...
d'avoir devant les yeux l'honneur de Dieu en recommanda-
tion et qu'ils se déporteront (s'abstiendront de paraître) à la
butte le dimanche des Rameaux, le Vendredi-Saint, Pasques,
Pentecostes, Toussains et Noël, lesquelles fêtes sont prohibées
et deffendues dudict exercice, ains (mais) employées au service de Dieu. . . (1). »

Cet article du règlement de Rennes montre en quel esprit ce
règlement a été conçu, et les citations que nous avons faites
d'autres règlements témoignent que cet esprit n'inspirait pas
seulement les archers de Rennes.

Je crois à propos de donner ici la liste de dix-neuf des derniers abatteurs du papegaut, à partir de 1742 jusqu'au dernier
tir en 1770. Cette liste peut intéresser les Concarnois portant
aujourd'hui les noms qui vont suivre (2).

1742 — *Robert Melgven Le Bihan.*
1743 — *Robert Melgven.*
1744 — François Bolloré.
1745 — Jean Le Bouédec, matelot.
1746 — *Robert Melgven.*
1748 — Jean Saillant.
1749 — François Michel, boucher.
1750 — René Brisson.
1751 — Jean-Pierre Brisson.
1757 — ..... Le Nadan.
1760 — Nicolas Keralain, matelot.
1761 — *François Michel.*
1762 — Philippe-Louis Cornilleau, procureur.
1763 — *François Michel.*
1764 — Yves Dauzon.
1766 — *François Michel.*
1767 — Julien Kerevel.
1769 — François Le Raz.
1770 — François Broustel.

(1) Règlement de Rennes, art. 45, 29 novembre 1592. — M. Laronze, p. 196
et *Pièces justificatives*, n° 2, p. 263-264.
(2) Il y a quelques lacunes dans les procès-verbaux mentionnés p. 93, note 4.

Sur cette liste j'ai souligné deux noms : ceux de Robért Melgven et de François Michel qui seuls ont été *trois fois rois*. Ils n'ont pas obtenu la noblesse, selon la fantaisie imaginée au xixᵉ siècle ; mais leurs descendants, s'ils existent encore, peuvent se féliciter d'avoir eu des ancêtres qui, mieux que tous autres, ont mérité leur titre de roi du papegaut.

§ 3. — Eglises.

Nul doute que Beuzec n'existât comme paroisse avant la fondation du prieuré de Saint-Guénolé (1). Mais, après l'établissement des religieux de Landévenec sur l'îlot de Conc, la chapelle du prieuré s'ouvrit, comme en beaucoup d'autres lieux, aux fidèles du voisinage. Avec le temps, l'îlot et les campagnes les plus proches devinrent une circonscription ecclésiastique rattachée à la paroisse de Beuzec comme *fillette*, selon l'expression ancienne, ou *trève*.

De ce fait et de l'expression *Beuzec-Conc* est née cette confusion que nous avons signalée, reportant à Beuzec, le château, la justice royale, tous les attributs de Conc, trève de Beuzec (2).

La chapelle du prieuré, sous le vocable de *Saint Guénolé*, devint l'église tréviale. Après la fondation d'un hospice, une autre chapelle s'éleva sous le vocable de la *Trinité*.

En 1636, Dubuisson-Aubenay signale ces deux chapelles et même une troisième, il écrit : « Dans la ville, il y a trois églises : la grande chapelle de Saint-Guénolé, bien jolie... Notre-Dame du Portail et l'hôpital de la Trinité. » (P. 108.)

Saint-Guénolé, chapelle du prieuré, et la chapelle de l'hôpital, La Trinité, étaient très voisines l'une de l'autre, dans la partie à l'Est que nous avons signalée comme la plus large de l'îlot. C'est ce que permet de voir un plan de 1755, qui en cet endroit écrit : *les Eglises*, bien qu'il n'en marque qu'une, sans doute Saint-Guénolé.

« L'église de Saint-Guénolé fut reconstruite au xiiiᵉ siècle.

(1) Ci-dessus, p. 20.
(2) Ci-dessus, p. 21 et 46, note 2.

C'est du moins le caractère d'architecture que lui attribuent la vue de Concarneau gravée au XVIIe siècle, et les souvenirs des personnes qui en avaient vu les ruines, avant 1830. » Plus haut, j'ai signalé la tour carrée sans cloches, à la façade, et la nef très élevée ; il faut ajouter que cette nef était « coupée par un transept, portant à l'intersection un clocher en aiguille ». On a gardé le souvenir de très beaux vitraux au chœur (1).

La chapelle Notre-Dame était vers l'Ouest, en arrière de la porte principale et du pont-levis ; au XVIIIe siècle, elle était dite *du Rosaire*, et servait aux assemblées de la communauté.

Le dessin du XVIIe siècle mentionné plus haut, complète les indications du plan (2).

Le prieuré de Saint-Guénolé a subsisté, au moins *en droit*, jusqu'à la Révolution ; en fait, les religieux avaient, en 1727, abandonné leurs biens de Concarneau à l'hôpital de la Trinité : moyennant une rente de un sol par an (3).

En 1681 (4), une déclaration du « recteur de Beuzec-Conq et de l'église priorale de Saint-Guenolay desservie en la ville de Concquerneau », énumère les immeubles débiteurs de rentes à la fabrique. Ces immeubles sont situés en Trégunc, Lanriec, Nevez, Beuzec et Conc. A Conc, les rentes sont payées surtout par les maisons de l'île, et pour une mince partie par Péneroff. Le chiffre total est de 185 livres, ou 620 francs environ de notre monnaie.

L'église de Saint-Guénolé subsistait en 1788 ; elle avait besoin de réparations qui ne furent pas faites. En 1804, quand

---

(1) Bull. Comm. diocésaine, VIe année, 1906, p. 113, *Notice sur Concarneau*, et ci-dessus, p. 11. — Sur les ruines de cette belle église a été construite, en 1828, l'église actuelle qui ne la remplace pas au point de vue de l'art.

(2) V. ci-dessus, p. 11.

(3) « Les religieux de Landevenec, « considérant l'extrême pauvreté de l'hôpi-tal, sujet à de grandes dépenses, surtout lorsqu'il y a de grandes maladies, ou que, des bâtiments relâchant au port il se trouve plusieurs matelots mala-des, — consentent à l'extinction et suppression perpétuelle du titre du prieuré de Saint-Guénolé et à l'uuion irrévocable de ses biens à l'hôpital de Concar-neau, qui paiera un sol par an à l'abbaye. »
Extrait du registre des Actes capitulaires de Landevenec, 1675 à 1771. Archives du Finistère.

(4) Arch. Loire-Inf., B. 1238, n° 43. En ville 168 livres, au faubourg 17 livres, plus quelques sous et deniers.

le culte fut rétabli, l'église admirée en 1636 par Dubuisson était en ruines ; et le culte se célébra dans la chapelle de l'hôpital, très insuffisante. Enfin, vingt-quatre ans après, en 1828, Saint-Guénolé fut reconstruit à la même place.

Depuis le concordat, Beuzec-Conc était doyenné. Le 24 août 1831, une ordonnance transféra la cure de Beuzec à Concarneau, et la succursale de Concarneau fut transférée à Beuzec (1).

Je n'ai pas voulu interrompre les renseignements que j'avais à donner sur ces églises ; mais il me faut revenir en arrière sur quelques points de l'histoire ecclésiastique de Concarneau.

Aux premières années du xviie siècle, les habitants avaient bien peu profité des instructions de leur clergé. Autrement, comment comprendre ce que nous apprend le premier biographe de l'abbé Michel Le Nobletz ?

En 1615, ce saint homme étant venu à Conc, « prêcha avec sa ferveur ordinaire » sur des points élémentaires de la doctrine chrétienne. Pour ses auditeurs, sa prédication fut une *nouveauté*, et fit scandale. Ils crurent avoir entendu « un prêtre insensé ». Le pieux missionnaire, ajoute son biographe, « passa à Pont-l'Abbé voir si la pêche serait meilleure que dans sa dernière pêcherie (2). »

Un demi-siècle plus tard, en 1667, c'est le P. Julien Maunoir qui vient donner une mission à Concarneau (3). Mais il arrivait dans des conditions plus favorables que son maître et prédécesseur. Depuis quinze ans, il évangélisait la Basse-Bretagne, et sa mission de Concarneau eut son succès habituel.

Il faut saluer en passant la sainte et grande figure du P. Maunoir. Pendant la révolte du *papier timbré*, il avait empêché le soulèvement de plusieurs paroisses ; et, si on l'eût laissé faire seul, il était capable de pacifier le pays et de pré-

____

(1) Bull. Comm. diocésaine de Quimper, 3e année (1903), p. 161. *Notice sur Beuzec-Conc.*

(2) Vie *manuscrite* de D. Michel Le Nobletz (1664) qui a servi à l'édition de 1666. Je dois cette indication à l'érudit chanoine Peyron, chancelier de l'évêché de Quimper.

(3) Il en donna une autre à Beuzec-Conc, en 1670.

venir, en la rendant inutile, l'affreuse répression qui allait
déshonorer le duc de Chaulnes.

A soixante-dix-sept ans, après quarante-deux ans de travaux
évangéliques, et plus de 400 missions, le P. Maunoir s'arrêta
pour mourir (29 janvier 1683) au cours d'une mission (1).

Le grand apôtre ne mourait pas tout entier. Le P. Vincent
Martin, son compagnon depuis quinze années, allait le continuer ; mais trois ans plus tard, il tombait, au cours d'une
mission (à Plouisy, près de Guingamp), le 9 novembre 1686.
Le P. Guillaume Le Roux, âgé de 33 ans, prit sa place, qu'il
allait occuper quarante ans, jusqu'à sa mort, presque en chaire
(Lothey, arr. de Châteaulin), le 17 juillet 1725. Tels étaient
ces missionnaires bretons mourant tous comme des soldats
sur la brèche. Après quinze années, le P. Le Roux allait avoir
pour successeur à la tête des missions de Bretagne, son neveu
à la mode de Bretagne, le P. Thomas Corret.

C'est à Concarneau, en 1741, que celui-ci commença un
laborieux et fécond apostolat, qu'allait interrompre après vingt
années l'arrêt prononçant l'expulsion des Jésuites. Pour le
sauver de l'exil, l'archevêque de Paris réclama le P. Corret
comme aumônier de la maison royale de l'Enfant-Jésus. Il y
vécut jusqu'en 1782.

Cet éminent et saint religieux était le frère cadet d'Olivier-
Louis, père de La Tour d'Auvergne-Corret. Celui-ci, privé de
son père à cinq ans, trouva dans son oncle un second père, et
lui rendit jusqu'à la fin les devoirs de la piété filiale.

Le P. Corret est ce « vieil oncle, ce bonhomme pauvre, »
que le futur Premier Grenadier visitait et essayait de secourir
chaque fois qu'il passait à Paris. Tous les biographes ont
parlé de ce vieil oncle, pas un n'a cherché qui il était; il a
fallu que je révèle son nom plus de cent ans après la mort de
son illustre neveu (2) !

Je mentionnais plus haut la procession de la Fête-Dieu à

(1) Le P. Maunoir mourut à Plévin, c⁰ⁿ de Maël-Carhaix, arr. de Guingamp.
L'église de Plévin garde son tombeau toujours en vénération.

(2) V. *Deux Jésuites oncles de La Tour d'Auvergne* (1902). Le P. Le Roux était
son grand oncle à la mode de Bretagne, cousin de sa grand-mère maternelle,
Barbe Le Scaffunec.

Concarneau. La procession traversait la grève ; et voici un fait rapporté par un auteur dont je traduis mot à mot le latin (1). ·

« Dans le diocèse de Quimper, en la ville de Concarneau, à la fête du Saint-Sacrement, la procession se fait toujours vers dix heures du matin. La procession traverse la grève et le flot lui cède la place ; si, à ce moment, la mer monte, elle baisse sensiblement, laissant la voie libre aux fidèles qui suivent le corps du Christ ; et jamais la procession n'a été retardée, même quand, à la sortie de l'église, la mer montait. — Actes publics, (c'est-à-dire procès-verbaux authentiques) dressés sur l'ordre de l'évêque (2). »

D'après l'auteur, il y aurait eu plusieurs procès-verbaux. Cambry n'en rappelle qu'un seul. — La vérité est qu'il n'existe aucune trace à Quimper des procès-verbaux, ni même d'un procès-verbal unique.

Voici une explication du fait, proposée par les rédacteurs du bulletin de la Commission diocésaine de Quimper (3) :

« Au xve siècle, la procession de la Fête-Dieu était établie en France, et l'on peut croire que c'est en ce siècle qu'avait lieu à Concarneau le prodige dit plus haut, qui cessa, croyons-nous, à la fin du siècle, lors du remaniement des fortifications par la duchesse Anne. Pour expliquer le prodige, nous supposons qu'avant cette époque les murailles se terminaient au côté ouest par l'enceinte qui, actuellement, est la seconde,

(1) « In episcopatu corisopitensi ad vicum Concarneum in die festo Augustissimi Sacramenti habetur supplicatio semper circa horam decimam. Illa per æstuarium traducitur, eique cedit æstus maris. Si tum intumuerit, sensim detumescit, viamque Christi corpus sequentibus facit ; neque unquam dilata supplicatio, licet cùm primùm ex basilica egrederetur mare intumesceret. — Acta publica Episcopi jussu confecta. »

(2) C'est Cambry (*Voyage*, p. 358), qui m'a fourni ce fait. Il n'avait pas vu l'auteur qu'il cite : il dit : *La Géographie de Philippe Le Briel.* Or, le livre est intitulé : *Parallela Geographiæ veteris et novæ. Auctore Philippo Briet, à Societate Jesu.* Parisiis, 1648. — V. Livre VI, *De Gallia antiqua cum tabulis geographicis.* — Liv. VII de la 2e partie, § 3, n° 2, p. 405. *Conquarnellum seu Conquerneum, Concarneau, urbs cum arce ad mare. Aliter Conq.* — Chap. XII de la 2e partie. *De mirabilibus Galliæ locis.* In Armorica, p. 468.

(3) 6e année (1906), p. 185-186, *Notice sur Concarneau.* — Je ferai remarquer que le mot *fossé*, qu'on va trouver deux fois, semble employé au sens de *chaussée*. Il signifie la *chaussée* qui, conduisant du faubourg au pont-levis, donne accès à pied sec à l'îlot.

après le passage du pont-levis ; et c'est pour cette raison que la chapelle voisine s'appelait Notre-Dame *du Portail*. A cette époque, il n'y avait ni fossé, ni pont-levis, autrement, pas plus qu'aujourd'hui, il n'y aurait eu lieu à miracle pour passer à pied sec. Mais alors une sorte de sillon couvert à marée haute, joignait la ville à la terre ferme. On conçoit dès lors qu'arrivant de Beuzec, la mère-église, toujours à la même heure, la procession eût dû, quelquefois du moins, être naturellement retardée de 15 à 30 minutes dans son passage ; et c'est pour n'avoir *jamais* été retardée que l'on parle de prodige, prodige qui cessa d'être constaté et tomba peu à peu dans l'oubli, depuis l'établissement d'un fossé et d'un pont-levis permettant l'entrée de la ville à toute heure de marée, transformation que nous avons attribuée par hypothèse à la duchesse Anne ; mais qui fut certainement exécutée dans le courant du XVIᵉ siècle. »

§ 4. — Hôpital.

Nous avons vu que, dès avant 1636, Concarneau avait un hôpital (1). Cet hôpital n'était pas riche, et, en 1727, l'abbaye de Landevenec lui abandonna, comme nous l'avons dit, les biens de son prieuré de Saint-Guénolé (2). L'hôpital avait des charges assez lourdes, car il recevait non seulement les malades pauvres de la ville, mais les malades des navires, quelquefois nombreux, stationnant dans le port. Il était desservi par ces admirables Filles de Saint-Thomas de Villeneuve qui, nées en Bretagne et au bord de notre mer, semblent vouées aux soins des marins (3).

En 1772-73, l'hôpital fut encombré. Concarneau fut ravagé par une terrible épidémie (4), et les Filles de Saint-Thomas ne s'y étaient pas épargnées.

(1) L'hôpital devait remonter au moins au XVᵉ siècle, comme l'indique le style de la chapelle subsistant encore.
(2) Ci-dessus, p. 103.
(3) Cette communauté a pris naissance à Lamballe, en 1661.
(4) C'est à l'occasion de cette épidémie que la ville contracta généreusement l'emprunt que nous avons mentionné ci-dessus, p. 79.

Or, vingt ans plus tard, aux premiers jours de novembre 1793, les pauvres et les marins soignés par elles les virent partir sous escorte pour les prisons de Quimper (1).

Un décret du 18 août 1792 avait supprimé leur communauté (2). Toutefois, elles continuaient à titre personnel leurs services aux malades pauvres. Mais le comité de surveillance de Quimper ayant chassé les religieuses des hôpitaux, le comité de Concarneau l'imita. Il montra même plus de *civisme*. A Quimper, on avait commencé par interner les religieuses chez des parents ou des amis, et on leur avait laissé leurs vêtements. A Concarneau, elles furent refusées à leurs familles ; le jour de leur arrestation, leurs linges et leurs vêtements furent mis sous séquestre, et quatre mois plus tard, le comité de Quimper les réclamait en vain pour elles.

Or, de ces religieuses, l'une avait 73 ans, l'autre 71, une troisième était aveugle. Mais l'infirmité ni la vieillesse ne devait sauver ces « pestes publiques » de l'incarcération (3).

La loi attribuait une pension aux religieuses chassées de leur couvent, l'incarcération suspend le paiement de la pension : c'est une économie. L'administration n'assure pas leur subsistance : autre économie. Le comité de Quimper supplie le directoire du district de leur assurer une nourriture suffisante : il n'obtient rien et les détenues souffrent de la faim (4).

(1) Sur ce qui suit voir l'*Histoire du Comité révolutionnaire de Quimper*, par J. Trévédy.

(2) Décret du 18 août 1792. — Duvergier, IV, p. 383.

Titre Ier, art. 1er. — Sont supprimées toutes les corporations religieuses, même celles uniquement vouées au service des hôpitaux et au soulagement des malades.

Titre II, art. 1er. — Les biens... dépendants de toutes associations de piété ou de charité dénommées ou non dans l'article ci-dessus seront vendus.... comme les autres domaines nationaux.

(3) Le comité de Quimper les nommait « réfractaires, fanatisées, calotinocrates — à Nantes, on disait calotinocratinettes, — pestes publiques. » Ce dernier mot revient en usage, mais que ceux qui l'emploient ne se flattent pas d'avoir le *mérite*, l'*honneur* de l'invention ! Le mot est une *vieillerie*.

(4) Le comité (29 novembre 1793) menace de se plaindre au comité de salut public : « Nous ne pouvons tenir en arrestation des femmes pour les faire mourir de faim, et quelles femmes encore ! Des femmes qui, suivant les lois, ont toutes des pensions de 1.000, 700, 500, et les moindres de 333 livres. En leur

La loi avait déclaré « l'assistance du pauvre dette nationale » (1), et elle avait suspendu la vente des biens d'hospices
jusqu'après « la mise en activité de l'assistance publique ».
Mais c'était remettre la vente à un terme indéfini. Des patriotes
désintéressés se montraient impatients d'acquérir à prix vil
et payable par annuité des biens considérables. Pour leur
donner satisfaction et par une violation formelle de la loi,
des biens d'hospices furent vendus ; voilà comment tant d'hospices ont disparu ; et voilà pourquoi, après un siècle passé,
Concarneau n'a pas d'hospice, quand il a une population de
8.000 habitants !

donnant 20 sous par jour à chacune, c'est encore un grand profit pour la République. » Pour avoir la valeur exacte en francs de nos jours, il faut doubler les
chiffres.

Le comité n'obtint rien.

Le 18 février 1794 (3 mois après) il renouvelle ses instances, en reproduisant
cet abominable argument. — V. *Hist du Comité*, p. 40, 41 et 95 : « La nation
en incarcérant les religieuses gagne infiniment, puisque leurs incarcérations
les privent des pensions que la nation leur avait assignées. »

(1) Duvergier, V, p. 255 et 329.

Décret du 19 mars. Nouvelle organisation des secours publics.

Art. 5. — Au moyen de ce que l'assistance du pauvre est une dette nationale, les biens des hôpitaux, fondations et dotations en faveur des pauvres
seront vendus ; néanmoins la vente n'aura lieu qu'après l'organisation complète,
définitive et en pleine activité des secours publics.

Décret du 1er mai 1793. Art. 1er renouvelle le délai imposé à la vente, mais
l'art. 4 reconnaît qu' « en exécution du décret du 18 août 1792, les biens de
quelques uns des établissements de charité ont été vendus » apparemment
avant le décret du 19 mars ou en violation de ce décret.

VIII

Histoire militaire.

L'auteur des *Essais sur Concarneau* place, nous l'avons vu, à l'année 692, la fondation de Conc par Concar (1). Il est tout naturel qu'il commence à cette date l'histoire militaire de la ville. Il enregistre cinq sièges avant celui de 1373 que nous avons signalé plus haut (2).

Dès 693, c'est Grallon II, cousin et adversaire malheureux de Concar qui vient, mais inutilement, assiéger Conc. — Onze ans plus tard (704), c'est Daniel, fils et successeur de Grallon, qui assiège Conc ; mais sans plus de succès que son père. — En 747, viennent les Normands qui sont repoussés. — En 799, Conc est pris pour la première fois par « les Français ». Ils en restent maîtres pendant dix ans, mais enfin « les princes bretons » les chassent, 809.

Conc est, à ce qu'il paraît, en paix pendant quatre siècles et demi. « En 1240, Hervé, comte de Léon, en guerre avec le duc de Bretagne, l'assiège, mais en vain. »

Il est bien vrai qu'en 1240, Hervé III, vicomte et non comte de Léon, était en guerre avec le duc Jean Ier, dit Le Roux. Cette année même, « les Léonnais, dit un chroniqueur, brûlèrent le château de Quimperlé. » Ces Léonnais ne partaient assurément pas du Léon. Ils avaient seulement passé la rivière d'Ellé qui séparait la ville du fief de Kemenet-Héboi, appartenant au vicomte (3). Mais le chroniqueur ne dit rien de Conc.

Du reste, Hervé III mourut presque aussitôt. Son fils n'était pas disposé à continuer la guerre ; le duc Jean le Roux, le plus grand manieur d'argent de son temps, au lieu de conquérir la paix, aima mieux la faire acheter, et très cher : le prix,

(1) Ci-dessus, p. 7.
(2) Ci-dessus, p. 13.
(3) Un fief de 25 paroisses entre l'Ellé et le Scorff, divisé au XIIIe siècle en trois seigneuries : La Roche-Moisan, bordant la rive gauche de l'Ellé ; Pontcallec au Nord-Est ; les fiefs de Léon, chef-lieu Treisfaven (aujourd'hui Tréfaven), qui a servi de poudrière à Lorient. *Géog. féodale*, p. 108-111.

débattu pendant 19 ans, fut enfin, en septembre 1260, fixé à 10.000 livres, plus de un million de notre monnaie (1).

Ainsi, ce siège de Concarneau n'est pas historique. L'histoire militaire de la place ne commence que 110 ans plus tard, au milieu des guerres de la Succession de Bretagne.

§ 1er. — XIVe Siècle.

En 1355, Concarneau est nommé parmi les places de guerre de Bretagne. Mais, ne dira-t-on pas : « Nous avons lu plus haut que, dès le XIIIe siècle, une ceinture murale avait pu remplacer le château à motte ; — qu'au milieu de ce siècle, Conc, devenu ville avec église et cour de justice, était peuplé de bourgeois, de gens de négoce et pêcheurs y vivants en sécurité (2). »

En 1355, la guerre sévit depuis quatorze ans en Bretagne, comment les murs de Conc n'auraient-ils pas vu l'ennemi ? A cette question, voici tout ce que nous pouvons répondre :

En 1341, le comte de Montfort, sans attendre le jugement des pairs, quitte Paris en hâte, et vient fonder son parti en Bretagne. Proclamé à Nantes, il fait le tour du duché, se faisant reconnaître, sans beaucoup de peine, dans dix-neuf places, surtout dans les places ducales comme était Conc (3). De Quimperlé, il passe à Quimper. Conc est presque sur sa route, et pourtant il n'y va pas.

Quatre ans plus tard, Charles de Blois assiège Quimper dont il s'empare. Aussitôt, il se dirige vers le comté de Nantes ; en route, il passe, on peut le dire, en vue de Concarneau ; il n'y vient pas (4).

(1) Sur ce point, La Borderie, *Hist.*, III, p. 343-44. — Morice, *Pr.*, I, 979. — 1.150.000 francs selon l'évaluation de Leber (1845), un peu faible aujourd'hui.

(2) Ci-dessus, p. 12-13-15.

(3) Froissart a dressé une première liste de ces villes que, par deux fois, il a complétée ; il a ainsi énuméré vingt places, mais sans aucun ordre (ex. Nantes, Brest, Rennes, etc.). La Borderie a rangé ces villes selon l'itinéraire qu'a dû suivre Montfort marchant en ligne directe : il le montre passant à Hennebont, Quimperlé, la Roche-Perriou (près du Faouët), Quimper. — *Hist.*, III, p. 425-426. Or, du Faouët à Quimper, la route directe est par Rosporden, 12 k. de Concarneau.

(4) Il suivait la grande voie romaine. A Locmaria-an-Hent, il était à six kil. de Concarneau.

Dix ans après, en 1355, le Roi d'Angleterre remplace Thomas de Holland, son lieutenant en Bretagne, par le duc de Lancastre (1) ; et il ordonne aux capitaines d'une vingtaine de places de les remettre au nouveau lieutenant. Concarneau est une de ces places.

De cette date à 1364 (bataille d'Auray), aucune mention de Concarneau.

Après la victoire d'Auray, Jean de Montfort vient assiéger Quimper, et en obtient non sans peine une capitulation : on ne le voit pas venir à Concarneau.

Que conclure de ces faits ? Voici ce qui nous semble vraisemblable : c'est que Conc se déclara pour le comte de Montfort, lors de sa chevauchée de 1341 ; — que cette place fut confiée aux Anglais dès leur entrée en Bretagne, en 1342 ; — et qu'elle resta en leur pouvoir jusqu'après le traité de Guérande (1365).

Huit ans après, la place nous apparaît ceinte de murailles capables de résister à deux assauts de l'armée française commandés par du Guesclin, et nous nous demandons : Est-ce depuis la paix, entre 1365 et 1373, que ces murs ont été construits et par le duc Jean IV ?

Quelle apparence ? C'eût été une lourde dépense pour lui, débiteur de grosses sommes au Roi d'Angleterre. Et contre quel ennemi eût-il en ce moment prémuni la place ? La paix avec la France ne sera troublée, et par lui-même, qu'en 1373.

Selon nous, si aucune entreprise armée n'a été tentée contre Conc par les adversaires des Montfort, de 1341 à 1364, notamment par Charles de Blois en 1345, c'est que la place était fortifiée avant le commencement des guerres ; et j'ajoute, fortifiée de telle sorte que les ennemis des Montfort n'avaient pas l'espoir d'en venir à bout. La résistance de la place à l'armée française, plus nombreuse que ne fut jamais celle de Charles de Blois, autorise cette supposition. Que l'on rapproche ces faits des indications données plus haut, et rappelées à la page précédente, peut-être sera-t-on induit à penser avec nous que l'enceinte fortifiée de Conc fut antérieure à la guerre de la Succession ?

(1) Le roi ordonne à Bidonius de Curton de remettre Conk au duc de Lancastre, 14 septembre 1355. Morice, *Pr.*, I, 1499.

Jean IV (1365-1399)

Le 21 février 1372, le duc Jean IV écrivait deux lettres : l'une au Roi Charles V, lui demandant « ses plaisirs et volontés pour les accomplir » ; — l'autre à « son seigneur et père le Roi d'Angleterre, pour lui promettre son service envers et contre tous. » Le 19 juillet suivant, le duc signait une alliance offensive et défensive avec l'Angleterre. Au mois de septembre un corps anglais débarquait à Saint-Mathieu ; et, en mars 1373, une troupe de 4.000 anglais entrait à Saint-Malo.

C'en est trop : la Bretagne entière se soulève, et le Roi, écoutant enfin l'appel des Bretons, ordonne à du Guesclin d'entrer en Bretagne avec le duc de Bourbon.

Jean IV, vaincu avant le combat, se voyant abandonné par tous, se retire presque seul à Concarneau, selon les uns, à Brest, selon les autres, et s'embarque pour l'Angleterre, laissant aux garnisons anglaises le soin de défendre les places qu'il leur a confiées (28 avril 1373) (1).

Du Guesclin, auquel se sont joints Olivier de Clisson, le vicomte de Rohan, le sire de Beaumanoir, fait le tour de la Bretagne, reçu avec acclamation dans certaines places, obtenant la capitulation des autres.

Le duc a gratifié de la châtellenie de Concarneau, un anglais, Raoul Knolles, déjà maître des seigneuries de Rougé et de Derval (2) ; et la place est occupée par une garnison anglaise. Du Guesclin l'assiège ; le temps presse car une flotte anglaise tient la mer. Un premier assaut est donné, le flux qui survient contraint les assiégeants à la retraite ; au moment du reflux l'assaut recommence, le connétable lut-même combat au premier rang ; mais le flux vient encore au secours des assiégés ; enfin la troisième attaque réussit, et les Anglais sont passés par les armes, sauf leur capitaine qui obtint quartier (3).

---

(1) Lobineau, *Hist.*, p. 406.

(2) La Borderie, *Hist.*, IV, p. 21.

(3) Il est nommé Jean Longuay ou Jennequin Pel, écuyer. Lobineau, *Hist.*, p. 408-409.

Un livre couronné par l'Académie (*Le Littoral de la France*) nous révèle que du Guesclin a échoué devant Concarneau. Où l'auteur a-t-il pris cette *nouveauté* historique ?

Cela fait, du Guesclin se hâte à marches forcées, avec tout son monde, vers Saint-Malo ; mais les Anglais ne l'ont pas attendu. Aussitôt, du Guesclin et le duc de Bourbon, montant des navires malouins, attaquent, comme par défi, Jersey et Guernesey, prennent les châteaux de ces deux îles, y laissent garnison et viennent en Bretagne assiéger les quelques places restant encore aux mains des Anglais (1).

On lit dans un ouvrage réputé classique : « Peu après, les Anglais reprirent Concarneau, et le vicomte de Rohan le réduisit à l'obéissance du Roi Charles VIII (2). » C'est dire que Concarneau fut pendant un long siècle aux mains des Anglais. La vérité est que, chassés par du Guesclin, les Anglais n'ont pas remis le pied dans Concarneau. Ce n'est pas aux Anglais, c'est aux Bretons fidèles à la duchesse Anne, que le vicomte de Rohan, rebelle, enleva Concarneau au profit du Roi Charles VIII (février 1489). Nous verrons cela plus loin.

Mais auparavant nous devons nous expliquer sur un siège de Concarneau, que l'auteur des *Essais* mentionne en l'année 1379.

Il écrit (p. 260) : « Les Espagnols parcoururent avec leur flotte les côtes de Bretagne et vinrent mouiller devant Concarneau qu'ils comptaient surprendre. »

En note, l'auteur signale le silence de D. Morice sur ce point, et il ajoute : « Cependant, une personne de considération m'a communiqué un ancien manuscrit très authentique, qui parle de la descente des Espagnols en Cornouaille, en 1379, et de leur tentative sur Concarneau. Ils avaient établi le

---

(1) Ogée, t. I, p. 84, écrit au mot *Beuzec-Conq :* « Il y avait autrefois en cet endroit, un château bien fortifié, gardé en *1363* par des Anglais. Le connétable du Guesclin l'assiégea et s'en rendit maître, chassa les Anglais des environs, et profita de leur éloignement pour aller attaquer l'île de Jersey, défendue par un très fort château. Du Guesclin s'en empara. Il repassa ensuite en Bretagne avec ses prisonniers, et se rendit à Beuzec-Conq qu'il venait de conquérir. »

Au lieu de *1363,* il faut lire *1373,* du Guesclin n'étant devenu connétable qu'en 1370. Ce récit singulier est une réminiscence du siège de Concarneau, en 1373, dont Ogée ne dit rien au mot *Concarneau,* I, p. 196.

Remarquez que Froissart est bien plus exact qu'Ogée : Il nomme Conke « petite *forteresse sur mer et ville* ». Froissart. Ed. Luce, VIII, p. 139-140.

Ogée a confondu les trois Beuzec à un autre point de vue. Ci-dessus, p. 21, 46.

(2) Maltebrun, *Géog. de la France,* 1878.

siège sur une élévation de terre à l'entrée de la rivière de Moros. J'ai vu moi-même, en 1779, des vestiges de cet ouvrage que les anciens habitants nomment encore le *fort des Espagnols.* »

Ainsi, les preuves de ce fait de guerre omis par D. Morice, ce serait le dire d'un auteur qui n'est pas nommé, et les vestiges du camp espagnol de 1379, subsistant encore après juste quatre siècles.

Voici les faits qui ont donné lieu à ce récit erroné.

Le 18 décembre 1378, Charles V, démentant une fois son surnom de *Sage*, avait fait prononcer la Bretagne sans maître et réunie au royaume. Cet arrêt du parlement contraire au droit ramène toute la Bretagne à Jean IV. Le duc, rappelé par ceux qui l'avaient chassé en 1373, débarque à l'entrée de la Rance, le 3 août 1379.

Du Guesclin avait accepté du Roi l'ordre de conquérir le duché en exécution de l'arrêt.

Dans cette expédition, le connétable ne voyait qu'un épisode de la guerre aux Anglais, maîtres de tant de places en Bretagne. Mais les Bretons y virent la main-mise de la France sur le duché. Les amis et les proches du connétable se détournent de lui, comme d'un traître ; et du Guesclin, au lieu de faire la guerre, prépare un accommodement. Grâce à lui, ses amis les ducs d'Anjou et de Bourbon, frère et cousin du Roi, s'arrêtent à Pontorson, sans passer le Couesnon ; et, le 22 mai 1380, le Roi nomme des commissaires pour régler les conditions de la paix (1).

---

(1) C'est à ce moment que du Guesclin, accusé de trahir la France, mais défendu par les ducs d'Anjou et de Bourbon, renvoie au Roi l'épée de connétable. Charles V l'appelle et le supplie de la reprendre. Du Guesclin se rend aux instances du Roi ; mais à une condition, c'est qu'il ne servira plus en Bretagne. Il part pour le Languedoc, où il meurt (13 juillet 1380) de maladie ou de chagrin, léguant son cœur à la Bretagne.

A l'inauguration de la statue du connétable à Dinan, un orateur a représenté du Guesclin comme « le Breton par excellence » ; puis il a dit : « Il obéissait au Roi partout et toujours. Il a obéi jusqu'au sacrifice de ses sentiments les plus profonds, jusqu'à étouffer le breton en lui, à cette pensée royale, grandiose et prudente où s'élaborait l'unité française.... »

Contradiction.... Comment a-t-il été le *breton par excellence*, s'il a *étouffé le breton en lui ?*

Mais, le 4 février 1380, au moment où il préparait la guerre contre la Bretagne, Charles V avait conclu un traité d'alliance avec le roi de Castille. Par cet acte, celui-ci s'engageait à envoyer sur les côtes bretonnes vingt galères chargées de 800 ou même 1.200 hommes (1). En juin 1380, la flotte espagnole se montra à l'entrée de la Loire ; elle tenta un débarquement à Saint-Nazaire, puis devant Guérande, enfin à Rhuis. Mais les Espagnols, vigoureusement repoussés sur les trois points, reprirent la haute mer et disparurent. Concarneau ne les vit pas (2).

Des travaux de siège faits en 1380 auraient-ils pu être apparents en 1779 ? Si le nom de *fort des Espagnols* a été donné à un point voisin de Concarneau, il doit rappeler le souvenir d'un fait bien postérieur, que nous ne trouverons pas ; mais le plan de 1764 nomme ce même lieu *fort des Anglais*, et nous verrons ce nom justifié par un fait de guerre postérieur de cent années à 1380.

Nous avons dit que Concarneau, repris aux Anglais en 1373, ne retomba plus en leurs mains. Voici des preuves de ce fait.

C'est d'abord une ordonnance rendue par Clisson, au nom du Roi, le 6 octobre 1379, relative à une montre de gens d'armes, adressée à Jean du Juch, chevalier pour la garde de la ville et château de Conq (3).

Plus d'un an après, Concarneau est encore aux mains du Roi. La place est une des villes du domaine ducal, que le connétable Clisson tient au nom du Roi, et que le Roi s'engage à rendre à Jean IV, par le second traité de Guérande (avril 1381) (4).

---

(1) Hay du Chastelet. *Hist. de du Guesclin* (p. 404-405) donne le texte du traité avec la date 1379 (v. st.), que l'auteur des *Essais* a reproduite et à laquelle il faut substituer 1380.

(2) Guillaume de St-André, vie en vers de Jean IV. Morice, *Pr.*, II, 351-353. Lobineau, *Hist.*, p. 426. Morice, *Hist.*, II, p. 368. La Borderie, *Hist.*, IV, p. 59.

(3) Morice, *Pr.*, II, 417.

(4) Le traité signé dès le 15 janvier et le 23 février, par le duc de Bourbon et Clisson au nom du Roi et du duc, fut signé par Jean IV seulement le 4 avril à Guérande. C'était le lieu et presque la date du jour où fut signé, trente ans auparavant (12 avril 1365), le traité qui avait fait Jean de Monfort duc de Bretagne. — Lobineau, *Hist.*, p. 438. Outre Conc, onze villes sont nommées, notamment Nantes et Morlaix.

Le traité reçut aussitôt son exécution ; et le duc Jean IV y eut désormais des capitaines. — Nous pouvons en nommer un postérieur de quelques années : Nicolas Bouchard et Jean, son fils « donnent obligation au duc, c'est-à-dire prêtent serment par écrit pour la capitainerie de Conc, 29 mai 1387 (1). »

Quelques années plus tard, le capitaine est Jean de Saint-Alouarn qui prête serment, en juillet 1393, avec la caution de Jean Le Barbu, chevalier (2).

Depuis la paix heureusement conclue entre la France et la Bretagne (avril 1381), jusqu'à la mort du duc Jean IV (1er novembre 1399), Concarneau n'a pas vu la guerre.

En 1377, Edouard III était mort, laissant le trône à Richard II, son petit-fils. Pendant la minorité du jeune Roi, et plus tard, pendant les orages qui allaient amener sa déposition (1398) (3), les hostilités entre l'Angleterre et la France furent comme assoupies. Il est vrai que la guerre civile sévissait en Bretagne entre Jean IV et Clisson, trois fois renouvelée en huit années ; mais elle n'approcha pas de Concarneau. Enfin, le 7 février 1395, le duc donnait l'ordre de publier « la bonne paix » conclue ; et Jean de Saint-Alouarn, toujours capitaine de Conc, s'empressait d'annoncer l'heureuse nouvelle. Mais la joie de la Bretagne fut courte. L'état de guerre persiste. La paix ne deviendra définitive qu'en octobre suivant, à la suite de l'acte devenu populaire sous le nom de *Traité d'Aucfer* (19 octobre 1395 (4).

(1) Lobineau, *Pr.*, 1635. Morice, *Pr.*, II, 708, donne le même acte avec la date *1378* écrite par faute d'impression.

(2) Lobineau, *Hist.*, p. 412. *Pr.*, 1636. Morice Pr., II., 700.

(3) Richard II déposé par son cousin Henri de Lancastre, et peut-être mis à mort par son ordre, mourut le 14 février 1399. Henri devenu Henri IV, était fils du duc de Lancastre, 3e fils d'Edouard III ; et, à la mort de Richard, le trône revenait aux héritiers du duc de Clarence, 2e fils d'Edouard.

(4) V. Sentence arbitrale du duc de Bourgogne établissant les conditions de la paix. Morice, *Pr.*, II, 633-643 ; — Ordre de publier la paix, II. 643 ; — Traité d'Aucfer, II, 655 — et *Hist*, I, p. 423-424 ; — Lobineau, *Traité d'Auquefer*, *Pr.*, 790. *Hist.*, p. 493-494.

On voit aux archives des Côtes-du-Nord, fonds de Penthièvre (E. 1), un *vidimus* original de l'acte d'Aucfer, daté du 16 novembre 1396. — On lit au dos en grosses lettres du XIVe siècle, les mots *Le Trete Dauqfer*, qui peuvent être de la main de Jean IV.

Serait-ce le duc qui aurait nommé ainsi l'acte dressé à Aucfer ?

En réalité, il n'y a pas eu de *traité d'Aucfer* entre les trois belligérants :

§ 2. — XVe Siècle.

Jean V, 1399-1442; François Ier, — 1450; Pierre II, — 1457; Arthur III, — 1458.

Le règne de Jean V, couronné le 23 avril 1403, commence par quelques succès sur mer et une expédition sur la côte anglaise; mais des représailles ne se font pas attendre. En novembre 1403, une flotte anglaise opère une descente au Conquet, et une autre à Tréoultré-Penmarc'h. Les paysans du voisinage, levés en tumulte, essaient de résister : ils sont massacrés en grand nombre ; et la ruine de Penmarc'h épouvante toute la Bretagne.

Dans le cours du xive siècle, nous n'avons relevé qu'un seul siège de Concarneau. Dans la première moitié du xve siècle, la place ne sera pas menacée et ses capitaines dormiront en paix. Mais dans la seconde partie du siècle, il en sera tout autrement.

Le Roi d'Angleterre, Henri IV, va régner jusqu'au 20 mars 1413. Les troubles intérieurs que suscite sa double usurpation et une lutte prolongée avec l'Ecosse, ne lui laisseront pas le loisir de poursuivre les hostilités contre la France.

Mais, quand il laissera le trône à son fils Henri V, la guerre va se rallumer par un coup de foudre, Azincourt. A la nouvelle du débarquement des Anglais à l'entrée de la Seine (14 août 1415), le duc Jean V, se souvenant de Penmarc'h, assemble une armée de 10.000 hommes, et se met en marche. Son frère Arthur sert dans l'armée française avec 500 cheva-

le duc, Clisson et son gendre le comte de Penthièvre. — Voici ce qui se fit :

Aux premiers jours d'octobre, le duc et Clisson *seuls* se mirent d'accord à Vannes ; — le 19 octobre, à Aucfer, Clisson et les mandataires de Penthièvre s'entendent sur les conditions arrêtées à Vannes ; le duc (quoi que dise D. Morice) n'étant pas représenté à Aucfer. — Le 20 octobre, Clisson jure l'acte d'Aucfer. Le 26, Penthièvre le jure et le signe à Guingamp aux mains des mandataires du duc, qui aussitôt exécutent les conditions arrêtées ainsi à Vannes, à Aucfer, à Guingamp. — En réalité, c'est à Guingamp que la paix a été faite.

Sur ce curieux incident : Mémoire : *La Croix et le Traité d'Aucfer*, par J. Trévédy (1903).

liers et écuyers. Il supplie qu'on attende les Bretons deux jours. Le 27 octobre, ils auront rejoint l'armée. Mais les princes français ont repoussé le secours du duc de Bourgogne ; ils n'ont pas besoin du duc de Bretagne. Ne sauront-ils pas vaincre seuls ?

Leur folle et dédaigneuse forfanterie est punie le 25 octobre par un désastre qui renouvelle celui de Poitiers.

Le duc Jean V rentre tristement en Bretagne, laissant son frère Arthur blessé et prisonnier des Anglais.

Jean V a épousé Jeanne de France, fille de Charles VI. Cette vaillante française aurait bien voulu déterminer son mari à s'armer pour la France. Mais non. La Bretagne a besoin de repos après tant de guerres ; aucun intérêt breton n'est engagé dans la lutte qui se poursuit entre ses deux puissants voisins. Le duc entend rester neutre. Mais ses sympathies sont à la France, et voici comme il entendra la neutralité. Il signe des « traités de commerce » avec l'Angleterre, c'est-à-dire qu'il assure à ses sujets la liberté des mers. Mais il autorise son frère Arthur à ceindre l'épée de connétable et à recruter en Bretagne ; et le connétable use si bien de la permission que le duché se dégarnit d'hommes de guerre (1).

Les Bretons sont sous la bannière française partout où l'on se bat ; mais en même temps, Jean V interdit aux Bretons de servir dans l'armée anglaise. Les Anglais se plaignent : Jean V n'écoute pas leurs doléances et il maintient cette « neutralité » jusqu'à sa mort (28 août 1442).

Voilà comment pendant le règne de Jean V, Concarneau n'a pas d'histoire ; nous ne pouvons que rappeler le nom de ses capitaines.

En 1404, nous trouvons là Hervé, sire de Juch, écuyer du duc. Le 7 juin, le duc lui donne « mandement pour le deffroy de lui et de plusieurs gentilshommes qu'il a tenus et doit tenir à la garde des chastel et ville de Concq (2). »

L'année suivante (1405), la capitainerie est aux mains de Jean du Juch, qui, un an plus tard, est nommé à la capitai-

---

(1) (1425). C'est pour parer à ce danger que furent créées les milices paroissiales. Ci-dessus, p. 93.

(2) Lobineau, *Pr.*, 809. Morice, *Pr.*, II, 731. — Il s'agit d'avances faites pour l'entretien de la garnison.

nerie du Croisic et remplacé à Concarneau par Jean de l'Espervière (octobre 1406).

En novembre 1425, Concarneau a pour capitaine Eon Foucaud, seigneur de Lescoulouarn. Il part de Concarneau pour joindre Richemont au siège fatal de Saint-James de Beuvron (6 mars 1426) (1).

En montant sur le trône, François Ier se promettait de suivre la politique paternelle. Encouragé par son conseil, il se montre insensible aux prières et aux cajoleries de son oncle, le Roi Charles VII ; il résiste aux exhortations quelque peu impérieuses de son oncle le connétable. Mais un jour, les Anglais le déterminent à la guerre. En pleine paix, ne se sont-ils pas emparés de Fougères ? Insigne maladresse ! Ils vont payer cette félonie de la perte de la Normandie (1449 et 1450, victoire de Formigny).

Pierre II continue l'œuvre si heureusement entreprise par son frère ; le contingent breton décide la victoire à Castillon et la flotte bretonne bloque Bordeaux qui capitule (1453).

La guerre de Cent Ans est finie, mais sur terre seulement : aucun traité ne garantit la paix, et les hostilités continuent sur mer. La Normandie et la Bretagne sont surtout menacées. Mais le connétable, gouverneur de Normandie, a fait armer les côtes et en assure la garde. Les Anglais auront plus facilement prise sur les côtes de Bretagne que le Roi a promis de défendre, mais qu'il ne défend pas.

En août 1456, le duc se plaignait au Roi « des grands maux pilleries et dommages que les Anglais ont faits par la mer sur les pays et sujets de Bretagne », et il ajoutait : « La charge de

---

(1) Lescoulouarn, c^{ne} de Plonéour, c^{on} de Plogastel-Saint-Germain, Quimper.

Le duc lui donne 200 livres (11.200 fr.) pour « partie de rémunération des frais de son voyage devant Saint-James ». Morice, *Pr.*, II, 1195. — Encore, comme ci-dessus, un paiement d'avances.

Eon Foucaud devint chambellan du duc en 1427 (Couffon de Kerdellec'h, II, p. 380).

Le nécrologe des Cordeliers de Quimper donne les noms de six seigneurs des environs de Quimper tués à Saint-James.

la guerre et défense de la côte est chue sur le duc et ses sujets, sans que le Roi lui fasse nul secours (1). »

Un an plus tard, la flotte bretonne et la flotte française forcent l'entrée de Sandwich, un des « cinq ports », pillent la ville et ramènent à Honfleur vingt-quatre navires dont trois de guerre (15 août 1457). Un tel exploit venge les « pilleries » passées, mais il va en provoquer d'autres (2).

Un mois après (22 septembre) la mort de Pierre II fait son oncle le connétable duc de Bretagne. Arthur III ne peut faire un pas hors du duché, que les Anglais ne paraissent sur les côtes bretonnes.

J'ai dit plus haut qu'en février 1458, pendant une absence d'Arthur, deux débarquements furent tentés simultanément à Bourgneuf et vers Saint-Malo. On ne voit pas que rien ait été tenté sur Concarneau ; mais sans doute les veilleurs virent plus d'une fois briller la nuit les feux allumés de proche en proche pour signaler l'approche de l'ennemi (3).

Nous avons vu plus haut que les menaces des navires anglais avaient déterminé Pierre II à reconstruire la ceinture murale de Concarneau, et que ce grand ouvrage ordonné en 1451, commença sans retard (4).

Vers le début des travaux, Jehan de Villeblanche était capi-

(1) Morice, *Pr.*, II. 1695. Ambassade de Rolland de Carné. Août 1456. — La pièce (sans date) est imprimée entre deux actes de 1456.

(2) Morice, *Hist.*, II. p. 60-61. J'ai rappelé ce fait plus haut (page 25, note 2), avec les deux faits qui vont suivre, concernant Bourgneuf et Saint-Malo ; mais j'en ai interverti les dates que je rétablis ici.

(3) Jean V avait prescrit d'allumer de grands feux *(fallots)* sur les collines voisines de la mer pour annoncer l'ennemi en vue sur mer. — Lobineau, *Pr.*, 909, Ord. du 20 mars 1424 (vieux st.) qui établit les milices paroissiales.

A Coatfao (commune de Pluguffan, près de Quimper, ci-dessus, p. 41), sur un point élevé dominant une grande étendue de côte, on voit un monticule artificiel. Les paysans voisins nomment ce point *le Phare*, sans comprendre le sens du mot. — Ne serait-ce pas la place d'un de ces feux-signaux ?

Les signaux par le feu étaient en usage dans la haute antiquité et plus près de nous chez les Gaulois.

(4) Ci-dessus, p. 15,

taine de Conc ; et Pierre II lui donnait l'ordre de tenir trente lances en garnison dans la place (1453-1455) (1).

En octobre 1457, le duc Arthur III donnait cette place à Hervé, sire de Juch, qui, deux mois plus tard (6 décembre), a pour successeur Charles de Keinmerc'h (2).

Peu après, celui-ci est remplacé par Jean de Rohan, seigneur du Gué de l'Isle, qui prête serment le 14 janvier 1458 (n. st.) (3).

Jean de Rohan gardera longtemps cette charge qui pour lui ne sera pas une sinécure. Nous pouvons en dire quelques mots.

Jean de Rohan était fils de Marie de Rostrenen, seconde fille de Pierre VIII, le vaillant lieutenant du connétable de Richemont qui détermina l'heureux combat de Patay, et, devenu gouverneur de Paris, y mourut en 1448.

Le seigneur du Gué de l'Isle fut en même temps seigneur de la Chastaigneraie et de Pornic (4). Il fut écuyer et chambellan des ducs Pierre II et Arthur III ; et, en 1460, il eut le titre de grand fauconnier de Bretagne. Il mourut en 1493 (5).

Le grand fauconnier avait sa place marquée dans les listes des grands officiers du duché ; mais Jean de Rohan a mérité une bien autre renommée, comme nous allons voir (6).

Il semble que, dès 1477, il sentit le besoin du repos : nous verrons le duc lui adjoindre un auxiliaire ou, s'il est permis d'employer cette expression, un coadjuteur, qui en 1480, allait lui succéder comme capitaine de Concarneau (7).

Quelques années après, Jean de Rohan se démettait du titre

(1) Lobineau, *Pr.*, 1190. La lance était alors de cinq hommes au moins.

(2) Reg. de Chancellerie, Morice, *Pr.*, II, 1709-1718, donnant surtout les noms de compagnons de guerre dont Arthur III s'empressa de récompenser les services. Pour Hervé du Juch, 1711, pour Keinmerc'h, 1713. — A propos de Keinmerc'h, voir ci-dessus, p. 16.

(3) Lobineau, *Pr.*, 1632. — Le château du Gué de l'Isle, autrefois en Plumieux, est aujourd'hui en la cne de Saint-Etienne du Gué de l'Isle, con de La Chèze, arr. de Loudéac.

(4) La Chastaigneraie, cne de Campénéac, con de Ploërmel.

(5) Morice, *Généal. des Rohan du Gué de l'Isle, Hist.* I. XXVII, XXVIII. De son mariage avec Gilette de Rochefort, il laissa plusieurs enfants, et sa descendance s'est perpétuée jusqu'au XIXe siècle. *Nobiliaire*, v. *Rohan*.

(6) Le grand fauconnier avait la nomination de tous les officiers de la *chasse à l'oiseau*.

(7) Lobineau, *Pr.*, 1634.

de grand fauconnier, puisque, en 1487, nous voyons la charge aux mains d'un autre (1).

En quittant Concarnean (1480), Jean de Rohan se retira au Gué de l'Isle ; et nous pouvons nous figurer ce seigneur lettré lisant, et avec quelle joie ! les premières pages *imprimées* en Bretagne, et imprimées pour lui et chez lui ! Il avait appelé au Gué de l'Isle Robin Foucquet et Jean Crès, les deux premiers imprimeurs qui aient travaillé en Bretagne ; et il les installa dans sa seigneurie, à Bréhant-Loudéac. — Ils imprimèrent là en 1484-85.

C'est ainsi que Jean de Rohan a mérité le titre, qui le met hors de pair, de premier introducteur de l'art typographique en Bretagne (2).

(1) Michel Ferron, grand fauconnier. Morice, *Pr.*, III, 537.

(2) Le b^on de Courcy a écrit (*Nobiliaire*, 5e éd., t. III, p. 318, *Grands fauconniers*) : « 1640, Rohan (Jean de), seigneur du Gué de l'Isle, † en 1505) ». M. de Couffon, écrit (I, p. 507) : « Jean de Rohan, grand fauconnier ; c'est sans doute lui que D. Morice indique comme étant mort en 1505. »

L'erreur est certaine. Jean de Rohan, mort en 1505, était né le 1er octobre 1476 ; il était le second fils du vicomte Jean II de Rohan, et de Marie de Bretagne, et frère cadet de François, tué à Saint-Aubin-du-Cormier. S'il avait survécu à son père, qui allait vivre jusqu'en 1516, il serait devenu Jean III, vicomte de Rohan, mais non seigneur du Gué de l'Isle.

Les Rohan du Gué de l'Isle étaient une branche cadette sortie d'Eon ou Eudon, fils d'Alain VI, vicomte de Rohan, mort en 1303. Eudon épousa, vers 1311, Aliette, héritière du Gué de l'Isle : Jean de Rohan était leur arrière petit-fils.

Bréhant-Loudéac, aujourd'hui commune du canton de Rohan, arr. de Ploërmel, était de la seigneurie du Gué de l'Isle. L'abbaye bénédictine de Lantenac, fondée en 1150 par Eudon II, comte de Porhoët (aujourd'hui c^ne de la Ferrière, c^on de La Chèze), était à une lieue du Gué de l'Isle.

Or, c'est de Bréhant-Loudéac, depuis de Lantenac, que sont sorties les premières impressions de Bretagne ayant date certaine (1484-1485, Bréhant-Loudéac). Robin Foucquet et Jean Crès furent d'abord associés à Bréhant ; puis Jean Crès imprima à Lantenac (1488). Quelques-unes de ces vieilles impressions de Bréhant (7 sur 11) portent cette indication : « Sous noble et puissant Jehan de Rohan, seigneur du Gué de l'Isle. » Ne peut-on pas conclure de là que Jean de Rohan fit les frais de ces impressions, qu'on peut dire faites chez lui ?

Voir *L'imprimerie de Bretagne au XVe siècle*, Bibliop. Bretons, 1878, et *Histoire de Bretagne*, de La Borderie, I. IV, p. 625-630, *L'Imprimerie*, par M. Pocquet.

La Chèze étant une des résidences du v^te de Rohan, on a supposé que l'imprimerie s'établit en ces parages « sous la double protection du vicomte et seigneur du Gué de l'Isle ». (*Imprimerie au XVe siècle*, p. 95.) Au contraire, M. Pocquet attribue ce patronage au seigneur de l'Isle *seul*. Le vicomte de Rohan était, à

FRANÇOIS II (1458-1488)

Aux premières années de son règne, François II eut une vive alerte. Jean II, sire de Pont-l'Abbé et de Rostrenen, le fait avertir qu'une flotte anglaise longe les côtes de Cornouaille semblant chercher un point où atterrir. Le duc craint pour Concarneau et recommande à Jean de Rohan d'y faire bonne garde. Les menaces de l'ennemi semblent même assez sérieuses pour que toutes les places maritimes soient pourvues de munitions (1).

Mais la guerre *des Deux Roses* détourna pour un temps les Anglais d'expéditions en France. La scène change : ce n'est plus contre les Anglais, c'est contre les Français que le duc de Bretagne devra munir ses places. Louis XI est monté sur le trône, le 21 juillet 1461.

Pendant vingt ans et jusqu'au jour où la maladie le menacera d'une fin prochaine, le Roi va poursuivre la réunion à la France de la Bourgogne et de la Bretagne. Il ne semble pas, ou plutôt il ne veut pas voir la différente situation des deux duchés. La Bourgogne donnée en apanage peut un jour naturellement faire retour à la couronne. La Bretagne n'a pas été détachée du domaine royal. Elle n'y fera donc jamais retour. Elle ne peut être réunie à la France que par conquête ou par le mariage de l'héritier de France avec l'héritière de Bretagne. Cette hypothèse ne pouvant se réaliser en ce moment (2), le Roi, qui ne sait pas attendre, va se mettre à l'œuvre. Il commencera par des chicanes de procédure, après il essaiera de la guerre ; enfin il reviendra à ses armes ordinaires, l'astuce et la duplicité.

Le devoir du duc est de défendre l'indépendance et tous les droits du duché ; et le devoir des seigneurs bretons « est de

cette époque Jean II, aspirant au duché du chef de sa femme Marie, fille de François 1er. Ses ambitieuses visées et ses trahisons envers la Bretagne devaient seules l'occuper.

(1) Lobineau, *Hist.*, p. 675.

(2) Nous sommes en 1461, il ne naîtra au Roi un fils (Charles VIII) qu'en 1470, et François II n'aura d'enfant habile à succéder que le 25 janvier 1477 (naissance d'Anne de Bretagne).

soutenir leur prince et leur pays contre les tentatives d'un souverain qui pour eux doit être l'ennemi (1). »

Le devoir féodal de guerre a pour sanction la confiscation des fiefs qu'ils tiennent du duc.

Mais plusieurs, et les premiers d'entre eux, sont seigneurs en France, et à ce titre, ils doivent au Roi le service de guerre, sous la même peine de confiscation en France.

Ainsi, les Penthièvre, Rohan, Rieux et Laval.

Entre ces devoirs contradictoires, lequel choisiront-ils ? Celui que leur dicte leur intérêt. Ils se diront : « La France finira par avoir raison de la Bretagne. Servir le duc contre le Roi, c'est encourir la confiscation en France. Après la guerre finie, cette confiscation cessera-t-elle ? Question. — Servir le Roi c'est mériter la confiscation en Bretagne ; mais le Roi, maître du duché, nous rendra nos seigneuries (2). »

Calcul égoïste auquel leurs pères n'avaient pas songé. Quand les Anglais envahisseurs leur avaient demandé le serment au Roi anglais, ils avaient répondu : « Non ! » en sacrifiant leurs seigneuries... Mais ces temps héroïques sont passés !

Aux premiers jours, le Roi semble plein de bienveillance pour le duc. — François II va saluer Louis XI à Tours ; et le Roi, sans aucune observation, admet l'hommage du duc se tenant debout et ceint de l'épée. C'est l'hommage simple.

Avant de repartir pour Paris, le Roi, « par civilité », veut rendre sa visite au duc à Nantes. Il poussera même « par dévotion » jusqu'à l'abbaye Saint-Sauveur de Redon. L'abbé est vieux, très affaibli, et le Roi va extorquer sa démission en faveur d'Arthur de Montauban, qui fut le premier auteur de la mort de Gilles de Bretagne. Le nouvel abbé de Saint-Sauveur sera une des âmes damnées dont le Roi, cajolant en ce moment le duc, a besoin dans le duché. Arthur fut nommé par le pape mal informé (1463) ; mais le duc « s'opposa à la prise de possession d'Arthur et rompit toutes ses mesures (3). »

(1) Ces lignes résument des pages lumineuses de M. Pocquet. T. IV, p. 425-429, *Avènement de Louis XI.*

(2) Voilà la cause *générale* de défections plus ou moins complètes et plus ou moins prolongées, mais à cette cause s'ajoutent des motifs particuliers que nous verrons plus loin.

(3) Morice, *Hist.*, II, *Les abbayes*, p. CIV, CV.

Le coup est manqué ; mais avant longtemps le Roi aura trouvé les affidés, les espions dont il a besoin dans le duché. Il en compte même dans la noblesse (1). Plus tard, il aura, comme nous verrons, ses faussaires et le plus habile qu'il puisse souhaiter.

Les voies ainsi préparées, le Roi peut commencer la guerre de chicanes où il se promet la victoire. Il s'attaque au duc de Bretagne sur trois points : il lui dénie l'hommage des évêques à raison de leur temporel, et le réclame pour lui, le Roi ; il exige l'hommage lige à genoux ; il prétend que le duc renonce au titre de *souverain seigneur* et à la formule *duc par la grâce de Dieu*.

Les ambassadeurs de François II refusent de discuter ces points, et le Roi les fait approuver par son conseil. Bien plus, il prétend les faire admettre par les Etats assemblés à Dinan, en 1464 ; et c'est un breton, Jean II, de Pont-l'Abbé, qui présente aux Etats la requête impérieuse du Roi.

A ce moment, Charles de Bourgogne n'est encore que comte de Charolais ; mais il mérite déjà le surnom de *Téméraire*. Il entre avec empressement dans la querelle du duc de Bretagne. De là naît la Ligue du *Bien public*, où vont entrer tous les plus grands seigneurs de France, et dont Charles, frère du Roi, est le chef nominal.

Beaucoup de seigneurs s'armaient de mauvaise grâce. Un d'eux et non des moindres, en même temps grand seigneur en France, refusa de suivre le duc. C'était Jean de Brosse, comte de Penthièvre, du chef de sa femme Nicole de Blois, arrière petite-fille de Charles de Blois et de Jeanne de Penthièvre (2). François II punit ce refus de service par la confiscation du comté : maladresse dont le Roi saura profiter.

Après la bataille indécise de Montléry (16 juillet 1465), la paix est signée à Saint-Maur-les-Fossés (29 octobre), mais le Roi l'exécutera mal. La guerre recommence avec diverses alternatives ; l'armée française entre en Bretagne, et le duc signe la paix à Ancenis (1er septembre 1468).

(1) Au moins un. V. Morice, *Pr.*, III, 239, *Lettre d'un espion* demandant pour prix de ses services la vicomté de Vire (début de l'année 1472). Un gentilhomme seul peut émettre une telle prétention.

(2) Jean de Brosse, seigneur de Sainte-Sévère et Boussac, fils du maréchal de Boussac, et non, comme on l'a écrit, le maréchal, qui était mort en 1433.

Charles de France meurt le 21 mai 1472 ; le Roi, libre de ce côté, reprend la guerre contre la Bretagne et s'empare de Machecoul, Ancenis et La Guerche.

Le duc se met en défense. Il nomme lieutenant général le comte de Laval d'abord, puis le maréchal de Rieux avec de pleins pouvoirs (1) ; le maréchal garnit les places, notamment Concarneau ; et Jean de Rohan « reçoit ordre de s'y enfermer et faire bonne garde » (2).

Quand l'armée française avait menacé la frontière, le duc, conseillé par le grand trésorier Landais, se tourna vers l'Angleterre. Le moment est favorable. La victoire de Tewkesbury a mis fin à la guerre des Deux-Roses (4 mai 1471) ; Edouard IV désormais assuré du trône, fait le meilleur accueil aux ouvertures du duc ; un traité s'ensuit. Peu après, le Roi Edouard lui-même entre en France, à l'appel de Charles le Téméraire, et Louis XI signe la paix à Senlis. Le duc de Bretagne est compris dans le traité, et il recouvre ses trois places (9 octobre 1475).

Toutefois, la confiance du duc n'était pas entière, puisque, en ce même temps, comme nous l'avons vu (3), il prescrivait à Concarneau de nouveaux travaux qui furent achevés avant le 28 mai 1476.

L'année suivante, le 5 janvier 1477, Charles le Téméraire était tué devant Nancy. Le duc était sans allié en France, et, en même temps, fâcheux présage, il se voyait menacé même en Bretagne.

Le 17 février, un « parti français tentait l'escalade des murailles de Concarneau (4). » L'auteur des *Essais* donne quelques détails sur cette affaire. « Ce fut dans la nuit du 17 février de l'an 1476 (1477 nouv. st.) qu'un parti breton,

---

(1) Le comte de Laval, Guy XIV, époux en premières noces d'Isabelle, fille de Jean V, en deuxième, de Françoise de Dinan, baronne de Châteaubriant, — mort le 2 septembre 1486. — Par son premier mariage, cousin germain de François II.

Maréchal de Bretagne (en 1470)... Jean II de Rieux, petit-fils par sa mère, Jeanne de Rohan, de Marguerite, sœur de Jean V, mariée à Alain IX de Rohan ; neveu à la mode de Bretagne de François II.

(2) Lobineau, *Hist.*, p. 719 et *Pr.*, 1332.

(3) Ci-dessus, p. 16.

(4) Lobineau, *Hist.*, p. 728.

attaché à Louis XI, se présenta avec des échelles pour surprendre la place ; mais les sentinelles donnèrent l'alarme et l'ennemi se retira en désordre (1). »

La tentative a manqué, mais cet acte de guerre exécuté en pleine paix, peut en faire présager d'autres qui pourraient réussir. L'avertissement n'est pas perdu. Dès le 20 février, le duc ordonne la construction d'un nouveau boulevard à Concarneau ; et adjoint Yvon de Tréanna et Henri de Quelen au capitaine Jean de Rohan (2).

Mais cette construction prendra du temps. Le duc aurait-il quelque avis d'une seconde tentative sur Concarneau ? On le dirait quand on le voit, le 21 mars, « supposant qu'on veut surprendre la place de Concarneau, mander à Yvon de Tréanna de s'y transporter incessamment pour sa conservation (3). »

Le 11 mars, un mandement du duc avait ordonné aux paysans à trois lieues autour de Nantes de venir aider à creuser les fossés ; les habitants les plus riches de Rennes étaient invités à faire provision de blé ; et, dans les neuf évêchés, les capitaines des francs-archers devaient tenir les montres de leurs compagnies.

Ainsi le duc se prépare à une double guerre, à Rennes et à Nantes contre une armée française ; à Concarneau contre des « partis ennemis », des Bretons traîtres travaillant pour le Roi, et que le Roi désavouerait, s'il en était besoin.

En ce danger que fait le duc ? Il continue ses relations avec Edouard d'Angleterre. Il suit les leçons de duplicité que lui a données Louis XI ; il a cru qu'il pouvait lutter d'astuce avec le Roi ; il va perdre cette illusion.

Au temps même du coup de main tenté sur Concarneau, le duc envoyait à Louis XI une ambassade dont le chef était le chancelier Chauvin que le Roi tenait en haute estime. Le 24 février, les ambassadeurs étaient en route. Ils ne feront aucune allusion à l'affaire de Concarneau : messagers de paix ils porteront au Roi des assurances de dévoûment.

---

(1) L'auteur dit (p. 285)... « d'après les *Annales de Concarneau...* » Quelles étaient ces annales et où les trouver ?

(2) Lobineau, *Pr.*, 1561. — Morice, *Pr.*, III, 312. Ci-dessus, p. 16, note 2.

(3) Lobineau et Morice, *Pr.*, mêmes pages.

Les Bretons trouvèrent le Roi en Artois. Sans rien vouloir entendre, Louis XI les fit arrêter et mettre en prison, les séparant les uns des autres. Après douze jours, il se fit amener Chauvin, l'entretint longuement et d'un ton goguenard ; puis tout à coup tirant de sa robe un paquet de lettres : « Tenez, portez cela à beau-neveu de Bretagne, et qu'il n'envoie plus devers moi pour me dire que je le croie mon ami, s'il ne se deffait de tout point de ce Roi d'Angleterre (1). »

Dans le paquet, il y avait douze lettres de François et dix d'Edouard faisant la preuve de leur alliance, et de l'engagement pris par le Roi de débarquer une armée à Calais à la première nouvelle de l'entrée d'une armée française en Bretagne.

On peut se figurer l'émotion et la honte de François II. Il appelle Landais. Le soupçonnerait-il ? Landais se disculpe d'un mot, et accuse son messager ordinaire, Maurice Bromel, auquel il avait toute confiance.

Il allait partir chargé d'une lettre au Roi d'Angleterre. On court après lui, on l'arrête au Port-Blanc, où il attendait un vent favorable (2). Il est ramené au duc, et confesse qu'il rencontrait à Cherbourg un habile homme aux gages du Roi, qui copiait les lettres du duc et du Roi d'Angleterre. L'un et l'autre ne recevaient du messager que les pièces fabriquées, les originaux étaient remis à Louis XI. Ce manège durait depuis deux ans, et le messager l'aurait volontiers continué, tant il était lucratif (3).

(1) Il faut lire cette curieuse affaire dans Bouchard, f° 223 v° et 224 r°. Ed. des Bibl Bretons. Bouchard était bien informé en qualité de secrétaire de François II.

(2) On ne voit pas sans surprise le messager, partant de Nantes ou peut-être de Vannes, aller attendre au Port-Blanc un coup de vent favorable qui le porte à Cherbourg où il s'embarquera. — Le Port-Blanc est dans la commune de Penvénan, canton de Tréguier, arr. de Lannion.

(3) Bromel n'avait pas su résister à la tentation. Chaque lettre lui était payée 100 écus d'or. L'écu ne peut être évalué à cette époque moins de 27 sous ; la livre (monnaie de compte) étant de 20 sous, 100 écus valaient 135 livres. Leber, écrivant en 1845, évalue la livre de ce temps à 30 francs (évaluation un peu faible aujourd'hui) Chaque lettre avait donc été payée 4.050 francs, et les 22, 89.100 francs. On a reproché à Louis XI sa lésinerie, reproche immérité au moins quand il payait le prix de certains services.

Bromel condamné fut amené au château d'Auray, « cousu dans un sac, noyé au pied du château et de nuit, le plus secrètement que l'on put, afin que le

Si la tentative de Louis XI sur Concarneau avait inquiété le duc, la découverte de sa propre félonie lui parut une cause de guerre. Il n'en fut rien : Louis XI se contenta d'une mesquine vengeance. Il se fit adjuger par arrêt du parlement le comté d'Etampes (1).

Le duc ne marqua pas de colère ; et, dès le mois de mai, il envoyait au Roi une ambassade solennelle dont le chancelier Chauvin était encore le chef. Cette fois, l'accueil du Roi fut excellent ; et, le 21 juillet 1477, un traité de paix, bien plus, d'alliance offensive et défensive, était signé.

Peu de temps après, le Roi crut-il pouvoir, sans violer son serment, acquérir les prétendus droits de Nicole de Blois, comtesse de Penthièvre, à la couronne de Bretagne ? Cette acquisition pouvait être l'indice d'une nouvelle guerre (3 janvier 1480), puisque le Roi s'engageait, dès qu'il serait maître du duché, à rendre le Penthièvre à la venderesse, en y adjoignant nombre de seigneuries (2).

C'est sans doute contre ces éventualités que le duc songea à prémunir ses filles, quand il promettait à Edouard III, pour le prince de Galles, sa fille Anne alors âgée de trois ans, et, si elle mourait enfant, sa sœur cadette Isabelle (10 mai 1480).

En 1480, Eon de Tréanna, que nous avons vu associé à Jean de Rohan pour la défense de Concarneau, devenait capitaine de la place (3). Il allait y vivre en paix. Frappé d'apoplexie en

Roi Louis n'en eût connaissance. Mais depuis, il en fut averti .. » (Bouchard) comme il était averti de tout ce qui se faisait en Bretagne.

(1) Il est à remarquer que le comté d'Etampes donné, le 8 mai 1421, par le dauphin, depuis Charles VII, à Richard, père de François II, n'a jamais apparteuu à l'un ni à l'autre. C'est seulement en 1512 que le comté, ayant fait retour à la couronne, a été donné par Louis XII à la reine Anne. Son aïeul, son père et elle-même en avaient eu seulement le titre depuis 91 ans ! — *Seigneuries de Bretagne hors de Bretagne*, par J. Trévédy (p. 62-68).

(2) V. la cession, Morice, *Pr.*, III, 348-350. Nicole invoquait le traité de Guérande : « En défaut d'hoirs mâles, dans la maison de Montfort, le duché viendra aux prochains hoirs mâles de Penthièvre. » Mais Nicole n'était pas hoir *mâle* !

Son prétendu droit était *chimérique*. Le Roi Louis XI devait bien le savoir : il acquérait, non comme on l'a dit, un procès à plaider ; mais une cause ou un prétexte de guerre en Bretagne ; et Nicole ayant besoin d'argent (voir l'acte), était trop heureuse de cette cession faite pour 50.000 écus (ou 67.500 livres), au minimum plus de 2 millions de nos francs.

(3) Lobineau, *Pr.*, 1634. — 30 mai 1480.

1481, Louis XI ne songeait plus qu'à prolonger sa vie. Il allait mourir le 30 août 1483.

Le Roi Edouard l'avait précédé le 9 avril. Il laissait deux fils sous la tutelle de son frère Richard. On sait comment celui-ci fit égorger ses pupilles et usurpa le trône, le 6 juillet 1484.

Personne n'ignore les troubles soulevés en Bretagne par la rivalité du chancelier Chauvin et du trésorier Landais, rivalité qui devait finir par la mort de l'un et de l'autre, ni l'hostilité armée des seigneurs ennemis de Landais et devenus rebelles au duc.

Cinq d'entre eux se portent à un acte de démence, et parmi eux Jean de Chalons, prince d'Orange, neveu propre de François II (1), et le maréchal de Rieux. Ils vont trouver Madame de Beaujeu, régente ; et, comme s'ils étaient chargés de parler au nom de la Bretagne, reconnaissent solennellement que François II mourant sans héritier mâle, le duché appartiendra au Roi « à bon et juste titre », comme cessionnaire des droits de Nicole de Blois (2).

Vers le même temps, François II se créait de grosses difficultés en Angleterre et en France.

Il avait donné asile à Henri Tudor, comte de Richemont, prétendant, à titre d'héritier des Lancastre, à la couronne d'Angleterre (3).

Si le duc craignit, à l'avènement violent de Richard III, une rupture avec l'Angleterre, il fut vite rassuré : Richard lui accorda une paix dont une des conditions nous montre quelle

---

(1) Catherine, sœur de François II, avait été mariée, 19 août 1438, à Guillaume de Chalon, devenu prince d'Orange (146), qui mourut (24 septembre 1475) ayant pour héritier son fils, Jean II, neveu propre du duc.

(2) Traité de Montargis, 22-28 octobre 1484. Morice, *Pr.*, III, 441-444. V. ci-dessus, p. 126, note 2 et 130, note 2.

(3) Le comté de Richemont, un des grands fiefs d'Angleterre, était au comté d'Yorck. Au temps de la conquête, Guillaume en fit don à Allain (ou plutôt Brient) de Penthièvre. — Richemont passa par mariage à la maison ducale. Mais nos ducs n'en eurent en fait qu'une possession intermittente. Depuis la fin du XIV° siècle, ils ne le possédèrent plus. Ainsi Arthur de Bretagne, *le comte et connétable de Richemont*, n'en a jamais eu que le titre, que après lui François et même Anne de Bretagne prirent à leur tour. Sur les vicissitudes du comté de Richemont, *Seigneuries bretonnes hors de Bretagne*, p. 72-132.

était l'importance alors accordée à la forteresse de Concarneau :
« Les navires marchands d'Angleterre ne pourront entrer dans
les petits hâvres (les avant-ports) de Saint-Malo, Brest et Conq,
sans la permission des capitaines de ces places, de même que
les Bretons n'entreront pas dans trois ports d'Angleterre dont
l'un est Plymouth. »

Ce traité était signé le 22 juillet 1485. Le 22 août suivant,
Richard perdait le trône et la vie à la bataille de Bosworth ; le
comte de Richemont était Roi sous le nom de Henri VII ; et
de ce côté le duc était rassuré (1).

L'orage allait venir de la France.

Le duc d'Orléans avait formé contre Anne de Beaujeu,
régente, une nouvelle ligue du *Bien public* ; François II y avait
adhéré. Mal assisté par ses associés et pressé par une armée
française, le duc d'Orléans se réfugia en Bretagne (janvier 1487).
Les Français vont l'y poursuivre et ils y trouveront des auxiliaires, parmi lesquels les proches parents du duc, le maréchal
de Rieux, le vicomte de Rohan, Guy XV, comte de Laval et
baron de Vitré (2), le frère consanguin de celui-ci, François
de Laval, gendre du maréchal de Rieux, enfin Alain d'Albret,
bien plus, François, baron d'Avaugour, fils naturel du duc que
son père a comblé de biens et d'honneurs immérités !

Il était écrit que tous les parents du duc se tourneraient contre
lui et plus tard contre sa fille, un seul excepté, le prince
d'Orange. Il a reconnu la faute qu'il a commise en 1484, à

(1) Lobineau, *Hist*, p. 757. — L'historien date ce fait de 1486 ; il est de 1485.
Un des commissaires du duc est Girardin de Billy que nous retrouverons à
Concarneau.

(2) Sur le maréchal de Rieux et Guy XIV de Laval, voir ci-dessus p. 127, note 1.

1º Le vicomte de Rohan, Jean II, fils d'Allain IX, mais non de Marguerite, fille
de Jean V. Il est époux de Marie de Bretagne, fille de François Iᵉʳ, sœur cadette
de Marguerite, première femme de François II et sa nièce à la mode de Bretagne.

2º Guy XV est fils de Guy XIV et après lui comte de Laval et baron de Vitré.

3º François de Laval, fils du deuxième mariage de Guy XIV, avec Françoise de
Dinan, héritier de Châteaubriant, gendre du maréchal de Rieux (31 août 1482)
et, du chef de sa femme, baron de Derval et Malestroit.

Guy XV est neveu (à la mode de Bretagne) de François II. Le vicomte de
Rohan a le même titre par son mariage. Alain d'Albret et sa sœur utérine
Françoise de Dinan, en ce moment veuve de Guy XIV de Laval, nés de Catherine
de Rohan, cousine du duc, sont au même degré.

Montargis ; il est revenu repentant au duc, et il va montrer au duc et plus tard à sa cousine la duchesse, une fidélité à toute épreuve.

Jaloux de l'influence du duc d'Orléans dans le conseil, les seigneurs chefs de la noblesse bretonne s'entendent avec la régente et consentent à ce qu'elle fasse entrer l'armée française dans le duché ; toutefois, à certaines conditions que la régente accepte, mais que, digne fille de son père, elle n'observera pas.

L'armée française passe la frontière au milieu de mai. Le 1er juin, elle est à Ploërmel ; le 5, à Vannes. La régente s'est engagée à ne pas assiéger la ville où serait le duc. François II est à Nantes : la régente fait commencer le siège de Nantes, le 15 juin ; et un des premiers boulets tirés sur la place, tombe dans la chambre du duc, qui, par bonheur, loge en ville.

Mais la petite noblesse, les milices bourgeoises et rurales, les *Bons-corps* s'assemblent en tumulte et marchent sur Nantes (1). Ils sont 60 ou 80.000. C'est trop ! On en choisit 10.000 ; ils font merveille ; et, le 6 août, le siège est levé.

Rappelons ici un souvenir glorieux pour la Cornouaille.

Un des héros du siège de Nantes est un quimpérois, Michel Marion. Il était négociant à Quimper et avait pris la ferme du billot. Au temps où il allait faire sa recette, il apprend l'entrée des Français en Bretagne. Laissant là toutes affaires, « il s'assure d'environ 120 hommes résolus des « bons corps » ; il affrette un navire, il le garnit de « vivres, canons et harnois. »

Mais Quimper est voisin des domaines du vicomte de Rohan et du sire de Pont-l'Abbé (2). Les gens de ces seigneurs s'opposent aux préparatifs de Marion et le menacent « de pilleries et même de mort » Rien ne l'arrête ; quand tout est prêt, « à son de trompe et enseigne déployée », le navire part de Quimper : un vent favorable le porte à Nantes.

Là, « pendant deux ou trois mois », Marion entretient tous ses hommes « à ses coûts et dépens ». Ses compagnons sont

(1) « Et pour ce que lors il faisoit temps chault eurent faulte (besoin) de boire, et en aucuns endroits beurent toute leaue d'une petite rivière, si (si bien) que il ny demeura goutte de eau. » (Bouchard, Ed. nouv , f. 236, v°).

(2) Ce n'est plus Jean II, dont il a été question plus haut, p. 124 et 126 ; mais son fils Pierre, son successeur en 1484, que nous allons retrouver.

de toutes les rencontres et beaucoup meurent au service du duc ; Marion lui-même survit à peine quelques jours à ses blessures.

A tant de dépenses, Marion avait employé tout son bien, et l'argent de sa recette ; « et cela ne suffisant pas il avait emprunté grand nombre de finances et aliéné ses héritages » ; son navire même avait été détruit avec tout ce qu'il renfermait (1).

Enfin, Rieux et d'autres ont compris (il en est temps !) que la régente les a joués ; et ils reviennent au duc. Mais le vicomte de Rohan persiste dans la rébellion, et il retient quelques seigneurs au parti français.

Parmi ces derniers, est Pierre, sire de Pont-l'Abbé. Il s'est jeté dans Concarneau qu'il prétend garder pour le Roi. François II finit par lni dépêcher son neveu Jean de Châlons, prince d'Orange, pour le sommer de rendre la place « sous peine de voir abattre ses châteaux et couper ses arbres à six pieds de terre » (14 février 1488).

Le sire de Pont se rendit ; et, quelques mois après, réparant noblement sa faute, il tombait avec son frère, combattant pour le duc et la Bretagne, à Saint-Aubin-du-Cormier (28 juillet).

Aussitôt en possession de Concarneau, le prince d'Orange y introduisit des hommes sûrs, Yvon de Tréanna, Riou Le Saux,

---

(1) Cette merveilleuse histoire nous est apprise par la duchesse Anne elle-même dans un acte du 1er décembre 1490, rendu en faveur de Jeanne Marion « seule héritière de Michel » alors femme de François Le Saux, « notre bien aimé et féal secrétaire, dit la duchesse, et l'un des gens de nos comptes ». Anne de Bretagne déclare Jeanne Marion quitte de ce que le trésor aurait pu lui réclamer. Il semble qu'elle a fait davantage et qu'elle a marié Jeanne Marion en faisant François Le Saux son secrétaire et conseiller à la cour des comptes. François Le Saux figure, en 1492, aux registres de la cour avec le titre de conseiller auditeur. — Fourmont, *Hist. de la Cour*, p. 295. — Arch. Loire-Infér., Cour des comptes. Reg. de la Chanc. Anc. XI, auj. LXIX, fᵒˢ 89, 90, 91. — La Borderie a publié et commenté ce document dans *Mélanges historiques*. T. I, p. 292-300. *Un patriote breton*. Cet article a paru depuis dans la *Revue de Bretagne et de Vendée*. — Avec l'autorisation de l'auteur, — je l'ai reproduit avec des renseignements sur les Marion et Le Saux dans l'*Union monarchique* de Quimper, août 1887.

Jean de Cornouailles et autres jusqu'au nombre de 80 ; et il leur donna pour chef Hervé Garlot, gentilhomme de Bourgogne (22 avril 1488) (1).

Le 22 juin 1488, le prince d'Orange était nommé capitaine de Concarneau (2), mais il dut laisser l'exercice de cette charge à Garlot : son dévoûment au duc l'appelait ailleurs. Moins de deux mois plus tard, il combattait à Saint-Aubin et était fait prisonnier.

Hâtons-nous de dire que, dans cette fatale journée, les seigneurs nommés plus haut sont rangés sous la bannière bretonne, excepté le vicomte de Rohan. Il commande cent lances dans l'armée française. Il a auprès de lui son frère cadet, Pierre, seigneur de Pontchâteau, et, du chef de sa femme, baron de Quintin ; devant lui, dans l'armée bretonne, le vicomte peut voir son fils aîné, âgé de 19 ans, François, vicomte de Léon, pour lequel il ambitionnait la main d'Anne de Bretagne, et qui allait être relevé parmi les morts.

Le lendemain, La Trémoille, chef de l'armée française, envoyait sommer la ville de Rennes, et les bourgeois répondaient : « Les Français ne sont pas invincibles. Souvenez-vous de Crécy et Poitiers... Nous sommes ici 20.000, qui feront telle résistance que si le seigneur de la Trémoille et son armée viennent nous assiéger, ils y gagneront autant qu'ils ont gagné devant Nantes, l'année dernière. »

La Trémoille comprit et n'assiégea pas Rennes.

Le mois suivant, François II était contraint de signer le traité du Verger (19 août), et il mourait vingt jours plus tard (9 septembre).

ANNE DE BRETAGNE

Le traité du Verger ne tranchait pas la question, cause ou prétexte de l'invasion française, la question des droits que le Roi, cessionnaire de Nicole de Blois, réclamait « sur la totalité

---

(1) Garlot avait été envoyé avec Olivier de la Marche, l'auteur des *Mémoires*, par Charles-le-Téméraire à François II, pour resserrer l'alliance entre les deux duchés. En 1466, le duc les avait faits tous les deux chevaliers de l'Hermine. Couffon, I, p. 479 et II, p. 481.

(2) Lobineau, *Pr.*, 1484.

du duché ». — Les conditions de ce traité frappaient le duc au cœur comme souverain et comme père. Il cédait à la France, au moins provisoirement, les places de Dinan, Saint-Malo, Fougères et Saint-Aubin, ouvrant la Bretagne à une invasion nouvelle. Il s'engageait à ne pas marier ses filles sans l'avis et le consentement du Roi.

Le duc avait essayé d'assurer l'avenir de ses filles orphelines (1). Il avait fiancé l'aînée, Anne, à Maximilien d'Autriche, récemment élu Roi des Romains (1486) (2) ; et, par testament du 2 septembre 1488, il avait donné à la future duchesse et à sa sœur, pour tuteur, le maréchal de Rieux, et pour gouvernante, la comtesse douairière de Laval, Françoise de Dinan (3).

Quelque dures que fussent les conditions du traité, Charles VIII prétend les aggraver encore. Il demande notamment qu'Anne ne prenne pas le titre de duchesse « avant qu'il ait été statué sur la question des droits qu'il tient de Nicole de Blois ».

Dans le même temps, sur un signe du Roi, et comme pour peser sur la détermination de la duchesse, le vicomte de Rohan menace Guingamp qui résiste ; mais il prend et saccage des villes voisines.

La duchesse répond (24 septembre) qu'elle s'en tiendra au testament de son père approuvé par les Etats, et aux termes du traité. Quelle sera la suite du refus opposé aux vœux du Roi ? Sera-ce la guerre ? Beaucoup la redoutent en France, comme en Bretagne ; mais ils trouvent au conflit une solution pacifique.

Quatre mois après la mort de son père, le 25 janvier 1489, la duchesse aura douze ans. Elle sera nubile. Que le Roi l'épouse ! Voilà les droits du Roi et de la Reine confondus, et la paix cette fois définitive !

Le Roi semble hésitant. Il interroge des hommes dévoués à sa cause, notamment Louis de Laval, frère puiné de Guy XIV et du maréchal de Lohéac, et seul survivant des trois frères. A une communication qui lui est faite au nom du Roi, Louis

---

(1) Leur mère, la duchesse Marguerite de Foix, était morte le 15 mai 1486.

(2) Et qui, en 1493, à la mort de son père Frédéric III, allait succéder à l'Empire.

(3) Morice, *Pr.*, III, 603-604.

de Laval répond par une lettre du 16 octobre, *trente six jours* après la mort de François II. On lit dans cette lettre (1) :

« Sire, je ne suis pas des plus jeunes de vostre pays ni de ceux qui ont vu le moins de choses et suis loyaument tenu vous conseiller... Sire, croyez que si vous ne prenez en vostre main le duché de Bretagne... *en mariant la fille aisnée en la maison de celluy que chascun congnoit avoir le meilleur droit...* vous serez très mal conseillé, et engendrerez une guerre perpétuelle en France et en Bretaigne, car je la congnois bien (la Bretagne). Et sera votre conscience mieulx déchargée en faisant ce que je conseille que aultrement, et vostre royaume en paix... »

Mais le Roi n'écoutera pas ce sage et loyal conseiller ; et, c'est trois ans plus tard, après une guerre désastreuse pour la Bretagne, et quand il aura « chargé sa conscience » de plus d'une félonie, que le Roi demandera la duchesse en mariage.

Le 11 décembre 1488, est dressé un acte de déclaration de guerre ; le 7 janvier 1489, il est publié à Paris ; le même jour, sans déclaration faite en Bretagne, l'armée française cantonnée à Dinan et Fougères se met en marche.

Nous avons dit que François II avait fiancé sa fille aînée à Maximilien d'Autriche.

Mais le tuteur et la gouvernante ont d'autres visées. La comtesse de Laval n'a-t-elle pas imaginé de marier la jeune duchesse à son frère utérin Alain d'Albret, vicomte de Tartas ;

---

(1) Cette lettre n'a pas été, que je sache, publiée en Bretagne. Je la prends dans la *Maison de Laval*, par le Cte de Broussillon. *Cartulaire*, n° 2012, t. III, p. 354-355 (Copie *B. N.* français, nouv. acq. 1232-196).

L'auteur, Louis de Laval, était breton par son père, Jean de Montfort-la-Cane, dit Guy XIII de Laval. Sa mère, Anne de Laval, était fille de Jeanne de Laval-Châtillon, qui, veuve de du Guesclin, épousa son cousin Guy XII. — Louïs de Laval était en Bretagne seigneur de Châtillon en Vendelais (c^on Est de Vitré), venu de sa grand'mère, de Frinandour (Quimper-Guézenec, c^on de Pontrieux, Guingamp) et de Lohéac (c^on de Pipriac, Redon) hérité de son frère le maréchal. Il connaissait la Bretagne et l'aimait. Son grand-père Guy XII et Jean IV étaient cousins-germains. Jean V le traita bien et le connétable de Richemont l'eut en grande faveur Louis de Laval avait occupé des postes de confiance et exercé de grandes charges: gouverneur de Dauphiné, puis de Gênes, puis de Champagne, enfin grand maître des eaux et forêts de France. Né en 1411, il avait 77 ans en 1488, et, d'une piété austère, il se préparait à mourir, le 21 août 1489.

et le maréchal de Rieux, leur cousin, dont la fille a épousé François, fils de la comtesse, entre dans cette pensée (1).

Alain d'Albret approche de la cinquantaine ; il a sept enfants d'un premier mariage ; son air farouche de soudard suffirait seul à effrayer une enfant dans sa douzième année. D'Albret est ruiné : c'est justement la raison de ce beau projet. Il faut lui assurer la possession du duché. La duchesse résiste aux obsessions de son tuteur et de sa gouvernante. Un jour, elle chassera celle-ci de la cour ; quant au maréchal, il se séparera brusquement de sa pupille. Il lui refuse l'entrée de sa « bonne ville » de Nantes ; et la duchesse va, sans lui, prendre la couronne à Rennes, le 9 janvier 1489, le surlendemain de l'entrée des Français en campagne.

La tâche leur sera facile : la défection du maréchal va paralyser la résistance.

Le vicomte de Rohan est un des chefs de l'armée d'invasion. Il s'empare de Tréguier ; il assiège, emporte et pille Guingamp ; et il contraint les habitants à lui fournir des munitions de toutes sortes pour aller, sur l'ordre du Roi, assiéger Concarneau. Il en est maître du 1er au 15 février (2) ; et sans perdre un moment il court à Brest qui tombe par surprise.

En cette extrémité, la jeune duchesse s'adresse au Roi d'Angleterre. Henri VII, lui promet un secours de 6 000 hommes — à des conditions onéreuses — c'est l'habitude des Anglais. Deux de cinq places indiquées, notamment Concarneau, devront être remises au Roi d'Angleterre, comme gage du remboursement de ses dépenses. « Il aura, comme maître, la jouissance de tous leurs revenus, et ses successeurs après lui (3). »

Dès le mois de mars, les Anglais débarquent en Bretagne. Ils se disent 12.000 et les Bretons le répètent pour relever le courage des leurs. Sur l'ordre de Charles VIII, les Français

(1) Ils invoquaient les services rendus à François II par d'Albret. Mais le duc ne les payait-il pas en ordonnant par son testament que le comté de Penthièvre fût rendu à ses enfants, fils de Françoise de Blois, cousine-germaine de Nicole ?

(2) Lobineau, *Hist.*, p. 794.

(3) Lobineau, *Hist.*, p. 794, et *Pr.*, 1508-1517. Le traité tient huit colonnes grand in-f° Concarneau est en tête de la liste que voici : Concarneau, Hennebont, Auray, Vannes et Guérande.

se retirent et se fortifient notamment à Concarneau et à Brest ;
et, en attendant d'autres troupes, le Roi fait entrer en Bretagne un corps de 2.400 hommes dont un des chefs est le capitaine Guyneuf.

Rohan a prévu le siège de Concarneau : il en juge les remparts insuffisamment armés et défendus ; il envoie dans cette
place de l'artillerie, des munitions de guerre et des vivres, et
lui donne pour capitaine Claude de Montfaucon (1).

Peu après, Brest et Concarneau étaient assiégés en même
temps par les Bretons et les Anglais ; et on peut dire que, à
ce moment, les yeux de la Bretagne, de la France et de l'Angleterre, étaient fixés sur ces deux places.

A ce moment, Jean du Quélénec, amiral de Bretagne, travaillé par Charles VIII et rebelle aux ordres de la duchesse,
armait une flotte pour combattre la flotte anglaise et couvrir
Brest par mer. La duchesse le destitua de sa charge.

Par contre, au même temps, le maréchal de Rieux revenait
à la duchesse, à la sollicitation de Henri VII, et formait le
projet de reprendre Brest. Il vient l'assiéger par terre pendant
que soixante vaisseaux bretons bloquent l'entrée de la rade.
Mais Rieux a compté sur une obéissance dont il ne donna pas
toujours l'exemple, et beaucoup de nobles ne répondent pas à
son appel. Toutefois, il poursuit le siège et le blocus. C'est en
vain que, pour l'attirer loin de Brest, Rohan répand le bruit
qu'il va faire lever le siège de Concarneau, le maréchal s'obs-
tine devant Brest. Mais une flotte française se montre devant
la rade : la flotte bretonne se disperse ; quoi que fasse
Rieux, l'armée de terre se débande, et le siège est levé.

Cependant, les Anglais avaient établi devant Concarneau un
siège en règle. Ils occupaient apparemment la presqu'île entre
la rivière de Moros et l'anse de Boudouic, où la tradition garde
encore le nom de *Butte des Anglais* (2) ; la levée du siège de
Brest entraîne la retraite des Anglais de Concarneau, et les
Français peuvent de nouveau le ravitailler.

Mais, revenant devant Concarneau avec les Anglais, le

(1) Lobineau, *Hist.*, p. 799.
(2) C'est ce point que nous avons vu, dit *fort des Espagnols* par l'auteur des
Essais. Ci-dessus, p. 116.

maréchal de Rieux reprit la place (juin 1489). Selon les conventions, elle fut remise au Roi d'Angleterre, qui nomma plus tard un capitaine, Jean Noton (21 mars 1491) (1).

Voilà les faits dans leur vérité, et on a interverti les rôles, quand on a montré le maréchal de Rieux allié aux Anglais ennemis de la duchesse. Rieux et les Anglais combattaient pour elle à ce moment.

Après quelques faits de guerre auxquels la place de Concarneau est étrangère, la paix est signée à Francfort entre Charles VIII et Maximilien, et la duchesse y est comprise (22 juillet 1489). Mais le maréchal prétend ne pas accepter cette paix, et encore une fois devient rebelle. La duchesse est réduite à faire marcher contre lui le prince d'Orange avec tout ce qu'il peut lever de troupes. Enfin, Rieux se rend ; mais il ose faire acheter et chèrement son retour au devoir (2).

La paix de Francfort confirmée (15 octobre), la duchesse épouse par procuration Maximilien (Rennes, 19 décembre 1490).

Mais d'Albret a sa vengeance prête. Il ouvrira le duché à l'armée française et rendra toute résistance impossible. Il vend au Roi la ville de Nantes, dont il va s'emparer en pleine paix. La première condition de ce marché, c'est le don de la main de la duchesse pour lui-même ou pour son fils. Le Roi accepte et jure les conditions de ce honteux marché (2 janvier 1491), sauf à ne pas les tenir.

Le 4 avril 1491, Charles VIII fait une entrée solennelle à Nantes, sanctionnant ainsi la trahison de d'Albret ; mais il n'en paiera pas le prix convenu. Quelques mois plus tard, quand l'armée française sera maîtresse de la plus grande part de la Bretagne, le Roi demandera la duchesse en mariage. La paix est conclue, le 15 novembre 1491 ; et le 6 décembre, Anne se résigne à mettre sa main loyale dans la main du Roi, qui a

(1) La reprise de Concarneau, mentionnée incidemment par Lobineau (p. 807), est révélée d'un mot dans l'acte du pardon accordé par la duchesse à Rieux, le 9 août 1490. Morice, *Pr.*, III, 675. — Une autre preuve du fait serait la remise aux Anglais résultant de la nomination du capitaine anglais. Morice, *Pr.*, III, 695.

(2) Le traité cité plus haut donne la mesure de la rapacité du maréchal et de ses associés, d'Albret et la comtesse de Laval.

signé tant de traités de paix et l'odieux marché de Nantes,
tous violés par lui.

Charles VIII aurait été bien ingrat s'il n'avait pas payé les
intrigues et les trahisons du vicomte de Rohan. Au début de
1491, il l'avait fait lieutenant-général en Bretagne. Mais ce
titre ne suffisait pas à l'ambition du vicomte : il espérait bien
plus, il aura beaucoup moins. Le mariage du Roi avec la
duchesse amène un changement à vue. « La duchesse n'est pas
entrée en vaincue dans la couche royale : elle monte sur le
trône en souveraine. » Rohan est remplacé comme lieutenant-
général par le prince d'Orange (1).

Mais Rohan ne renonce pas à son rêve ambitieux. Le Roi
de France ne lui a pas donné le duché de Bretagne ; il essaiera
de l'obtenir du Roi d'Angleterre ? Il change ses batteries ; et,
dès 1492, il ourdit ce complot breton, dont un bourgeois de
Morlaix tient les fils (2). Il s'agit de livrer la Bretagne à l'Angleterre, pour que le vicomte soit duc de Bretagne : et le premier
acte d'exécution, c'est de livrer à l'Angleterre Brest et Concarneau. Le capitaine de Brest est acheté, tout semble en bonne
voie ; mais le Roi d'Angleterre a un moment d'hésitation ;
Charles VIII est mis au courant de tout, et pardonne au vicomte
cette trahison nouvelle, en faveur apparemment des trahisons
antérieures dont le Roi de France a profité. Ce n'est pas de la
faute du vicomte de Rohan si Concarneau n'a pas subi un siège
de plus.

Nous avons vu Claude de Montfaucon nommé capitaine pour
le Roi, en 1489, et en même temps nous avons nommé un
capitaine d'une compagnie d'infanterie française entrant en
Bretagne, Guyneuf. Il semble bien que c'est lui que nous
trouvons en 1493 au service du Roi, en Bretagne (3).

(1) Mandement de Charles VIII, 2 novembre 1492. Arch. de Bretagne (Bibl. Bretons), t. II, p. 65.
(2) La Borderie. Le *Complot Breton*. Lire le curieux volume publié par la
Société des Bibl. Bretons. *Arch. de Bretagne*, t. II.
(3) Morice, *Pr.*, III, 753. — Etat des réductions d'appointements prescrites par
le Roi à partir de 1493, en vue de son expédition en Italie. L'historien abrégeant
(comme trop souvent) a omis la qualité des officiers ainsi réduits. Les réduc-

Du moins, trouvons-nous deux ans plus tard à Concarneau un capitaine nommé Guinen ou Guineu. Il comparaît à l'inventaire de « l'artillerie de Bretaigne fait par Girardin de Billy par commission du Roy. »

Billy dressa l'inventaire de Concarneau, le 2 juillet 1495 (1).

Il résulte de cet acte qu'il y a de l'artillerie déposée un peu partout, dans l'église Saint-Guénolé, au vieux château (2), dans la vieille tour près du moulin, au moulin, sur la tour près du faubourg, sous les halles, au logis du procureur. Elle consiste en 12 coulevrines, dont plusieurs longues « et une grosse à teste de serpent récemment achetée à Rennes ; trois canons dont un gros en fer, un mortier monté, deux faulcons de fonte. »

La maison du capitaine est un arsenal : on y trouve « deux hacquebutes à crocq au Roy, quatre hacquebutes au capitaine, des boulets pour servir la grosse coulevrine à teste de serpent, un saumon de plomb pour faire des balles. » La maison du procureur est la poudrière : « Au haut de la vis (l'escalier), il y a 13 barils et deux quarts de pipe de poudre », de quoi faire sauter la maison et ses voisines. Dans une autre maison, près du moulin, il y a cinq barils de poudre.

Peu de places de Bretagne sont mieux munies que Concarneau, et une garnison aguerrie, même peu nombreuse, pourra faire bonne contenance derrière ses murailles neuves et « artillées de gros canons ».

Charles VIII meurt prématurément et sans enfants, le 7 avril 1498. Or, une des conditions de son mariage avec la duchesse est que, « si le Roy meurt sans enfants, la Reine épousera son successeur ou le plus proche héritier de celui-ci, s'il lui plaît, et si faire se peut. » Mais le successeur au trône est le duc d'Orléans. Il a trente-six ans ; son âge n'est pas un obstacle à son mariage ; mais il y a un empêchement : le duc est

tions ont dû être proportionnelles. Celle de 100 livres imposée à Jacques Guineuf égalant au moins 3.500 livres de notre monnaie dénote un traitement élevé.

(1) V. *Archives de Bretagne*, publiées par la Société des Bibl. Bretons, t. II, p. 137, à la suite du *Complot Breton, Documents inédits*, LIII, p. 123-144. Pour *Conq*, voir p. 137-138.

(2) Le *vieux château*, le *petit château*. Ci-dessus, p. 14.

depuis dix-sept ans époux de Jeanne de France, sœur de Charles VIII.

Ce second mariage est, comme le premier, de l'intérêt commun de la Bretagne et de la France. S'il ne s'accomplit pas, la guerre reprendra un jour. Louis XII bien résolu à cette union craint-il quelque hésitation de la part de la duchesse ? Quoi qu'il en soit, comme en gage de l'exécution de la clause du contrat de mariage avec Charles VIII, il retint cinq villes bretonnes : Nantes, Fougères, Saint-Malo, Brest et Concarneau. La Reine protesta. Le Roi tint bon. Le 19 août 1498, moins de cinq mois après son veuvage, Anne s'engagea par une promesse formelle à épouser Louis XII, s'il obtenait l'annulation de son mariage et les dispenses à raison de parenté. A ces conditions, le Roi rendit Saint-Malo, Brest et Concarneau, en retenant Nantes et Fougères « pour sûreté et accomplissement du mariage (1). »

Nous avons dit plus haut, que, selon toute apparence, Anne de Bretagne a construit une grosse tour à Concarneau (2). Il n'est pas probable qu'elle ait jamais vu cette ville ; mais les habitants de Concarneau ont vu et acclamé leur souveraine.

Dans l'été de 1506, la Reine vint « visiter et consoler son pays et duché, qui lui fit un honneur triomphant et magnifique (3) ». Quel fut ce triomphe et quelles furent ces magnicences ? Une ovation toute populaire et qui allait au cœur de la duchesse, bien mieux que les pompes *officielles*.

L'auteur que je viens de citer conte ainsi ce qu'il a vu : « Et estoit quasi chose miraculeuse, de veoir par les champs, chemins et boys, si grant multitude d'hommes, de femmes et petits enfans qui accouroyent, pour veoir leur dame et maîtresse, regraciant Dieu de quoy il lui avoit pleu envoyer ladite dame pour visiter sa contrée et duché ».

(1) Morice, *Pr.*, III, 794. — C'est le dévoué cousin de la reine, Jean de Chalons, prince d'Orange, qui est le négociateur ; il prend entre autres titres celui de comte de Penthièvre. La reine lui avait apparemment donné la jouissance du comté confisqué par François II, en 1465, et qui n'allait être rendu aux héritiers de Penthièvre et très diminué qu'en 1536.

(2) Ci-dessus, p. 17.

(3) Bouchard. — f° 265, v° et 266 r°.

La duchesse partie de Nantes, pour aller au Folgoet et rentrer en France par Vitré, fit ainsi le tour de la Bretagne entre deux haies de bretons fidèles. Lorsqu'elle va de Quimperlé à Quimper, nul doute que les habitants de Concarneau, comme les autres, ne soient allés la saluer à son passage.

Pourquoi cet amour unanime et enthousiaste des Bretons pour celle qu'ils nomment « la bonne Duchesse » ? C'est bien simple.

Ils savent, ces braves gens, deux choses : qu'en épousant le Roi Charles VIII, la duchesse leur a rendu une « bonne paix » définitive ; et qu'en dictant les conditions de son mariage avec Louis XII, elle a sauvegardé les droits et les privilèges de la Bretagne.

Quel étonnement pour les Bretons contemporains de la Reine Anne, si on leur eût dit : « Dans quatre siècles, des Bretons et de bons Bretons, vos fils, diront en prose et en vers :

« Pour le bien de la Bretagne et pour son avenir, Anne devait épouser un Breton : Rieux, Laval ou Rohan. Mais non ! elle a « vendu le sol natal, pour se parer du diadème royal ».

Erreur ! Nous sommes après le traité de Rennes, 15 novembre 1491. Le Roi Charles VIII a demandé la main de la duchesse : elle l'a refusée une première fois ; mais sollicitée par ses plus fidèles conseillers, elle hésite.

On ne voit pas que personne alors lui ait dit : « Epousez donc un Rieux, Laval ou Rohan. »

Disons d'abord qu'elle n'a pas à choisir entre ces trois maisons : Les Rieux et les Laval n'ont pas un prétendant à offrir. Le vicomte de Rohan (c'est audace autant que maladresse) a osé demander la duchesse pour son fils Jean devenu l'aîné, qui, le 1er octobre précédent, vient d'avoir quinze ans. « Eh ! bien ! que ne l'a-t-elle épousé ! » dit-on aujourd'hui. Les gens sages, en 1491, pensaient autrement. Pourquoi ? Parce que pour la duchesse, accepter dans l'avenir le titre de vicomtesse de Rohan, c'était renoncer, et dans un bref délai, au titre de duchesse de Bretagne.

Ce mariage fait sans l'assentiment du Roi va déchaîner la guerre sur le duché. Mais, dira-t-on, le puissant vicomte de Rohan, traître à la duchesse la veille, sera le plus ferme appui de la duchesse devenue sa belle-fille. — Soit ! mais ramènera-

t-il à elle tous ceux qu'il a engagés au service de la France ?
Non ! et quand il aurait ce succès, la Bretagne succomberait
épuisée dans une lutte inégale ; il lui faudra signer un traité de
paix dont le premier article sera la reconnaissance au profit du Roi
des droits chimériques de Nicole de Blois : c'est-à-dire pour la
duchesse, la dépossession absolue, et pour la Bretagne, la perte
de ses franchises, libertés et privilèges auxquels elle tient tant !

Donc « il valait mieux pour la Bretagne que la duchesse signât
avec le Roi Charles VIII un contrat de mariage qu'un traité
de paix, qu'elle fût la Reine plutôt que la vaincue de la
France (1). »

Six ans plus tard (9 avril 1498), Charles VIII meurt ; et en
vertu du contrat de mariage, la duchesse est maîtresse incon-
testée du duché. Elle va dicter les conditions de son mariage
avec Louis XII ; or, elle stipule que le duché de Bretagne
n'appartiendra pas à celui des enfants qui sera Roi, et que s'il
n'y a pas d'enfant, il ira à ses héritiers légitimes (2). Une autre
condition, c'est le maintien des « libertés, franchises et coutumes bretonnes » ; et, au moins en droit, elles ont subsisté
jusqu'en 1789.

Quand on a vu « la bonne duchesse », se résigner, malgré
ses griefs, à épouser Charles VIII, pour sauver la Bretagne de
la ruine et de la conquête, puis imposer à Louis XII les conditions de son second mariage, comment dire qu'elle a « vendu le sol
natal » pour satisfaire un intérêt d'ambition ou même de vanité ?

§ 3. — XVIᵉ Siècle.

A partir du second mariage d'Anne de Bretagne, Concarneau échappe à l'histoire pendant soixante-dix ans. Toutefois
la place continua d'avoir un capitaine, décoré plus tard du
titre de *gouverneur*, et une garnison à *morte paix*, c'est-à-
dire entretenue en temps de paix, comme en temps de guerre.

Nous avons vu, en 1488, Hervé Garlot chargé de la garde

(1) J'ai écrit cette phrase ailleurs. Je me permets de la répéter, parce que
M. Pocquet m'a fait l'honneur de la citer. *Hist.*, t. IV, p. 581.

(2) En sorte que l'union de la Bretagne à la couronne (quoi que l'on dise et
enseigne aujourd'hui) résultera seulement du vote des Etats de Bretagne en 1532.

de Concarneau (1). Nous le retrouvons au même poste dix ans plus tard (2). Nous ne pouvons dire quand il cessa ses fonctions, ni quel fut son successeur.

En 1542, Concarneau, comme Brest, avait pour capitaine le célèbre Philippe de Chabot, comte de Brion et Charny, amiral de France. Il va sans dire que son titre de capitaine de Concarneau n'était qu'honorifique. L'amiral était suppléé par Jean Moraud de la Provostière, ayant titre de lieutenant.

C'est lui qui, au mois de mai 1543, reçut « Jean de Brosse, dit de Bretagne, comte de Penthièvre, duc d'Etampes, gouverneur et lieutenant général en Bretagne pour le Roi et Monseigneur le Dauphin (3). » Le gouverneur venait inspecter l'armement des côtes en prévision d'une guerre avec l'Angleterre ; et, le 25 mai, le lieutenant de l'amiral « présenta l'inventaire et fit montre des artilleries, munitions et accoutrements de guerre étant à Conq ».

Le mois suivant, 1er juin, Philippe de Chabot mourait. La capitainerie de Brest fut donnée à François de Cugnac, seigneur de Dampierre en Beauce, qui la tenait encore en 1568 ; et Jean Moraud fut pourvu de la capitainerie de Concarneau (4). Il la garda jusqu'à une date que nous ne pouvons indiquer, mais antérieure à 1568.

A partir du milieu du xvie siècle, Concarneau va passer pendant plus de soixante ans à la garde de gentilshommes parents les uns des autres.

Le premier d'entre eux fut Jean de Jégado, seigneur de Kerolain. Il a dû exercer cette charge avant 1568 (5).

(1) Ci-dessus, p. 135.

(2) Lobineau, *Pr.*, 1595. Compte du trésorier des guerres.

(3) En 1536, le comté de Penthièvre confisqué par François II en 1465, était encore aux mains du Roi. François Ier le rendit à Jean de Brosse, dit de Bretagne, arrière petit-fils de Nicole de Blois, et peu après il le nomma gouverneur de Bretagne.

Nomination du 25 février 1542 (43 n. st.). Morice, *Pr.*, 1015. — Le gouvernement de Bretagne était un brillant exil pour le mari de la duchesse d'Etampes.

Inventaire du 25 mai. Morice, *Pr.*, III, 1046.

(4) Jean Moraud, dit lieutenant dans l'acte du 25 mai 1543, est dit capitaine dans un acte du 7 avril 1543 (1544 n. st.). Morice, *Pr.*, III, 1051.

(5) Son fils Jean, né de Suzanne Le Prestre, est dit « fils de Jean, gouverneur de Concarneau » D'Hozier, *Chevaliers de Saint-Michel*, p. 184.

Il eut pour successeur, dès 1568, Jean Le Prestre, seigneur de Lézonnet, dont il avait épousé la fille Suzanne.

Jean Le Prestre, un des cent gentilshommes ordinaires de la chambre du Roi, lieutenant du Roi en Basse-Bretagne, maître d'hôtel de Catherine de Médicis, et, depuis, échanson ordinaire de la Reine, fut pourvu, le 29 janvier 1568.

Trois ans après, le 6 juin 1571, son fils Louis, seigneur de Lézonnet, conseiller maître d'hôtel ordinaire du Roi, lui succéda. On était en paix. Lézonnet s'absentait souvent ; la place était négligemment gardée ; et, en 1576, il arriva au capitaine une fâcheuse aventure que le chanoine Moreau a contée en détail (1) Il s'agit de la surprise de Concarneau par deux seigneurs calvinistes.

J'ai lu quelque part que cette entreprise se fit en pleine guerre de la Ligue : non. En 1576, l'*Union* n'était pas encore jurée même à Paris ; et les Ligueurs n'ont pris les armes que huit ans plus tard, en 1584. Si l'on ne craignait d'exagérer, on pourrait dire que le premier fait des guerres de religion eut Concarneau pour théâtre.

Jamais entreprise ne fut plus téméraire, on peut dire plus folle ; pour réussir, il faut aux conjurés un allié souvent infidèle, le vent. Il doit porter leur messager aux calvinistes de la Rochelle, et, tournant à propos, ramener à Concarneau le secours des Rochellois.

Lopriac, seigneur de Kermassonnet, fut l'âme de l'entreprise. Il y engagea son beau-frère, Jean de Baud, seigneur de la Vigne le Houlle (2). Ils s'adjoignirent quelques gentilshommes de leur voisinage, recrutèrent quelques soldats ; et au nombre de trente cavaliers partirent pour Concarneau. Ils y arrivèrent « le 17 janvier, après-midi ».

Ils étaient bien renseignés : ils savaient que la porte du faubourg serait gardée par un ou deux hommes, peut-être par le portier seul. — La petite troupe s'arrêta à l'abri d'une masure non loin de la porte, et un homme s'avança seul. Le

(1) Chap. IV., p. 60-71.
(2) Kermassonet, cⁿᵉ de Kervignac, cᵒⁿ de Port-Louis. La Vigne-le-Houlle, comⁿᵉ de Languidic, cᵒⁿ d'Hennebont, arr. de Lorient.

portier seul gardait la porte. L'étranger demande à parler au capitaine : le portier répond qu'il est absent ; l'autre descend de cheval, feint de chercher des lettres, laisse tomber quelques papiers, et, au moment où le portier se baisse pour les relever, le frappe d'un poignard. Il fait signe aux autres qui arrivent au galop et entrent en ville.

Ils s'emparent des quelques soldats de la garnison, les enferment ; et mettent en prison les habitants, sauf ceux chez qui se sont logés leurs chefs.

Mais à peine sont-ils entrés dans la place que le tocsin sonne de proche en proche dans les paroisses voisines ; et, dès trois heures, la nouvelle arrive à Quimper.

Un vieux capitaine, Vincent de Coatanezre, seigneur de Pratmaria, qui touche Quimper, et Jean de Tyvarlen, seigneur de Kerharo, commandant l'arrière-ban de Cornouaille, réunissent la noblesse des environs et partent en hâte. En arrivant, ils trouvent les paysans du voisinage bloquant Concarneau.

Que peuvent trente hommes enfermés dans une place ainsi investie ? Ils envoient demander du secours à leurs coréligionnaires de la Rochelle ; mais les vents sont contraires ; et le secours ne sera pas en route que Concarneau sera repris.

Le nombre des assiégés diminuait chaque jour. Le 22 janvier, cinquième jour après la surprise de la place, un marchand, Guillaume Le Bris, laissé libre dans sa maison où Lopriac et un gentilhomme logeaient, les trouve tous les deux endormis de fatigue. Lopriac avait au bras les clés des portes. Le Bris frappe l'un et l'autre de leurs poignards, et court ouvrir la porte principale. Les assiégeants entrent et font main basse sur ce qui restait des trente.

C'était le jour de saint Vincent ; et en mémoire de la reprise de la ville, une procession fut établie qui se faisait encore au xviiie siècle (1).

Le gouverneur duc d'Etampes et comte de Penthièvre était mort en 1566 ; et après lui son neveu, Sébastien de Luxem-

---

(1) Saint Vincent, le martyr de Saragosse (304), patron des vignerons.

La procession, dont Moreau ne parle pas, est mentionnée dans une note sur un registre paroissial allant de 1612 à 1633.

Nous reviendrons à cette note assez inexacte sur d'autres points. P. 159.

bourg, vicomte de Martigues, recueillit en même temps le gouvernement de Bretagne, le duché et le comté. En 1569, il obtint l'érection du Penthièvre en duché. et il mourut la même année. Il laissait pour héritière sa fille Marie, née à Lamballe, le 11 février 1562, qui, le 12 juillet 1575, allait épouser Philippe-Emmanuel de Lorraine, duc de Mercœur, frère de la Reine Louise de Vaudemont. En 1582, le gouvernement de Bretagne devint vacant (1), et, pour le malheur de la Bretagne, le Roi Henri III y appela son beau-frère le duc de Mercœur (5 septembre).

A un double point de vue, cette nomination fut la plus lourde faute que le Roi pût commettre. Mercœur était allié des Guises déjà en guerre avec la cour. La duchesse était descendante et héritière au septième degré de Jeanne de Penthièvre : elle prétendra ressusciter les droits anciens de sa maison au duché de Bretagne ; quand un fils lui naîtra à Nantes, elle le fera appeler prince et duc de Bretagne. Pour complaire à sa femme, Mercœur soulèvera de nouveau la question de la succession de Bretagne ; mais les Bretons ne sont pas disposés à prendre les armes pour réaliser ces rêves ambitieux. Mercœur a besoin d'un autre titre pour se les attacher ; il va se déclarer chef de la Ligue en Bretagne ; et voilà la guerre civile sévissant chez nous pendant dix années, les Anglais appelés par le Roi, les Espagnols appelés par Mercœur, foulant et ravageant le pays.

Mais Mercœur ne prit ce parti qu'en 1588. Avant cette date, en 1585, le Roi a donné Concarneau et Dinan pour places de sûreté aux Ligueurs (2). Mercœur va s'attacher les capitaines de ces deux places. Le capitaine de Concarneau ne se rendra à Henri IV qu'après son abjuration (25 juillet 1593), et Dinan sera la dernière ville de Bretagne restée aux mains de Mercœur (15 février 1598) (3).

Vers l'époque où les deux places étaient remises aux Ligueurs,

---

(1) Entre 1565 et 1582, le gouvernement avait été aux mains de Louis de Bourbon, duc de Montpensier.

(2) Morice, *Hist.*, II, p. 556.

(3) La tour de Cesson (Saint-Brieuc), ne se rendit qu'après la paix du 20 mars 1598.

Lézonnet vit arriver à Concarneau un personnage dont la présence pouvait lui être une cause d'embarras : c'était un prétendant au trône de Portugal, on peut même dire un Roi détrôné de Portugal (1).

Emmanuel-le-Fortuné, Roi du Portugal, mourant en 1521, avait laissé trois fils : Jean, Louis et Henri, depuis cardinal-archevêque d'Ebora. Jean succéda à son père et mourut en 1557, survivant à son fils de même nom, et laissant le trône au fils de celui-ci, Sébastien. C'était un enfant de trois ans ; il eut pour tuteur, Don Antonio, fils de Louis, né, semble-t-il, d'un mariage clandestin, entré dans l'Ordre de Malte et grand prieur de Crato (2).

A peine majeur, Sébastien périt dès le début d'une téméraire expédition en Maroc, à la bataille d'Alcazar-Quivir (17 juin 1578). Son oncle, Antoine, qui l'accompagnait, fut fait prisonnier et retenu plusieurs mois au Maroc.

Le trône revenait à Antoine ; mais, en son absence, son oncle Henri, le cardinal, publia que la naissance de son neveu était illégitime ; et, dit-on, fit détruire tous les actes qui démontraient le contraire. Il fut proclamé ; mais il mourut le 31 janvier 1580.

Quatre prétendants réclamèrent le trône : Antoine, neveu du cardinal, par son frère Louis ; Philippe II, roi d'Espagne, fils d'une sœur du cardinal ; le duc de Bragance, mari d'une autre sœur ; enfin (qui s'en serait douté ?) la Reine Catherine de Médicis, invoquant un acte de 1254, vieux de 326 ans !

La Reine va prêter secours à Antoine, peut-être avec l'espérance que le prieur de Crato, n'ayant pas d'enfant légitime, appellera à sa succession elle-même ou sa descendance. Pour Catherine, ce peut être une habileté que d'associer ainsi ses prétentions chimériques aux sérieuses prétentions d'Antoine.

(1) Cet épisode de l'histoire de Concarneau mériterait une étude que nous ne pouvons faire. Nous donnerons seulement quelques renseignements.

Ce fait a été publié dans le *Bull. de la Com. dioc.* de Quimper, t. VI (1905), p. 188-190. Le Bulletin en a trouvé la révélation dans une lettre communiquée par M. Bourde de la Rogerie, l'érudit archiviste du Finistère. *Négociations diplomatiques de la France avec la Toscane*, t. IV, p. 622.

(2) Crato, ville de l'Alentejo, chef-lieu du grand prieuré.

Antoine avait pour lui le peuple et les religieux, très nombreux en Portugal. Il fut proclamé à Santarem. Mais, sans perdre un moment, Philippe II fit passer à Lisbonne une armée aux ordres du duc d'Albe. Battu une première fois, Antoine fut complètement défait, le 21 août 1580. Au mois d'avril suivant, les cortès portugaises reconnaissaient Philippe II.

Renonçant au moins pour un temps à la lutte, Antoine essaya vainement de quitter le Portugal pour venir en France ; il fut plusieurs mois contraint de se cacher, protégé par le peuple et les moines qui, malgré les rigueurs du duc d'Albe, lui restaient obstinément fidèles (1). Enfin, en juin 1581, il débarqua à Calais. Là, il fut accueilli par Joyeuse, que la Reine-mère envoyait le saluer.

L'archipel des Açores, importante station entre Lisbonne et les Indes, tenait pour Antoine ; et la possession de ces îles avait pour lui une grande importance. La Reine Catherine arma de ses deniers, un peu malgré le Roi, une flotte de 55 voiles ; y embarqua 5.000 hommes à Dieppe et à Bordeaux, donna le commandement à son parent, Strozzi, ayant pour second Cossé-Brissac (2), et les chargea d'établir Antoine aux Açores.

Le débarquement s'opéra heureusement, le 25 juillet 1582 ; mais la flotte espagnole survint, commandée par l'amiral marquis de Santa-Cruz (3), et mieux armée que la flotte française. Un combat furieux s'engagea ; plusieurs navires français furent pris ou coulés, beaucoup d'hommes furent faits prisonniers ; Strozzi fut tué, et Cossé-Brissac se vit contraint de repartir pour la France où il ramena Antoine.

Pourtant Catherine ne se décourageait pas ; l'année suivante (1583), elle envoya encore aux Açores un petit corps d'armée de 2.500 hommes ; mais, assaillis par des forces supérieures, ils

(1) On dit que le duc fit périr 2.000 moines, partisans d'Antoine.

(2) Charles II de Cossé, depuis 1er duc de Brissac et maréchal de France.

(3) Alvarez de Bassano, s'illustra à Lépante (7 octobre 1571). Il se déshonora aux Açores. Malgré les protestations de ses officiers, il fit juger les prisonniers français comme pirates, troublant la paix entre la France et l'Espagne, et fit décoller les gentilshommes et pendre les autres, au nombre de 278. Il mourut en 1587, quand il allait commander l'*Invincible Armada*.

furent réduits à capituler (4 août) ; et ces désastreuses expéditions prirent fin (1).

Serait-ce à son retour des Açores, en 1582, qu'Antoine aurait séjourné à Concarneau ? Il semblerait que c'est plus tard. En effet, malgré tous ces échecs, il n'avait pas renoncé au trône, puisque, en 1585, il exposait ses droits à la couronne dans un manifeste écrit en latin, français et hollandais, imprimé à Lyon et adressé aux gouvernements d'Angleterre, de France, et des Provinces unies (2). Il avait donc tout intérêt à ne pas trop s'éloigner de la Reine Catherine.

D'autre part, une lettre de l'ambassadeur de Toscane datée du 4 août 1585, rend compte de faits qui semblent tout récents. On y lit :

« Don Antoine, ce roi exilé, s'est enfui à La Rochelle où il est bien vu et bien gardé par les habitants de ce port ; il s'était en effet retiré à Concarneau, place appartenant à la Reine mère en Bretagne (3) ; mais, comme cette place se trouve au bord de la mer, quelques navires espagnols, commandés par le neveu du marquis de Sainte-Croix (4), tentèrent de le surprendre ; mais ayant fait diligence pour se mettre en sûreté, il échappa au péril avec son fils bâtard et Diego Botteglia son favori et ancien confident ; cependant, plusieurs de ses serviteurs moins prompts que lui à se sauver, furent pris et conduits en Espagne. On dit que cette tentative n'a pas été faite à l'insu des Guises et surtout du duc de Mercœur. En fait, le pauvre prince a trouvé plus de sécurité près des ennemis de Dieu, qui sont aussi les siens, que près de ses propres amis (5). »

Remarquez ces mots de l'ambassadeur : « On dit que cette tentative (de surprendre Antoine) n'a pas été faite à l'insu des Guises, notamment du duc de Mercœur... »

L'intervention des Guises et de Mercœur, de Mercœur surtout, semble assez probable.

(1) Sur ce qui précède, V. Sismondi. *Hist. des Français*, XX, p. 24 et suiv Henri Martin. *Hist. de France,* IX, 510-512. — Moréri, *Dic. Hist.* V. *Antoine*, t. 1, p. 179.

(2) Michaud. *Biogr. Universelle*, II, p. 78.

(3) Erreur : la Reine mère n'avait aucun pouvoir à Concarneau.

(4) Santa-Cruz nommé plus haut, p. 151.

(5) Inexactitude. Les ennemis de Dieu (les Calvinistes de La Rochelle), n'étaient pas les ennemis d'Antoine, adversaire de Philippe II, chef de la Ligue.

Comment comprendre qu'Antoine ait choisi Concarneau, même pour un séjour passager ? Lui fallait-il un port, où il pût, dans une circonstance donnée, s'embarquer pour le Portugal ? Il y avait des ports sur l'Océan et hors de Bretagne. Il fallait se garder d'un port du gouvernement de Mercœur. Le duc est cousin et allié des Guises ; les Guises sont alliés de Philippe II, chef suprême de la Ligue, et ils ont besoin de lui. C'est lui rendre un service que de lui signaler la retraite d'Antoine et de lui fournir le moyen de le prendre. Sa capture a d'autant plus d'intérêt que le prince ne renonce pas encore au trône de Portugal : témoin le manifeste qu'il publie cette année même.

De La Rochelle, Antoine passa en Angleterre, puis en Hollande, et de là revint à Paris où il mourut le 25 août 1595 (1).

Nous avons dit que, en 1588, le duc de Mercœur se déclara chef de la Ligue en Bretagne (2). Au mois d'avril 1589, Henri III lui enlevait le gouvernement ; et, le 7 juin, il nommait à sa place, avec le titre de lieutenant général, Henri de Bourbon, prince de Dombes (3).

Lézonnet resté fidèle à Mercœur fut en grande faveur auprès de lui ; « et il en reçut tant d'honneurs et de profits qu'il excitait l'envie. » Il avait sous la main « une belle garnison d'une compagnie de chevau-légers, un régiment de gens de pied et du canon (4) ; » il n'était pas homme à laisser ce monde oisif : au commencement de l'année 1590, il conduisit toute sa troupe devant le château de Pont-l'Abbé, appartenant à Toussaint de Beaumanoir, vicomte du Besso, commandant de l'infanterie royale. Le moment était bien choisi. Beaumanoir assiégeait Ancenis où il allait recevoir une blessure mortelle.

---

(1) Les historiens espagnols (trop facilement crus et répétés) ont vilipandé Antoine. Impossible d'accorder certaines des accusations portées contre lui, avec le dévoùment que lui gardèrent le peuple et les moines de Portugal.

(2) Ci-dessus, p. 149.

(3) Un jeune étourdi de dix-sept ans ! Né le 12 mai 1573 (et non 1563 comme on lit dans Moréri, erreur de typographie, puisqu'au même endroit, l'auteur indique le mariage de ses parents, en 1566.

(4) Moreau, p. 162, parlant de 1594. — Nous verrons plus loin que la garnison de Concarneau en 1595 était beaucoup moindre.

Lézonnet assisté de tous les Ligueurs du canton voisin, s'empara sans peine de Pont-l'Abbé ; et dès ce moment, il tint sous la main de Mercœur toute cette partie de la Basse-Bretagne.

Au début de l'année suivante, il eut une vive alerte ; mais il était sur ses gardes : Grézille de la Tremblaye, capitaine de Moncontour, à quarante lieues environ de Concarneau (1), sans ordre et secrètement, tenta un coup de main sur cette place. Il arrive à l'aube ; il se tient caché avec sa troupe dans les bois du Moros ; la nuit venue et la mer basse, il envoie un soldat porter un pétard à la porte aux Vins et il suit avec tout son monde. La sentinelle de la tour voisine tue le soldat ; l'alarme est donnée, et la garnison court au rempart. La Tremblaye reconnaît qu'il n'a qu'à s'en aller, laissant là plusieurs morts (janvier 1591).

Il était temps : pendant sa courte absence, Saint-Laurent, maréchal de Mercœur, avait surpris Moncontour et il pressait l'attaque du château quand une heureuse diversion lui fit abandonner le siège (2).

Après l'abjuration de Henri IV (juillet 1593), Lézonnet rappelait à Mercœur la parole qu'il avait dite plus d'une fois, qu'il « serait le plus fidèle sujet du Roi devenu catholique ». Lézonnet osait presque sommer Mercœur de cesser la guerre. Enfin, ne pouvant vaincre son ambitieuse obstination, il prit son parti. Il envoya son neveu Jegado, seigneur de Kerollain, négocier sa paix avec le Roi (mai 1594).

Henri IV l'accueillit avec joie, maintint Lézonnet au gouvernement de Concarneau, lui accorda non seulement une gratification considérable (3), mais la survivance du gouvernement pour son fils François, alors enfant. Encore le Roi

---

(1) Moncontour, chef-lieu de canton, arr. de Saint-Brieuc. La route de Rennes à Saint-Brieuc suivie pendant tout le moyen-âge passait par Moncontour réputé la *clé de la Basse-Bretagne*.

(2) Le marquis de Coetquen, beau-père de Saint-Laurent, réunit en hâte une troupe armée. Ce qu'apprenant, Saint-Laurent marcha à sa rencontre. Il fut battu à Loudéac (janvier 1591). C'est la date du combat de Loudéac qui nous donne la date de la tentative sur Concarneau.

(3) D'Hozier écrit *en chiffres* 40.000 écus, soit 120.000 livres, 627.000 francs, au compte de Leber, qui multiplie par 5.24. Selon La Borderie, il faudrait multiplier par 15. On aurait 1.800.000 francs. D'Hozier n'a-t-il pas mis un zéro de trop ?

exprimait-il le regret de n'avoir pas récompensé, comme il aurait voulu, les services de Lézonnet. C'est dire le prix qu'il attachait à la possession de Concarneau.

Presque aussitôt, Concarneau vit arriver un hôte qui allait y faire une assez longue résidence : l'évêque de Cornouaille, Charles du Liscoët.

L'évêque était seigneur haut justicier de la ville close de Quimper ; il aurait semblé qu'il aurait dû être le chef de la Ligue dans la ville épiscopale. Depuis la mort de Henri III (1er août 1589), il avait donné des gages à la Ligue ; il avait prêté serment au Roi Charles X ; siégé aux Etats tenus à Vannes par le duc de Mercœur ; pris part aux doléances que ces Etats adressèrent au duc, en mars 1592 (1). Pourtant, il n'inspirait pas confiance aux Ligueurs de Quimper.

Au lendemain de la mort de Henri III, François du Liscoët, seigneur de Coëtnempren, président au présidial de Quimper et frère de l'évêque, s'était résolument déclaré pour Henri IV. Or, Coëtnempren était beau-frère de Lézonnet (2) ; et les Ligueurs supposaient l'évêque attiré au parti royal par les deux beaux-frères.

Quoiqu'il en soit, après l'abjuration du Roi, l'évêque quitta la Ligue. Mais il se sentait mal à l'aise auprès de son chapître ardent ligueur, et dès que Lézonnet garda Concarneau pour le Roi, l'évêque y transporta sa résidence. Il y était établi dès le temps d'une entreprise tentée par Lézonnet sur Quimper (5 septembre 1594) (3).

Le chanoine Moreau s'est tu discrètement sur cette émigration de l'évêque qu'il ne pouvait excuser. Aller à Concarneau, c'était passer à l'ennemi ; car Lézonnet avec sa belle compagnie était devenu une sérieuse menace pour Quimper.

Il connaissait tous les hommes ayant quelque influence en ville, et il se promit de rendre la place au Roi. Il associa sans

---

(1) Voir ces *doléances. Choix de documents sur la Ligue*, p. 119.

(2) Beaux-frères en ce sens qu'ils avaient épousé les deux sœurs Glé de la Costardaye (1er mariage de Lézonnet).

(3) Au départ de l'évêque, la ville se mit en possession du palais épiscopal, et des bourgeois y festoyaient gaîment, lorsqu'un garde se précipita dans la salle en criant : « Annibal est aux portes ! ». Annibal c'était Lézonnet. Moreau, p. 170,

peine à son entreprise le sénéchal Guillaume Le Baud, que Mercœur avait gratifié de sa charge (1), et qui allait tourner contre son bienfaiteur la haute influence que lui donnait sa dignité.

Ils essayèrent d'abord de la ruse. Dès juillet 1594, des gentilshommes habitants de Quimper, tentèrent de s'introduire dans la Tour-Bihan qui était une sorte de citadelle. Mais l'entreprise échoua. Alors Lézonnet se résolut à employer la force ouverte ; et il s'y préparait quand survint un incident imprévu.

Don Juan d'Aquila, colonel des Espagnols alliés de Mercœur, arrivait à Rosporden. Le colonel ne se contentait pas du port de Blavet ; en même temps qu'il bâtissait à Crozon un fort qui, dans sa pensée, devait masquer et menacer Brest, il se flatta de surprendre Concarneau, et il s'avisa d'une ruse assez grossière. Comme s'il y avait eu suspension d'armes, Don Juan ne semblait plus songer à la guerre ; et chaque jour c'étaient des divertissements et des courses de bagues. qui attiraient tout le voisinage. Un jour, il envoya un officier inviter Lézonnet à une de ces fêtes. Lézonnet s'excusa courtoisement et répondit que « s'il plaisait à Don Juan de venir à Concarneau en petite compagnie, il serait enchanté de lui faire accueil. » Don Juan s'excusa à son tour ; et, après avoir exigé de Quimper une lourde contribution, il quitta Rosporden (2).

A cette nouvelle, Lézonnet fit sortir une troupe de cavaliers qui surprirent l'arrière-garde espagnole attardée au pillage, et firent main basse sur elle. Ce qu'apprenant D. Juan revint sur ses pas, et traversant les paroisses d'Elliant et de Beuzec, massacra tous ceux qu'il put atteindre et brûla les villages, notamment Rosporden. Or, les malheureux et innocents paysans massacrés et ruinés par lui étaient ligueurs. Tel était le farouche et infidèle allié de Mercœur.

Libre de préoccupation de ce côté, Lézonnet revint à ses projets sur Quimper ; mais, s'il prétendait rendre lui-même la

(1) Un beau présent ! V. ci-dessus (p. 64) l'évaluation de la charge.

(2) Moreau p. 195), nomme ces ruses de D. Juan « des attrape-lourdauds. » C'est le mot juste. La date précice est donnée par le compte du miseur de Quimper, qui paya cette contribution à Rosporden les 13 et 17 août. D. Juan était venu à Quimper au même temps.

ville au Roi, il devait se hâter, car le maréchal d'Aumont marchait de Guingamp sur Morlaix, d'où il allait venir à Quimper.

Lézonnet entend agir à coup sûr : il obtient quelques soldats de garnisons royales même éloignées, comme Guingamp et Quintin. Il partira à la tête de plus d'un millier d'hommes : il peut compter sur les intelligences qu'il a dans la place ; et il se promet un succès prompt et facile quand il arrive devant Quimper, le 5 septembre.

Il s'empare sans peine des faubourgs ; mais un secours arrive inopinément ; Lézonnet reçoit une arquebusade ; il est contraint de battre en retraite et il rentre à Concarneau, ayant perdu une cinquantaine d'hommes et jurant que les Quimpérois l'ont égratigné, mais qu'il les écorchera (1).

Un mois plus tard, Lézonnet rejoignait devant Quimper le maréchal d'Aumont arrivé le 9 octobre ; et le 11, la ville capitulait (2).

Après la capitulation, Lézonnet rentra à Concarneau, il ne paraît pas qu'il ait depuis pris part à aucun fait de guerre. Sa blessure lui commandait le repos. Il vivait encore le 16 février 1595 (3) ; mais il dut mourir peu de temps après.

Son fils François, qui avait la survivance, était encore un enfant (4) ; et ses fonctions furent exercées à titre de lieutenant, par son cousin Jean de Jégado, seigneur de Kerolain, jeune et valeureux gentilhomme qui allait sauver Quimper d'une attaque de la Fontenelle, en 1597 (5).

(1) Moreau, p. 179.

(2) Mac-Carthy *(Dict. de la Conversation, V. Quimper)* écrit que « Quimper finit par se rendre après un siège long et vigoureux. » Et il date ce siège de 1595, date répétée par Bouillet et autres.

(3) Etat des garnisons royales en Bretagne en 1595. Concarneau : 26 salades, 30 harquebuziers à cheval, 150 harquebuziers à pied, en tout 206 hommes, plus les officiers. *Choix de documents sur la Ligue*, Bibl. Bretons, p. 192 et 193.

(4) D'Hozier (Ch. de Saint-Michel, p. 318), le fait naître en mars 1584. Il aurait donc eu dix ou douze ans. En tout cas, né de Claude Bizien, dame de Kergomar, seconde femme de son père, remarié en 1577, François ne pouvait, à la mort de celui-ci, avoir plus de dix-sept ou dix-huit ans. — Louis de Lézonnet avait eu une première femme, Jeanne Glé de la Costardaye, morte en 1574.

(5) Moreau le nomme en deux endroits (p. 312-317), neveu de Louis de Lézonnet, et en un autre (p. 312) *oncle* de François. S'il était neveu du père, il était cousin du fils. En effet, Jean de Lézonnet, capitaine (en 1568-1571), avait

Louis de Lézonnet, nous l'avons vu, avait le premier quitté le parti de Mercœur en mai 1594. Son exemple allait être suivi. Quelques mois plus tard, le gouverneur de Redon, Talhouet, remettait la ville au Roi, avec le pont sur la Vilaine ; et Mercœur ainsi séparé de Dinan, sa place d'armes vers le nord, était confiné dans le pays Nantais. Sa partie était perdue : pourtant abandonné de ses partisans, se voyant joué, sinon trahi par Philippe II, il repoussait les propositions de paix que le Roi lui adressait dès avant cette époque (1).

La surprise de Dinan (15 février 1598), et la menace du Roi d'entrer en Bretagne avec une armée, le déterminèrent.

Le Roi appela Mercœur à Angers. Mercœur resta à Nantes et la duchesse partit à sa place. Elle avait trente-cinq ans ; elle était belle, plus éloquente que son mari ; elle allait s'humilier devant le Roi, en lui faisant une proposition inattendue. Elle lui offrit sa fille Françoise, alors âgée de six ans, pour César, duc de Vendôme, fils légitimé du Roi et de Gabrielle d'Estrées. La favorite, surprise et charmée d'une telle alliance, intervint dans l'intérêt même de son fils ; et le Roi accorda des conditions que Sully désapprouva hautement.

Que le Roi rendît à la duchesse de Mercœur ses possessions bretonnes : cela allait de soi ; mais le premier des articles secrets (il y en a 23) ajoutés au texte de l'édit, est bien extraordinaire (2).

eu, outre son fils Louis qui fut son successeur, une fille appelée Suzanne qui fut mère de Jean de Jégado.

C'est Jean de Jégado que Louis de Lézonnet députa pour faire sa paix avec le Roi. *Mémoires* de Montmartin, CCC.

Il était très jeune en 1594. Avant 1597, il avait pour femme Anne, héritière de Trémillec, dame de Kerlot. J'ai trouvé la date de ce mariage indiquée à 1625 (*Chev. bretons* de Saint-Michel). Cette date est à rectifier. Moreau donne à Jégado le titre d'époux de l'héritière de Trémillec (p 312). Or, Moreau est mort le 23 juin 1617. Moreau dit (p. 312) : « que Kerollain faisait sa demeure à Kerlot, Pluguffan, près de Quimper » Kerlot appartenait à sa femme. Si, en parlant ainsi, Moreau se rapportait à 1597, il s'en suivrait que le mariage de Kerollain serait antérieur à cette date. Mais la pensée de Moreau peut sembler douteuse.

Kerollain devint depuis gouverneur d'Hennebont et Port-Louis.

(1) Sur ces propositions, voir le curieux récit de Moreau. Chap. XXIX, p. 201-204. Il est douteux que Concarneau fût compris au nombre des places proposées. Je l'ai écrit sans preuves suffisantes. Ci-dessus, p. 33.

(2) Voir l'édit pour la réduction du duc de Mercœur et Morice. *Pr.*, III, 1657-1664 ; et articles secrets 1664-1667.

Le parlement avait condamné Mercœur. Par lettres du 18 avril 1589, registrées au parlement, le 26, Henri III avait « révoqué les lettres de nomination » c'est-à-dire destitué Mercœur, et l'avait remplacé (1).

Henri IV ne tient compte de ces faits. Mercœur est toujours gouverneur de Bretagne. Seulement « S. M. veut que, en faveur du mariage projeté, il remette sa démission du gouvernement, en récompense duquel S. M. accorda 235.000 écus, » soit 705.000 livres, évaluées au *minimum*, 3.702.790 francs actuels (2).

Et d'autres indemnités pécuniaires sont accordées à Mercœur !

Le Roi va donner le gouvernement à son fils, le duc de Vendôme, qui deviendra un jour duc de Penthièvre. C'est renouveler la faute commise en 1582 par Henri III. La Bretagne en portera la peine. Le nouveau gouverneur n'a pas quatre ans, il prendra ses fonctions, en 1616. Quand nous le retrouverons, en 1619, à Concarneau, ses intrigues auront déjà mis en péril le repos de la Bretagne.

§ 4. — XVIIe Siècle.

Avant de poursuivre notre étude dans le XVIIe siècle, qu'il nous soit permis de copier, mais pour la démentir, une note que j'ai mentionnée plus haut (3), écrite en tête du plus ancien registre des baptêmes, mariages et sépultures, conservé à la mairie de Concarneau :

Voici cette note : ·

« Registre du règne de Henri IV (4)... Guillaume Le Prestre de Châteaugiron, évêque de Quimper en 1614.

(1) Morice, *Pr.*, III, 1494-95, 7 juin. Nomination du prince de Dombes, comme lieutenant général.

(2) Il s'agit d'écus d'or, seuls encore en usage, évalués 3 livres en 1595. — Lettres du Roi. *Etats des garnisons de Bretagne.* Choix de documents sur la Ligue, p. 179-197, et en 1598. Lettres du Roi créant le présidial (éphémère) de Dinan. Selon Leber qui, pour avoir le rapport à notre monnaie (1845) multiplie par 5.280, chiffre que La Borderie critique comme trop réduit. Il propose 15.

(3) Ci-dessus, p. 148.

(4) Il faut dire *règne de Louis XIII*, puisque le registre commence en 1612, et que Henri IV est mort le 14 mai 1610.

« Concarneau fut pris pour la première fois dans les guerres de la Ligue, par le maréchal d'Aumont qui l'emporta d'assaut en 1594 (1), et ensuite par les protestants sous Louis XIII, et repris le jour de Saint-Vincent (2). En mémoire on fait une procession (3). »

La main mal avisée qui a tracé ces lignes, écrivait au XVIIIe siècle.

La seigneurie de Châteaugiron a été acquise par les Le Prestre de Lézonnet, en 1701 ; c'est le fils de l'acquéreur, président au parlement, qui a pris le nom de Châteaugiron, et le titre de marquis de Châteaugiron, lorsqu'il eut acquis quelques biens du marquisat d'Espinay, en 1719 (4).

Reprenons notre récit.

Devenu majeur, François de Lézonnet exerça la charge de gouverneur, « dont il se démit, en 1619 (5) ». D'Hozier, auquel j'emprunte ce renseignement, devait savoir la cause de cette démission : il n'aura pas voulu la révéler ; mais nous ne sommes pas tenus à tant de discrétion.

(1) Le maréchal d'Aumont ne vint pas à Concarneau ; il n'avait pas à s'en emparer en octobre 1594, puisque Lézonnet avait rendu la ville au Roi, au mois de mai. Ci-dessus p. 154.

(2) L'occupation de Concarneau, « par les huguenots » et sa reprise le *jour Saint-Vincent* (23 janvier) eurent lieu en 1576 ; trente quatre ans avant que Louis XIII fut Roi (14 mai 1610). Ci-dessus, p. 147.

(3) Ci-dessus, p. 148.

(4) Le marquisat avait été acquis (en 1635) par le duc de La Trémouille qui ne demanda pas la continuation du titre, et se mit, par des ventes partielles, à démembrer le marquisat — deux raisons pour lesquelles le titre n'existait plus (V. notamment déclaration de Henri III, de 1579). — Or, chose curieuse ! au lieu d'*un* marquisat d'Espinay, il y en eut *deux*. En 1714, il s'agissait de la vente de ce qui restait de l'ancien marquisat : il en fut fait deux lots qualifiés *marquisat d'Espinay à Champeaux* — *marquisat d'Espinay à Rennes*. Le premier lot fut adjugé (1715) à des spéculateurs de Paris qui, en 1719, le revendirent au président de Châteaugiron. — Le titre de marquis a passé jusqu'au quatrième descendant du président, mort en 1848. V. notice sur les Le Prestre à la suite du *Siège de Concarneau* (1892).

(5) D'Hozier, *Chevaliers bretons de Saint-Michel*, p. 318. L'auteur est Jean-François-Louis d'Hozier, quatrième fils de Charles, le juge d'armes de France, mort en 1732. — L'auteur a composé son travail de 1783 à 1793. Il travaillait sur des titres qui lui étaient obligeamment prêtés : ainsi s'expliquent et s'excusent quelques réticences. — Sur d'Hozier, *Chevaliers de Saint-Michel* par le regretté Gaston de Carné (1884). Avertissement p. 1.

Il y a d'autant plus d'intérêt à dire ces faits que, parmi les auteurs qui ont parlé de Concarneau, un seul y a fait allusion dans cette phrase, faite pour piquer la curiosité : « Le sieur de Lézonnet voulut tenir, en 1619, contre M. de Vendôme et le maréchal de Brissac, et il s'en sortit mal (1). »

Qu'est-ce à dire ? Que Lézonnet a tenu à Concarneau contre l'armée royale ? — Oui, et le *Mercure françois*, imprimé en 1621, publie le récit de ce siège. Nous donnerons tout à l'heure un résumé de ce récit (2).

On remarquera que le *Mercure* ne dit pas les griefs portés contre le gouverneur de Concarneau. Ses lecteurs savaient sans doute à quels événements les rattacher.

Il s'agit de la première prise d'armes, tentée en faveur de la Reine Marie de Médicis. Ecartée des affaires avant l'avènement d'Albert de Luynes au pouvoir, la Reine mère avait pris l'engagement de résider au château de Blois. Dans la nuit du 21 au 22 février 1619, Nogaret, duc d'Epernon, procura son évasion et rassembla quelques troupes. Il comptait sur des grands seigneurs ennemis ou jaloux de Luynes ; mais ceux-ci hésitèrent à se risquer en une telle aventure. Le Roi ne leur laissa pas le temps de longues réflexions : il chargea Richelieu d'intervenir ; et le futur cardinal n'eut pas de peine à négocier la réconciliation entre le Roi et sa mère.

Mais Lézonnet était loin de la cour ; et, mal informé, il fit quelques déclarations ou quelques démarches compromettantes, que nous ne savons pas, mais que le Roi ne pouvait innocenter ; et aussitôt celui-ci chargea le duc de Vendôme, gouverneur de Bretagne, de ramener Lézonnet à l'obéissance.

S'étonnera-t-on du choix de Vendôme pour cette mission ? Trois ans auparavant, ses « intrigues de Bretagne » avaient commencé. Le parlement avait décrété contre sept de ses officiers, et Vendôme avait osé leur donner asile à Ancenis (3).

---

(1) Dubuisson, I, p. 107.

(2) J'ai publié *in-extenso* le récit qui se trouve au t. VI, p. 291-296, du « *Mercure françois*, contenant ce qui s'est passé de mémorable aux années MXCXIX-XX et XXI. » Imprimé en cette dernière année. — *Le siège de Concarneau en 1619.*

(3) Ci-dessus, p. 159.

Mais le Roi était bien assuré de son zèle contre les partisans de la Reine-mère.

Le duc partit aussitôt. En route, il allait être rejoint par le maréchal de Brissac, lieutenant général en Bretagne.

Voici maintenant résumé le récit du *Mercure françois* :

En juillet 1619, le Roi Louis XIII était à Tours ; Lézonnet fut accusé devant lui de « comportements tendants à désobéissance et mauvaise volonté. » Aussitôt, le Roi envoya le duc de Vendôme à son gouvernement de Bretagne, et fit partir un corps d'armée d'environ 900 hommes, au nombre desquels 120 soldats de ses gardes, et quelques canons. Le sieur de La Besne, capitaine aux gardes, eut le commandement (1).

Le 29 juillet, La Besne se mettait en route : il descendait la Loire pendant trois jours, jusqu'à Ingrandes ; six jours après, à marches forcées, il arrivait à Quimperlé (7 août). Le même jour, le duc de Vendôme y entrait avec le maréchal de Brissac.

Le lendemain matin, La Besne ayant requis toutes les « pelles et pioches » qu'il put trouver en ville, prit la route de Concarneau où il arriva à trois heures de l'après-midi.

Il entra au faubourg. La place tira sur lui « plusieurs coups de fauconneaux et force mousquetades », un seul homme fut frappé ; et « perçant de maison en maison », La Besne parvint à la dernière maison, la plus voisine du pont-levis, et y logea son monde (2).

A ce moment arrivaient Vendôme et Brissac. Aussitôt, ils envoyèrent La Besne sommer la ville de se rendre au Roi. Querchesne, lieutenant de Lézonnet, répondit que « celui-ci « était sorti depuis deux jours pour aller quérir du secours, » et demanda un délai de quinze jours pour l'avertir. La Besne répondit qu'il attendrait une réponse seulement jusqu'au lendemain matin. Le feu commença de part et d'autre.

Vendôme s'était logé au manoir de Chef-du-Bois (3). A onze heures du soir, il fit dire à La Besne de faire savoir à

---

(1) Le jour de l'exécution en place de grève de François de Montmorency et de son cousin de Rosmadec, La Besne gardait avec une compagnie « l'avenue de la rue de la Vannerie ».

(2) Ci-dessus, p. 27.

(3) Chef-du-Bois, manoir du prieuré de Locamand.

Lhospital, sergent-major de la ville (1), et à ses compagnons, de se saisir de Querchesne et de le livrer le lendemain matin avec la ville, qu'à cette condition ils avaient la vie sauve.

A cette communication, Lhospital et les autres se récrièrent : ils dirent que « si Querchesne n'était pas compris dans la capi- « tulation, ils se défendraient si bien et si longtemps qu'ils ruine- « raient l'armée royale, ayant de quoi soutenir le siège pendant « deux ans. » Folle bravade qu'ils allaient payer cher !

La Besne maintint qu'il leur avait indiqué le seul moyen de n'être pas pendus ; et dit qu'il attendrait leur réponse au jour.

A quatre heures du matin, les assiégés demandèrent à parler « à la Courbe-Iré, capitaine de la garde du duc (2) ». La Besne envoya chercher La Courbe, et, en l'attendant, parlementa, au bout du pont, avec Querchesne et Lhospital. Ceux-ci le suppliaient d'intercéder pour que tous eussent la vie sauve. La Besne répondit que « leurs folles rodomontades de la veille avaient mécontenté le duc, qu'ils n'avaient qu'un parti à prendre : rendre tout de suite la ville qu'ils ne pouvaient défendre contre le canon qui arrivait à ce moment. »

Pendant qu'ils causaient, quelques soldats s'étaient appro- chés : ils protestèrent qu'ils étaient tous bons serviteurs du Roi, et que, s'ils étaient maîtres, la place serait rendue. Sur quoi Querchesne : « Je vous poignarderai tous et je me tuerai après, si je n'obtiens pas une honnête composition. »

La Besne se retira pour informer le duc. En même temps arrivait La Courbe. La Besne le mit au courant ; et il fut convenu que La Courbe seul aborderait Querchesne et Lhos- pital, et qu'il ne ménagerait pas les menaces pour obtenir la remise de la ville. — Après quelque temps, La Besne revenant au pont, entendit La Courbe crier : « Soldats, saisissez-vous de Querchesne ! » La Besne s'avança en hâte poussant le même cri, et ajoutant : « Soldats, arrêtez Querchesne. C'est un mutin qui veut vous faire tous pendre ! »

(1) *Sergent-major*, s'entendait alors « d'un grand officier qui sert à cheval et qui a soin de faire faire l'exercice, de former le bataillon... » Trévoux.

(2) Probablement Jean Budes, gouverneur de Vendôme, ou du moins un Budes seigneur de la Courbe et du Hirel. Indication du vicomte de Calan. Soc. arch. du Finistère XIX (1892, p. XV). Le baron de Courcy mentionne Jean Budes sei- gneur de la Courbe, maréchal de camp, en 1619. vº *Budes* et t. III, p. 469.

Les soldats se saisirent de leur chef, le désarmèrent et le livrèrent à La Courbe, auquel, l'instant d'après, les clefs de la place furent remises. La Besne appela ses soldats qu'il maintint à une petite distance. Comme capitaine aux gardes du Roi, il reçut le prisonnier qu'il remit en garde à ses soldats, et les clés qu'il rendit à La Courbe pour les porter au duc de Vendôme.

Craignant quelques changements d'humeur chez les assiégés, La Besne fit avancer une quarantaine d'hommes, et les fit entrer en ville par une *planchette* laissée imprudemment abattue sur le fossé. Se voyant surpris, les assiégés, sans essayer une résistance inutile, mirent bas les armes ; et les soldats du Roi se tinrent en bataille jusqu'à l'arrivée de Vendôme, deux heures après.

La première parole du duc à La Besne fut la défense de laisser entrer personne en ville avant la signature de la capitulation. La Besne avoua ce qu'il avait fait, ajoutant — parole odieuse après les promesses faites par lui — qu'il « ne fallait à ces soldats qu'une corde au lieu de capitulation ». Brissac, moins scrupuleux que le duc, lui représenta que La Besne avait bien fait de s'emparer ainsi de la ville.

« A la même heure, conclut le narrateur, on fit son procès à Querchesne ; et il fut pendu à une potence devant le pont.

« Quant aux soldats, ils furent tous renvoyés avec un bâton blanc au poing ; encore on leur fit ce bien de les conduire à trois lieues de la ville, de peur que le peuple des environs ne se jetât sur eux...

« Ainsi Lézonnet perdit son gouvernement de Concarneau que le Roy a depuis donné au sieur de l'Isle Rouhé. »

En route pour Concarneau, Vendôme avait vu à Vannes René d'Aradon, gouverneur de Vannes et d'Auray (1). D'Aradon qui n'était pas jeune, était malade. Vendôme lui

----

(1) René, frère aîné de Jérôme, seigneur de Quinipily, gouverneur de Quimperlé et Hennebont, l'auteur du *Journal* publié par extraits par Morice (D. Taillandier). *Hist.,* II, p. CCLVIII. Les deux frères, ligueurs, avaient fait leur soumission au Roi avant la paix d'Angers. — Voir concernant Jérôme, nommé capitaine de 50 hommes d'armes, déclaration du Roi, Angers, avril 1598. Morice, *Pr.,* III, 1677 et 1680.

René était un vieillard, puisque depuis 1578 (41 ans), il était chevalier de Saint-Michel. Il se démit en 1624, en faveur de son gendre Pierre de Lannion.

avait demandé, en cas de besoin, sinon de lui amener, du moins de lui envoyer du secours, et d'Aradon l'avait assuré qu'il ne serait besoin à Concarneau ni de lui, ni de son monde.

Entré dans la place, Vendôme s'empressa de lui apprendre la bonne nouvelle par une lettre très aimable d'un jeune homme à un vieillard, et modeste, comme il convenait surtout après un facile succès. La lettre est datée du 13 août (1).

Les deux dernières phrases du *Mercure* appellent un commentaire.

Pour assurer la vie des soldats désarmés, il faut les escorter. Pourtant ils n'ont pas fait résistance : bien plus, livrant leur chef, ils ont ouvert la place. Il n'importe ! les paysans voient en eux les complices d'une rébellion. Ils ne veulent plus même de l'apparence de troubles armés. Les malheureux en ont tant souffert que leur amour de la paix se tourne en fureur.

C'est à un sentiment analogue qu'avaient obéi les bourgeois de Quimper. En prévision du siège, et spontanément, ils s'étaient armés, et étaient accourus à Concarneau pour se mettre à la disposition du duc de Vendôme.

Ce fait significatif nous est appris par l'évêque de Cornouaille, Guillaume de Lézonnet, frère du gouverneur de Concarneau. En 1624, il plaidait au parlement contre la communauté de Quimper, appelante, et il énonce ce fait dans un mémoire (2).

---

(1) Cette date qui doit être certaine, semble contredire la date du 7 août donnée par le *Mercure*, pour l'arrivée de Vendôme à Quimperlé.

La lettre (Bibl. Nat., f. fr., ms. 22, 343) a été publiée par le vicomte de Calan. Bull. Soc. Arch. du Finistère, 1892, p. XV.

Voici la lettre. C'est la *manière* de Henri IV.

« Monsieur, vous avez presque été prophète ; car la résistance que nous avons trouvée en cette place n'a pu tenir un jour entier, de sorte que votre personne n'y étant plus nécessaire pour le service du Roy, vous pouvez vous guérir à loisir. Je m'en va, en attendant les commandemens de S. M., passer quelques jours en Basse-Bretagne, d'où je retournerai par Vannes, où j'aurai le bien de vous voir, et de vous assurer de vive voix que je suis et serai toute ma vie, Monsieur, votre plus affectionné serviteur.

« César DE VENDÔME. »

(2) Mémoire inédit du 16 décembre 1625, publié partiellement par M. l'abbé Peyron, dans le Bulletin de la Soc. Arch. du Finistère (1892), p. 6.

Sans nous dire expressément les griefs portés contre son frère, l'évêque écrit : « Sur quelques faux rapports, semés en partie par les appelants (1), mon frère eut quelque disgrâce ; mais, depuis, le Roi, acertené de la vérité des choses, par arrêt donné en son conseil, l'a déclaré innocent des fausses accusations portées contre lui. »

Cela veut dire que le Roi aura peut-être reconnu quelque exagération dans les plaintes portées contre Lézonnet. Lui tenant compte des services de son père, se rendant aux prières de son frère l'évêque et de son cousin de Jégado, il l'aura exempté de poursuites criminelles. Mais c'était pure clémence. Un gouverneur qui ferme ses portes à l'armée royale, et qui va au dehors chercher du secours contre elle, n'est pas innocent de toute faute. Or ces faits sont certains.

Que l'évêque atténue les torts de son frère, soit ! mais comment l'aurait-il défendu de l'accusation d'ingratitude envers le Roi, quand toute la famille, et lui-même, en avait reçu tant de bienfaits ? Le Roi qui avait usé d'indulgence envers le duc d'Epernon, ne pouvait, sans se contredire, être sévère pour Lézonnet.

Mais si Lézonnet ne fut pas destitué, comment croire qu'il n'ait pas été contraint de démissionner ? Aussi était-il démissionnaire en 1619, et il dut être remplacé sans retard.

Le Roi lui donna pour successeur Emmanuel Philibert Rouet, seigneur de la Béraudière, marquis de l'Isle Jourdain et Rouet en Poitou, chevalier des ordres du Roi, gentilhomme de sa chambre.., etc. (2).

Il allait se rendre insupportable à la Basse-Cornouaille.

Commandant à Concarneau, il avait autorité sur les postes militaires du littoral voisin. Au lieu de se tenir à Concarneau, il alla s'établir à l'Ile Tristan, en rade de Douarnenez.

Un arrêt du conseil (17 octobre 1615) avait ordonné le démantèlement de cette place ; mais le seigneur de Nevet avait depuis obtenu du Roi l'autorisation d'y faire quelques répara-

(1) Par la communauté contre laquelle il plaide.
(2) Je copie Dubuisson, p. 107. — Le baron de Courcy. *Nobiliaire*, v° La Béraudière, dit : baron de Rouhet, marquis de l'Isle-Jourdain,

tions ; et il y avait mis une garnison qui rançonnait les environs. Les Etats réclamèrent encore le démantèlement ; et le Roi l'ordonna par lettres patentes du 11 septembre 1618 ; mais il alloua aux enfants du seigneur de Nevet une somme de 18.000 livres (au moins 90.000 francs de nos jours) en indemnité des dépenses faites à l'Ile Tristan, par leur père (1).

La Béraudière se promit pareille aubaine.

En 1622, il alla s'installer à l'Ile Tristan, sous prétexte de la défendre contre les corsaires de la Rochelle. Sur les doléances du voisinage, le Roi lui ordonna d'évacuer l'île. Pourtant en 1625, quand Benjamin de Soubise surprit Blavet (Port-Louis), La Béraudière obtint l'autorisation de faire quelques travaux à l'île pour la mettre à l'abri d'un coup de main. Se mettant aussitôt à l'œuvre, il appela les hommes de trente-sept paroisses à faire des corvées et des charrois, et fit même des levées de deniers illégales.

L'évêque de Cornouaille, Guillaume Lézonnet, mal disposé pour le successeur de son frère, et le présidial protestèrent ; le parlement et les Etats accueillirent leurs plaintes, et le conseil du Roi ordonna la démolition de tous les travaux (30 juillet 1625).

. La Béraudière s'empressa de réclamer, pour ses dépenses, une somme de 40.000 livres (environ 150.000 francs). S'il reçut une indemnité, elle fut très mince. Son coup de commerce (c'est le nom que mérite cette entreprise) n'avait pas réussi.

Après lui, le gouvernement passa à son fils Pierre-Joseph, qui prend les mêmes titres. A partir de 1630, il est dit gouverneur dans des actes de baptêmes et de mariages (2).

En 1636, Dubuisson le trouva en fonctions et il en parle ainsi : « Le sr de Puy-Robin commande à vingt hommes mal entretenus sous le gouvernement du sieur de Rouet, du nom de la Béraudière, jeune cavalier qui a succédé à son père... »

(1) *Le prieuré de Saint-Tutuarn ou de l'Ile Tristan*. Bull. Soc. Arch. du Finistère (1905) p. 223. C'est à cette très intéressante et instructive étude de M. Bourde de la Rogerie, archiviste du Finistère, que j'emprunte ce qui concerne La Béraudière.

(2) Les érudits éditeurs de l'*Itinéraire* mettent en note, concernant La Béraudière fils « probablement François. » Il se nommait Pierre-Joseph. V. actes des 28 février 1630, 24 août 1635, 3 janvier 1636.

Les expressions qu'emploie Dubuisson témoignent que le
« jeune cavalier » apportait peu de zèle à son gouvernement,
à supposer (ce qui peut sembler douteux) qu'il gardât sa
résidence.

En 1633. il avait pour lieutenant écuyer Jean de Mont-Louis,
seigneur du Bouchet, son compatriote et peut-être son parent.
Nous retrouverons Montlouis au même poste en 1648 (1).

Ce n'est pas sans quelque surprise que nous voyons Dubuisson réduire à vingt hommes seulement la garnison de Concarneau. En effet, après cette date (1636). du moins au XVIIIe
siècle, la garnison fut plus nombreuse. Nous la voyons fournir
longtemps un détachement de 50 hommes aux îles Glénans, et
même un jour envoyer un escadron de dragons à Lorient
menacé par une troupe anglaise.

Aux XVIIe et XVIIIe siècles, l'état-major de la garnison est
ainsi composé : le gouverneur, le lieutenant, le major ou sergent-major, plusieurs officiers, le chirurgien-major.

On trouve auprès de ces officiers « un commissaire du Roi
en la garnison (nous disons aujourd'hui un officier d'administration), un commissaire aux vivres, enfin un canonnier. »

Il est bien vrai que, depuis l'époque où Dubuisson écrivait,
Concarneau n'a pas vu « la fumée d'un camp ennemi » ; mais
la place aura encore plus d'une alerte, et son rôle militaire
n'est pas fini.

Durant les guerres (et la France est le plus souvent en état
de guerre), les flottes anglaises, hollandaises, espagnoles,

(1) Jean de Monllouis, originaire des environs de Montmorillon (aujourd'hui
arr. de la Vienne) avait épousé en 1619 à Priziac (c^{on} du Faouët, arr. de Pontivy)
Béatrix Lescobic ; et ce mariage l'avait fixé en Bretagne.

A cette époque, il arriva à Montlouis une fâcheuse aventure. « Il fut (calom-
nieusement) accusé par François Vergant de l'homicide de Rostaing Vergant et
décrété de prise de corps à Montmorillon avec son frère Pierre bien que employé
au service du Roi. Son frère mourut et Jean de Montlouis obtint du parlement
de Paris permission d'assigner les héritiers de Vergant. » Arrêt du 15 juin 1633
qui lui donne le titre de lieutenant à Concarneau.

C'est cet arrêt qui nous révèle la lieutenance de Jean de Montlouis à cette
date. J'emprunte ce renseignement et ceux qui suivront aux preuves de noblesse
des *Demoiselles Bretonnes admises à Saint-Cyr*, par le baron de Rosmorduc.

Nous reviendrons à Jean de Montlouis.

courent la mer de Bretagne, s'approchant quelquefois du rivage ; les navires armés en course ravagent les côtes, avides de butin. Enfin, au moins au XVIᵉ et XVIIᵉ siècles, « des pirates barbaresques viennent chercher jusque dans l'Atlantique, des rivages moins dévastés et moins bien gardés (1). »

Concarneau a veillé comme une sentinelle avancée. Seulement, trop modeste, la place n'a pas gardé la preuve de ses services ; et nous sommes contraints d'emprunter les détails qui vont suivre aux registres malheureusement incomplets de la communauté de Quimper.

Nous voyons d'abord, en 1631, Audierne et les paroisses voisines menacées, au point que nombre d'habitants s'enfuirent à Quimper. La communauté prit peur pour la ville elle-même ; et elle ordonna que « les portes seraient fermées et que leurs pont-levis seraient mis en état d'être levés (2). » Tout est à faire quand on s'attend à voir venir l'ennemi qui par bonheur ne vient pas !

En 1635, un pirate capture dans les eaux de Concarneau un procureur de Quimper, Guillaume Picquet, qui apparemment était quelque peu armateur. Celui-ci demande du secours pour combattre le pirate et reprendre sa cargaison. Il se promet de retrouver l'ennemi à l'embouchure de l'Odet ou aux Glénans (3). Je ne puis dire la suite de cette affaire.

En 1636, ce n'est plus un pirate, c'est une flottille ennemie, qui opère une descente à l'île de Sein, un lieu singulièrement choisi.

En 1638, c'est une flotte espagnole qui longe la côte, comme si elle cherchait un point de débarquement, et qui s'approche de Concarneau (4).

En 1648, neuf navires pirates espagnols et biscaïens se sont postés aux Glénans, entre l'entrée de Quimper et Concarneau. De là, ils surveillent les côtes, de Groix à Penmarc'h, et fondent sur les caboteurs de Nantes, Le Port-Louis et Brest (5).

---

(1) Le vicomte de Villiers du Terrage. *L'Archipel des Glénans*, p. 10. Assoc. Bretonne, session de Concarneau (1905).

(2) Arch. du Finistère, t. 1508, fᵒˢ 58-59.

(3) Reg. nᵒ 93, fᵒ 15 rᵒ.

(4) Reg. nᵒ 93, fᵒ 128 rᵒ.

(5) *L'Archipel des Glénans*, p. 10-11.

Les années suivantes, les croisières ennemies se succèdent. Tantôt ce sont les Espagnols qui, sur des chaloupes légères, ravagent les côtes et pénètrent dans les rivières. Tantôt les Hollandais et les Anglais, dont les vaisseaux armés en course tiennent la haute mer. Pour finir, signalons la flotte de l'amiral hollandais Ruyter croisant sur les côtes. Il arriva très à propos pour quelques-uns des chefs de la révolte du papier timbré, qui recueillis sur un de ses navires échappèrent ainsi au supplice (1675) (1).

Je viens de mentionner la *Révolte du papier timbré*. Il faut rappeler que cette année même (1675), Concarneau avait été exposé à un sérieux danger.

L'insurrection avait soulevé une grande partie de la Basse-Bretagne ; dans les arrondissements actuels de Quimper et Quimperlé, de nombreuses paroisses du bord de la mer, de Douarnenez à Concarneau et au delà, s'étaient unies, proclamant le règlement dit le *Code paysan* exécutoire, comme on sait, « sous peine de *Torreben* », c'est-à-dire d'avoir la tête cassée (2).

Un des articles du code menaçait spécialement les villes : « XIIIe. — La ville de Quimper et les autres voisines, seront contraintes, par la force armée, d'approuver et ratifier ce règlement, à peine d'être traitées en ennemies ; — défense est faite d'y porter aucune denrée ou marchandise, jusqu'à ce qu'elles aient accepté le règlement, sous peine de *torreben*. »

A l'abri derrière leurs murailles, les bourgeois de Concarneau n'avaient pas à redouter « la force armée » des paroisses rurales ; mais ce blocus rigoureux commandé « sous peine de *torreben* » les menaçait de famine, si, comme on pouvait le craindre, il se prolongeait. Mais l'insurrection allait être abattue d'un coup.

Au milieu de septembre, un combat livré auprès du Tymeur (3) avait mis fin à la révolte. Des exécutions terribles suivirent.

(1) L'*Archipel des Glénans*, p. 11.

(2) Ce *Code* fut publié avant le mois de juillet 1675, puisque le duc de Chaulnes y fait allusion dans une lettre du 9 de ce mois.

(3) Seigneurie et château, aujourd'hui commune de Poullaouen, canton du Huelgoat, arrondissement de Châteaulin.

Puis le duc de Chaulnes, lassé de faire pendre, écouta les conseils et les prières du P. Maunoir, de Mgr de Coëtlogon, évêque de Cornouaille, du marquis de Nevet, si justement populaire (1).

Le 6 février 1676, le Roi accorda une amnistie ; mais elle ne fut pas entière : soixante-treize habitants du diocèse de Cornouaille en étaient exceptés. Ils se répartissaient sur trente-sept paroisses dont quelques-unes autour de Concarneau : Combrit, Fouësnant, Saint-Evarzec, Saint-Ivy, Banalec et Nizon. Ainsi Concarneau avait été entouré de paroisses insurgées.

Nous ne voyons pas que la petite garnison de Concarneau ait payé de sa personne ; mais ses murs et ses canons commandaient le respect ; et la place gardait, sinon son ancienne importance, du moins son vieux renom.

Au XVIIe siècle, la route de Paris à Brest était par Verneuil, Mortagne, Alençon, Mayenne et Rennes (2) ; mais les gens aimant leurs aises prenaient souvent par Nantes. On descendait la Loire, d'Orléans à Nantes. Là on prenait la voie de terre par Vannes, Quimperlé et Quimper. De cette ville on se rendait à Locronan et de là à Lanvéoc où l'on s'embarquait pour traverser la rade (3).

Les grands personnages qui suivaient cette route, passant, entre Quimperlé et Quimper, à peu de distance de Concarneau, faisaient souvent un crochet vers cette place.

C'est ainsi que, le 13 février 1636, Concarneau reçut la visite d'Henri d'Escoublac de Sourdis, archevêque de Bordeaux. Le

(1) Le marquis de Nevet exerça par intérim les fonctions de lieutenant du Roi dans l'évêché de Quimper, après la blessure de M. de La Coste. L'épée au côté, il se fit apôtre de paix et amena, sans coup férir, la soumission de seize paroisses. Il allait mourir à 34 ans, le 13 avril 1676. — C'est lui que le *Barzaz Breiz* (7ᵉ éd., p. 316) nomme *le seigneur de Nevet béni, le soutien des Bretons.*

(2) De Mayenne on venait alors à Rennes par Fougères ou par Laval et Vitré.

(3) C'est la route que suivront les ambassadeurs de Siam que M. de Torf, gentilhomme de la Chambre, conduit de Brest à Paris ; et ils prendront la même route revenant de Paris pour s'embarquer à Brest. Ils passèrent à Quimper, le 9 juillet 1686 et le 2 février 1687. — *Ambassadeurs de Siam à Quimper*, par J. Trévédy, 1886.— Lanvéoc, commune du canton de Crozon.

prélat a vu la guerre : en 1628, au siège de La Rochelle, il avait l'intendance de l'artillerie.

Sa présence à Concarneau est signalée par Mathieu Hamon, sieur de Kermadoret, bourgeois de Quimper, annonçant à la communauté, prise de court, l'arrivée du cardinal pour le lendemain. La ville délibère en hâte. Il faut qu' « elle garnisse de meubles un logement dans la maison du marquis de Molac, gouverneur, qui est absent » ; qu'elle fasse « acheter du poisson, le meilleur que l'on pourra se procurer, avec confitures, bois, chandelles et autres rafraîchissements accompagnés du vin de ville et de l'hypocras. »

Deux ans plus tard, Concarneau reçoit le maréchal de la Meilleraye, lieutenant général en Bretagne ; et, un peu plus tard, M. de Pontchâteau, intendant de Bretagne (4 mars 1638).

Sur la fin du siècle, Vauban visita Concarneau ; mais il n'y vint pas en curieux et pour savourer le vin de ville et l'hypocras. Il en étudie les défenses, il les juge insuffisantes ; et il va employer son art à les perfectionner selon le système qui devait illustrer son nom (1). Si les travaux ordonnés par lui ont été accomplis (comme on l'a écrit) en 1680, Vauban a pu voir son œuvre achevée, car en 1694, il est venu défendre Brest (2) ; et, au retour, il s'arrêta à Quimper, où, le 7 juin de cette année, il passait une revue du ban et de l'arrière ban (3).

C'est à cette époque, paraît-il, qu'il ordonna la construction d'une batterie sur la pointe de Trévignon, à l'entrée vers l'Est de la baie de Concarneau (4).

---

(1) En 1636, Dubuisson ne comptait pas les tours dont il nommait trois. Le ravelin et la demi-lune de l'entrée sont certainement l'œuvre de Vauban avec peut-être quelques-unes des neuf tours qui se voient aujourd'hui.

(2) Vauban venait pour inspecter Brest, et il arriva très à propos pour le défendre. Une flotte anglo-hollandaise opéra une descente près de Camaret. Mais le débarquement fut vigoureusement repoussé, et l'ennemi s'éloigna.

(3) Voir le rôle du ban et de l'arrière ban. Fréminville. *Antiquités du Finistère*, t. II, p. 482 et suiv.

(4) Je dois ce renseignement au directeur de notre classe d'Archéologie, le comte de Palys. Il l'a emprunté aux mémoires de son grand-père, le chevalier de Palys, ingénieur au Port-Louis.

La défense extérieure de Concarneau fut complétée, en 1802, par la construction de sept batteries autour de la baie, à Beg-Meil, Beuzec, La Croix et Fer à cheval, Lanriec-Cabellou, La Jument et Trévignon. *L'Archipel des Glenans*, p. 26.

§ 5. — XVIIIe et XIXe Siècles.

En 1704, le 19 janvier, les Anglais descendirent sur un point de la Cornouaille qui n'est pas indiqué (1). Le pays était dégarni de troupes régulières, et les milices furent chargées de défendre les côtes. Les bourgeois de Quimper peu assurés derrière leurs vieilles murailles envient le sort de leurs voisins de Concarneau dormant en sûreté à l'abri des murs de Vauban.

En 1746, Concarneau put croire qu'il allait expérimenter ses nouvelles batteries. Le 29 septembre, une flotte anglaise de cinquante voiles parut en vue. Quelques jours après, un corps de six ou sept mille hommes prenait terre au fond de l'anse du Pouldu, entrée de la rivière de Quimperlé, et marchait sur Lorient. Le 6 octobre, six pièces ouvrirent le feu. Le lendemain la ville prit le parti de se rendre. Il était trop tard. Ses parlementaires arrivant aux avant-postes anglais ne trouvèrent personne à qui parler. L'ennemi avait levé son camp, abandonnant cinq pièces de canon. Il reprit la mer, envoyant un détachement ravager la presqu'île de Quiberon ; et la flotte fit voile vers l'Angleterre, rapportant de cette expédition sans gloire les cloches des églises saccagées.

Le tocsin sonnant dans toutes les paroisses à quinze lieues au loin avait appelé devant Lorient nne multitude de paysans. Ces braves gens crurent que les chefs anglais avaient eu peur d'eux ; et se vengèrent par des chansons, bientôt populaires, de la terreur que les Anglais leur avaient causée. La vérité est que cette foule sans ordre et presque sans armes ne pouvait être d'un grand secours.

Le contingent fourni par Concarneau valait mieux : c'était un escadron du régiment de Royal-Dragons, commandé par un breton, M. de Kerléan. En même temps, la communauté de Concarneau avait expédié six tonneaux de froment évalués 1.200 livres.

En 1747 (l'année suivante), la communauté est convoquée en hâte par le syndic Billette de Villemeur. Il vient de recevoir avis de la très prochaine arrivée au château du Moros, « de

(1) Reg. 101., f. 26, r°.

Son Altesse Sérénissime Mgr le duc de Penthièvre, gouverneur de Bretagne ». De là, le duc viendra en ville. La communauté décide « qu'elle se rendra en habits décents et en corps au-devant de S. A., à l'entrée de la ville, pour lui rendre tous les honneurs possibles (Il n'est pas dit quels honneurs). Pour haranguer S. A. la communauté nomme M. du Laurens, sénéchal (1). »

En 1760, Concarneau entendit encore, mais de loin, le canon anglais. Il tonnait contre Belle-Ile, dont le gouverneur, M. de Sainte-Croix, fut contraint de capituler après une héroïque résistance.

Pendant les guerres de la République et de l'Empire, Concarneau a dû être, comme beaucoup de ports, surveillé, menacé, bloqué par des escadres anglaises ; mais on ne garde pas le souvenir d'un coup de canon tiré de ses remparts.

Un jour, le 26 août 1806, son port donna asile à un vaisseau, le *Vétéran*, de 86 canons, commandé par Jérôme Bonaparte : Le *Vétéran* poursuivi par une flotte anglaise était à la merci de l'ennemi, quand un marin de Concarneau, nommé Furic, s'offrit à le conduire à travers les écueils et l'amena sous les murs de la ville au *Passage* de Lanriec (2).

En septembre suivant, le commandant du *Vétéran* devenait contre-amiral, puis général de brigade ; et, en 1807, il était proclamé Roi de Westphalie.

Presque un demi siècle après, en 1852, le Roi Jérôme vint en Bretagne. Il voulut revoir Concarneau.

Il y arriva le 12 août, presqu'au jour anniversaire de sa première visite. En 1806, le conseil municipal lui avait demandé l'autorisation de donner à une place le nom du *Prince Jérôme* ; en 1852, le conseil lui demanda l'autorisation d'appeler du même nom le pont qui se construisait sur la rivière de Moros.

Plusieurs Concarnois vivaient encore qui avaient vu le prince Jérôme en 1806 ; mais le modeste matelot qui avait sauvé le prince et le *Vétéran* n'était plus. Furic était mort, le 21 juin 1851.

---

(1) Ci-dessus, p. 74.

(2) Pour plus de détails, voir l'*Archipel des Glénans*, p. 27. L'auteur nous apprend que Furic, le sauveur du *Vétéran* a été décoré le 15 décembre 1848. Il était temps, après plus de 42 ans !

§ 6. — Derniers Gouverneurs de Concarneau.

Nous avons dit plus haut (1) que l'*Histoire militaire* de Concarneau finit en 1619 ; jusqu'à cette date, nous avons nommé les capitaines ou gouverneurs de la place ; et nous avons dit que le gouvernement devint une sinécure entre les mains de la Béraudière, nommé en 1619, et de son fils Pierre-Joseph qui lui succéda et eut le gouvernement jusqu'après 1636.

Il nous faut reprendre à cette date la liste des gouverneurs et la dresser jusqu'en 1789.

Mais auparavant, quelques observations :

Nous avons vu, en 1571, Louis de Lézonnet nommé *capitaine* ; en 1694, il mourait *gouverneur* de Concarneau. Je veux dire que, les fonctions restant les mêmes, le titre avait changé. Au XIV⁰ et XV⁰ siècles, les chefs militaires des plus grandes places sont dits *capitaines*. Au XVI⁰ siècle, dans les places importantes, apparaît le titre de *gouverneur*.

L'*Etat des garnisons royales* de Bretagne dressé par le maréchal d'Aumont, en 1595, mentionne trente-trois villes ou châteaux, alors soumis au Roi (2). Les capitaines de douze places principales, au nombre desquelles Concarneau, sont dits *gouverneurs*. Les capitaines des autres places et des châteaux gardent le titre de capitaines (3).

Les deux titres coëxistèrent ainsi, selon cette distinction, pendant quelques années ; mais, comme on devait s'y attendre, des officiers même pourvus de lettres de *capitaines* s'intitulè-

---

(1) Ci-dessus, p. 168.

(2) *Choix de documents sur la Ligue* (Bibl. Bretons 1880), p. 170-197.

(3) Un seul château, Clisson, a un *gouverneur*. C'est le seigneur de Clisson : Odet, dit de Bretagne, petit-fils de François de Bretagne, fils naturel du duc François II. C'est sans doute par exception et par honneur que le maréchal le qualifie gouverneur. Odet est seigneur de Vertus et de Goëllo, baron d'Avaugour et à ce titre ne manque pas de se dire premier baron de Bretagne. — Par arrêt du 7 février 1598, le parlement de Paris lui fit défense et à la descendance du bâtard de François II, de prendre le nom de Bretagne.

L'arrêt resta sans exécution. Du moins, D. Morice donne-t-il le nom de *Bretagne* aux quatrièmes descendants d'Odet mourant au XVIII⁰ siècle. *Gén. des Comtes de Vertus et bâtards de Bretagne. Hist.*, I, XXX.

rent *gouverneurs*. Les choses vinrent au point qu'au XVIIIᵉ siècle, le titre de *gouverneur* était presque seul en usage : un capitaine, même sans soldats, chargé de la garde d'un vieux château ruiné et depuis longtemps démantelé, se disait *gouverneur* (1).

Au XVIIᵉ siècle, nous allons voir les conditions du gouvernement absolument changées.

D'abord les gouverneurs ont le titre, sans être tenus à la résidence et sans la garder, du moins le plus souvent. Quand ils sont présents, ils exercent leurs fonctions. Puis le titre devient purement honorifique : le gouverneur ne réside plus ; le lieutenant tient sa place. Mais le titre reste *militaire*, même quand il appartient, comme nous verrons, à un président au parlement. Enfin, au lieu d'être donné par le Roi en récompense de services, le gouvernement peut être acquis à prix d'argent et devient héréditaire : de ce jour, il cesse d'être *militaire* et devient purement *municipal*. C'est ce que nous allons voir.

Pierre-Joseph de la Béraudière eut pour successeur, Vincent du Parc, « marquis de Locmaria, baron du Guerlesquin, Le Pontou, vicomte de Troboden, enseigne de la compagnie des gendarmes de Mgr le cardinal de Richelieu, pair de France (2). »

Il ne résidait assurément pas à Concarneau. Ce n'est pas dans son gouvernement qu'il aurait pu conquérir le grade de maréchal de camp qu'il obtint en 1651. Il mourut en 1669.

Il ne tint pas longtemps le gouvernement qui, dès 1642, était aux mains de François du Parc, seigneur de Keranroux. Il semble que celui-ci avait commencé par être lieutenant du précédent, peut-être son père.

---

(1) Ainsi à Corlay (Côtes-du-Nord). Le château démantelé après la Ligue était en ruines en 1681 (Aveu de cette date). Son seigneur le prince de Guémené y avait un *capitaine*, paisible bourgeois auquel ce titre ne suffisait pas et qui se parait du titre de *gouverneur*, jusqu'en 1789.

(2) Ces titres nous sont appris par un acte de baptême du 10 juin 1640 où il apparaît comme parrain de Vincent de Quelen, fils de Yves, seigneur de Crec'holin, conseiller du Roi en la sénéchaussée de Conquerneau, et de dame Marie de Jégado. La marraine est Françoise de Tréaffon (?) dame de Kerlot. Marie de Jégado était fille de Jean de Jégado, nommé plus haut (p. 157) devenu gouverneur de Port-Louis en 1636. (Dubuisson, p. 108).

Après eux, le titre devient purement honorifique aux mains de « Christophe Fouquet, chevalier, seigneur de Challain, conseiller du Roy, président au parlement de Bretagne. »

Le président au parlement est dispensé de la résidence à Concarneau ; toutefois, nous le trouvons dans son gouvernement en 1647. Il y signe comme parrain, le 17 décembre, et sa femme, dame de Kersaudy, est marraine quelques jours après, avec l'évêque de Cornouaille, Mgr René du Louet (1).

Nous trouvons le président et sa famille à Concarneau, en 1648, où François Fouquet, fils du président, est parrain, le 9 septembre.

A cette époque, le président avait pour lieutenant remplissant les fonctions de gouverneur, Jean de Montlouis, seigneur du Bouchet, que nous avons vu, quinze ans plus tôt, lieutenant de la Béraudière (Bapt. du 3 août 1648).

Le 17 novembre 1651, le président nomme de son nom et de celui de son fils, un fils de son lieutenant ; et le père et le fils signent l'acte (2).

Dans le même temps, François Fouquet est parrain d'un autre enfant auquel il donne le nom de son père, Christophe.

L'année suivante, en l'absence du gouverneur, le lieutenant recevait du duc de Vendôme, grand maître, chef et surintendant général de la navigation et commerce (3), un ordre du 31 juillet « de donner aux sieurs de la Gisclaie, des Ardens et des Thurelles tout aide et toute assistance pour l'exécution des ordres dont ils étaient porteurs, et de ne souffrir aucunement dans le port de Concarneau le nommé Jacob du Quesne, ni même le vaisseau qu'il monte, le *Neptune* (4). »

Le président a pour successeur, « Pierre de Regnault, seigneur des Landes, commandant (c'est-à-dire gouverneur) des

(1) 29 décembre 1647, baptême de Mauricette de Quelen, (sœur de Yves, baptisé en 1640). Ci-dessus, p. 176, note 2.

(2) Ci-dessus, p. 168. Jean de Montlouis eut d'autres enfants, notamment Philippe-Emmanuel, né au Faouët, en 1656, mort à Priziac en 1688, qui fut père (le 1er février 1682), de Thomas Siméon décapité à Nantes, le 26 mars 1720, avec Pontcallec, Le Moyne de Talhouët et du Couédic (Conspiration de Cellamare).

(3) Le duc de Vendôme est César, dont il a été question plus haut (p. 159, 161), rentré en France après la mort de Richelieu.

(4) Quelle est cette affaire, nécessitant un ordre donné directement par le surintendant au lieutenant ?

ville et chasteau de Conq. » Ainsi est-il qualifié dans un baptême du 20 janvier 1659, où il est parrain (1).

En 1662, le gouverneur est François de Vaucouleurs, chevalier, seigneur de Vaucouleurs ; il est parrain, le 16 mai, d'un fils du chirurgien major Satabin, nommé plus haut.

Le chevalier François de Vaucouleurs a résidé souvent, sinon toujours dans son gouvernement. Il y est parrain de proche en proche en 1663-64-66 (mai et novembre) 67-68-70 et 1676. Il donna même à son fils le nom de Guénolé.

Son fils François-Guénolé lui succéda. Il prend le titre de gouverneur dans des actes de baptême de 1680-92-96 ; et le 28 septembre 1704, il signe un acte de mariage.

De ce jour, les noms des gouverneurs de Concarneau disparaissent des registres paroissiaux.

Pendant un demi siècle, de 1704 à 1754, je ne puis nommer un seul gouverneur de Concarneau. L'*Etat militaire* permettrait de présumer une vacance vers cette époque, et l'édit que nous allons faire connaître autorise cette supposition.

Un édit enregistré au parlement de Bretagne, le 27 septembre 1696, et sur lequel fut rendu un arrêt du conseil du 1er juin 1766, « portait la création de gouverneurs héréditaires dans toutes les villes du royaume ». C'était un de ces titres inutiles, mais pouvant flatter la vanité et faire entrer quelqu'argent au trésor. Toutefois le Roi continuait à donner des gouvernements en récompense de services militaires ou civils.

C'est ainsi qu'en 1754, le Roi nomma gouverneur de Concarneau M. Le Lagadec, d'une ancienne famille de Basse-Bretagne (2). C'est le dernier des gouverneurs de Concarneau qui figure à l'*Etat militaire*. J'y trouve son nom en 1776.

(1) Le 7 décembre 1659, le nom de Fouquet apparaît encore aux registres de baptême. « Jean Satabin, chirurgien major de la garnison, présente au baptême un fils qui a pour parrain (par procuration) Nicolas Fouquet, chevalier, seigneur vicomte de Melun et de Vaux, ministre d'Etat, surintendant des finances et procureur général de S. M. »

(2) Un Lagadec prend alliance avec une Gouzillon (1629) ; Vincent Le Lagadec, sieur de Mézedern, est (en 1691) héritier de son père Corentin, sieur de Kéroudy, et de son aïeul, Jean, mêmes titres. Quimper, B. 916-921. Vers le même temps, Anne-Corentine Le Lagadec (1697) est douairière de Kersalaün (B. 927).

Le Lagadec nommé par le Roi sans bourse délier était gouverneur *militaire* ; et sa charge n'entrait pas dans sa succession. Après lui son fils aura le gouvernement de Concarneau ; mais à un autre titre : il sera gouverneur *municipal*.

En 1782, M. Le Lagadec, fils, capitaine au régiment de Languedoc, acquit la charge aux termes de l'édit de 1696, pour une somme de 10.000 livres.

Il ne résidera pas. C'est un titre sans obligation aucune. Les émoluments consistent dans le titre, des appointements de 800 livres, plus « 10 % sur la finance » (arrêt du 1er juin 1766), c'est-à-dire l'intérêt annuel à 10 % de la somme de 10.000 livres (soit 1.000 francs).

Le nouveau gouverneur réclame en plus 300 livres payées, selon l'usage, à son père pour indemnité de logement, bien qu'il ne résidât pas.

L'intendant rejette cette prétention. « M. Le Lagadec, répond-il, n'a pas recueilli le gouvernement héréditairement. Il ne l'a pas reçu du Roi en récompense de services militaires. Il en est seulement acquéreur aux conditions fixées par l'arrêt de 1766. Il n'est pas tenu à la résidence ; et la ville n'a pas à payer les 300 livres puisqu'elle ne retire aucune utilité de son gouvernement. »

IX

L'Industrie.

Nous avons vu Concarneau figurer dans divers traités entre la Bretagne et l'Angleterre ou la France ; mais il semble que c'est à titre de forteresse plutôt que de port. Le chanoine Moreau nous a dit que son entrée était difficile, le hâvre peu sûr et les eaux peu profondes (1).

En 1636, Dubuisson nous apprend qu' « il vient à Concarneau peu de vaisseaux (lisez navires) » ; il ajoute que « le trafic de vins et blés y est petit ». Sur le port il donne un renseigement que nous dirons plus loin (2).

Ces renseignements pouvaient être exacts au temps où l'un et l'autre écrivaient ; mais, vers le milieu du xviiie siècle, l'entrée avait été améliorée ; il avait été construit des quais, deux cales, une digue entre la pointe du rocher de Pénéroff et le coteau voisin (3). Après ces travaux accomplis, l'auteur des *Essais sur Concarneau* pouvait écrire :

« Le port présente un accès facile à toute sorte de navigation, et même à des bâtiments du Roi qui souvent y relâchent surtout en temps de guerre. Dans celle de 1744 on y a vu 300 navires (4). »

L'auteur, qui habitait Concarneau, nous montre ainsi un port de refuge plutôt qu'un port recevant des navires, non au long-cours, mais même au cabotage. Plus loin il nous renseignera sur Concarneau port de pêche.

Ogée écrivant vers le même temps ne dira qu'un mot du port qu'il admire : « Le port est très beau... »

Cambry formule quelques critiques : « Le port peut contenir

(1) Ci-dessus, p. 28.

(2) Dubuisson, p. 108.

(3) Arch. d'Ille-et-Vilaine. Intend. B. 625-26-27. Un des quais porte le nom de d'Aiguillon, 1756-1790.

(4) Il s'agit de la guerre commencée en 1741 entre la France et l'Angleterre, marquée par la victoire de Fontenoy (1745) et terminée par la paix d'Aix-la-Chapelle (1748).

300 barques et quelques bâtiments de cinq à six cents tonneaux... » On devrait terminer les quais, effectuer des curages, faire sauter la roche de Penro..., etc. (1) (p. 354-55).

J'ai copié plus haut cette phrase de Dubuisson : « Au Sud un môle rompt les houles et les coups de mer et conserve une longue courtine en arc entre deux tours ou plateformes (2). »

Les deux tours dont parle Dubuisson sont vers l'Ouest la tour à gauche de la porte principale, et à l'Est la tour dite du *Fer à cheval*, à la pointe du *petit château*. Entre les deux est le port que la jetée protège au Sud. — Cette jetée a été reconstruite, en 1808, telle qu'elle est aujourd'hui.

C'est à la mer que *Conc* a dû son importance militaire que Concarneau n'a plus, et, ce qui vaut mieux, son aisance et sa prospérité que la ville gardera.

Nous avons vu aux XVe et XVIe siècles, le revenu des pêcheries ducales de Cornouaille figurant dans des comptes de 1429, 1501, 1534, pour des sommes représentant aujourd'hui au moins 51.000, 60.000 et 55.000 francs (3). Nous avons fait remarquer que par « pêcheries ducales de Cornouaille », il faut comprendre les pêcheries comprises entre l'entrée de Quimperlé et l'entrée de l'Odet ; et nous avons dit que Concarneau était le port principal de ce rivage (4).

Ces chiffres montrent l'importance qu'avaient alors, au voisinage de Concarneau, la pêche et la *sécherie* du congre, de la merlue, du lieu et même de la morue, avant la découverte ou l'exploitation du banc de Terre-Neuve.

Mais la sardine était déjà pour quelque chose dans cette prospérité.

Nous avons de ce fait une preuve certaine. Au XVe siècle, des pêcheurs de Douarnenez contribuent à l'édification de l'église de Ploaré (5), alors paroisse de Douarnenez ; et, sur

---

(1) Il faut lire *Pendro*. De *pen* (tête) et *dro* (tourner), tête où il faut tourner, qu'il faut éviter. — Voilà l'étymologie qui m'est donnée. — Si Cambry revenait en ce monde, il pourrait exprimer le même vœu contre la roche « que l'on doit faire sauter ».

(2) Ci-dessus, p. 18.

(3) Ci-dessus, p. 38.

(4) Ci-dessus, p. 37.

(5) La tour de l'église de Ploaré date du XVe siècle. Courcy, *Itinéraire de Nantes à Brest*, p. 262.

quelques pierres de sa façade, ils font sculpter des poissons qui semblent des sardines, comme pour montrer que l'argent qui paie ces pierres est le produit de la pêche. D'autres pierres montrent le goëland planant sur des bancs de sardines. Ainsi, aux xve et xvie siècles comme aujourd'hui, le goëland pêchait la sardine ; qui douterait qu'alors comme aujourd'hui l'homme ne lui en disputât sa part, et sa large part ?

Or, à cette époque comme de nos jours, pour entrer dans la baie de Douarnenez, la sardine passait devant Concarneau.

Nous avons lu le chanoine Moreau écrivant, au début du xviie siècle, que Concarneau « village de pêcheurs, un siècle et demi auparavant, est une petite ville peuplée en partie d'habitants enrichis par le commerce de mer », c'est-à-dire par la pêche (1).

Voilà le progrès pacifique accompli depuis cent cinquante ans ! Les fils des modestes pêcheurs d'autrefois ont ajouté à l'héritage de leurs pères le fruit de leur propre travail et ils ont l'aisance.

Cet heureux mouvement ne s'arrêtera pas.

Au milieu du xviiie siècle, la pêche et l'industrie de la sardine étaient en pleine prospérité. Les Etats de Bretagne se montraient jaloux de donner à cette industrie une impulsion nouvelle. Et quand ils encourageaient la pêche, ils n'avaient pas seulement en vue l'intérêt particulier mais aussi l'intérêt public (2).

La *Société d'Agriculture et du Commerce* établie par les Etats nous renseigne sur la pêche de la sardine : « On en fait monter le produit à plus de deux millions. Le Croisic, qui n'y emploie que trente bateaux, en retire au moins 20.000 écus, ou 60.000 livres chaque année... La pêche de la sardine à Port-Louis produit, année commune, 400.000 livres. Celle de Belle-Isle et de Concarneau n'est pas moins considérable ; et l'on pêche avec le même succès à Douarnenez et à Camaret. Le

(1) Ci-dessus, p. 22, note 5.

(2) « C'est le meilleur (la pêche) et le plus fécond de tous les séminaires par rapport aux matelots. » P. 235 du *Corps d'observations de la Société d'Agriculture, de Commerce et des Arts*, t. 1er, 1761. Années 1757-58, p. 237.

Ce mémoire est curieux à lire. J'en ai donné un résumé dans la *Pêche de la sardine en Bretagne* au xviiie siècle. *Assoc. Bret.*, Saint-Pol de Léon (1888).

Port-Louis seul occupe 1.300 pêcheurs et fait subsister plus de 1.800 personnes employées aux salaisons. »

Disons que les chiffres écrits plus haut : deux millions, 60.000 et 400.000 livres représentent plus de 4.360.000, 130.000, 872.000 francs de nos jours (1).

Moins de vingt ans après, Ogée mentionnait la pêche de la sardine ; mais sans aucun détail. Par bonheur, vers le même temps, nous trouvons des renseignements certains dans les *Essais sur Concarneau* :

« Le commerce principal de Concarneau est celui de la pêche de la sardine qui se fait par plus de 300 chaloupes équipées chacune d'environ quatre hommes, qui par la suite deviennent de très bons marins, propres pour le service des vaisseaux du Roi. Cette pêche y attire tous les ans plusieurs Norwégiens qui y viennent vendre des cargaisons de rogue et vont ensuite à l'île de Rhé en convertir le produit en sel et eau-de-vie.

« Indépendamment des chargements journaliers qu'on fait de ce poisson pour divers ports de l'Océan, on en fait quelquefois pour ceux de Marseille et de Cette. D'ailleurs quantité de petits bâtiments de la rivière de Charente viennent tous les ans en chercher pour approvisionner la Saintonge et l'Angoumois. Enfin cette pêche nourrit une infinité d'individus. Les hommes font la pêche, les femmes et les filles salent le poisson, et les enfants font les filets. »

Vers le même temps vint en Cornouaille un voyageur qui, depuis dix-sept ans, courait le monde « faisant, dit-il, deux mille lieues à pied sans compter les routes par eau, à cheval ou en voitures ».

Il vint une première fois à Douarnenez en 1775 ; il y est le 30 septembre, et il célèbre le mouvement du port, pendant la pêche de la sardine, « lorsque cinq à six cents bateaux tant de Douarnenez que de Crozon couvrent journellement cette vaste et magnifique baie (2). »

En 1785, notre voyageur revient en Bretagne. Il est à Con-

______

(1) Je suis les évaluations de Leber qui multiplie par 2,018 ; mais il faut remarquer que, établies pour 1845, elles sont trop faibles après soixante ans passés.

(2) *Petits voyages aux environs de Quimper,* par Milrand (pseudonyme de François Marlin), 1775, 1785, — publiés par J. Trévédy, ainsi que *Voyage de Brest à Paris* (même époque).

carneau, le 3 mai, en pleine pêche ; or il se contente de dire de Concarneau : « petit port assez joli » ; de l'activité de la ville, de sa flottille de pêche qu'il a vue sous voilés, pas un mot ! C'est que sans doute il voit en Concarneau le rival de Douarnenez. Or il est gros actionnaire dans une pêcherie de Douarnenez... et s'il pêche beaucoup, il gagne peu d'argent en courant de grands risques. Il écrit :

... « Il ne manque à notre établissement que de donner des bénéfices. Il y a trop de mains à employer, trop d'avances à faire ; et puis, quand le poisson est prêt, on l'envoie à Nantes ou à Bordeaux à des commissionnaires qui s'appliquent le profit et ne vous présentent que des pertes. »

Les millions dont parlait la Société d'Agriculture en 1761 étaient-ils ainsi surtout pour les commissionnaires ?

Quoi qu'il en soit, retenons ce que dit la Société du succès de la pêche égal à Douarnenez et à Concarneau, et concluons qu'elle était prospère dans les deux ports.

On aurait pu croire que les orages de la fin du siècle auraient ruiné cette prospérité. Toutefois Cambry écrivant en 1794, nous montre une situation analogue à celle de 1775-1780.

Il mentionne « environ trois cents chaloupes pêchant annuellement 12 à 15.000 barils, sans y comprendre sept à huit mille barils de sardines anchoitées (1), » ni même à ce qu'il semble, le poisson expédié comme sardine fraîche.

« Les chasse-marées de la côte de Vannes en enlèvent une égale quantité pour les porter à Nantes, à La Rochelle, à Bordeaux » ; et, ajoute-t-il, « des chevaux la transportent dans l'intérieur des terres... »

Mais pendant les guerres de l'Empire, les croisières anglaises, maîtresses de nos mers, allaient paralyser la pêche. Après la paix, quand Concarneau ne vit plus une voile ennemie sur l'horizon bleuâtre de sa mer, il se remit joyeusement à la pêche.

L'industrie reprit vite l'essor ; et, lorsque vers le milieu du XIXᵉ siècle, en même temps que l'on continuait la *presse* de la sardine, on imagina la *friture*, l'industrie sardinière atteignit un degré de prospérité jusque-là inconnu.

---

(1) Anchoitées..., préparées à la manière des anchois. Les sardines *anchoitées* sont passées de mode.

Il semble que le mouvement de l'industrie sardinière marque depuis plus d'un siècle le mouvement de la population.

Vers 1775, Ogée portait à 1.700 le chiffre des habitants de Concarneau ; et on peut s'en rapporter à son dire, puisqu'il tenait ce renseignement du maire de la ville. Ce chiffre admis, il faudra admettre que les guerres de la République et de l'Empire, en frappant l'industrie, ont apporté un obstacle fatal au développement de la population.

En preuve, voyez le recensement officiel de 1837. Concarneau ne figure pas au nombre des communes ayant au moins 1.500 habitants (1). C'est une diminution de plus de 200 sur le chiffre donné par Ogée, soit un septième.

Acceptons le chiffre *maximum* de 1.499 en 1837 ; — 25 ans après, le recensement publié en 1862 donne le chiffre de 2.658 ; et le recensement publié vingt ans plus tard, en 1882, donne celui de 5.006, — quatre fois le nombre des habitants en 1837, 45 ans auparavant.

On a fait honneur du progrès constaté entre 1862 et 1882, au chemin de fer de Lorient à Quimper, ouvert en 1864 ; et on a cru pouvoir se promettre que l'ouverture d'une voie ferrée entre Rosporden et Concarneau allait déterminer un mouvement analogue (2).

Or, l'événement a trompé l'attente. Les recensements en font foi. La population a augmenté seulement de 16 unités entre 1882 et 1886. C'est dire que le nombre des habitants a été stationnaire pendant cette période.

Comment expliquer ce fait ? C'est que les années 1880 à 1886 (sauf pourtant 1883) ont été désastreuses pour la pêche, comme l'ont été depuis, les années 1902 et 1903.

Personne ne songe à nier que la voie ferrée ne soit un élément de prospérité ; mais il y a un autre *facteur* de cette prospérité, qui, s'il pouvait élever la voix, réclamerait une part dans l'heureuse situation de Concarneau. C'est la sardine.

C'est elle qui, avant l'ouverture des voies ferrées, je dis plus, au temps où n'existaient que des voies à peine carrossables, a commencé la prospérité de l'industrieuse ville : c'est

(1) Recensement. Bull. officiel 1837. 2e semestre, p. 112.
(2) La ligne vers Rosporden a été ouverte le 1er juillet 1883.

la sardine qui peut assurer cette prospérité ; et le chemin de fer a besoin de la sardine pour accomplir l'œuvre qu'on attendait de lui en 1883. On l'a bien vu, vers cette époque : En 1884-86, quand la sardine a manqué, les wagons emportaient moins de sardines à Rosporden, que n'en avaient porté les charrettes dans les années abondantes de 1862 à 1879 (1).

Et pourtant quand la sardine manqua en 1882, apparut un petit poisson nommé *sprat*. Aspirait-il à remplacer la sardine ? Son ambition a été déçue : il n'a pas obtenu et il ne devait pas obtenir une égale faveur.

Ajoutons que, en 1891, une année où la sardine ordinaire était rare, un autre poisson apparut, dit *petite sardine*.

En terminant, faisons des vœux pour que *sardine*, *sprat* et *petite sardine* restent désormais fidèles à ces côtes privilégiées, et daignent se faire pêcher chaque année dans la baie verdoyante de La Forêt.

Un dernier mot.

Le 27 février 1899, les remparts de Concarneau ont été, et très justement, classés parmi les monuments historiques. Le 25 septembre 1902, la ville les a payés au domaine la somme de 12.000 francs ; et son premier acte de propriétaire a été la reconstruction d'un pan de mur écroulé.

Concarneau a été mieux inspiré que tant d'autres villes, détruisant sans nécessité des tours qui furent leurs défenses et qui restaient leurs ornements !

Honneur à Concarneau !

(1) Voici des chiffres qui m'ont été obligeamment fournis. Moyenne de sardines pêchées :

1° en 1880-86 (omettant 1883), par bateau 56-299.

2° en 1875-79, années abondantes : par bateau : 387-343 ; en plus : 331-044.

ADDITIONS ET CORRECTIONS

A

L'ESSAI SUR CONCARNEAU

Publié au Bulletin de 1907 (p. 26 à 211) [1]

I

Du Quesne et le Moros.

Page 73. — « Moros avait été acquis par l'illustre Du Quesne, en 1651. Il s'y fixa et y demeura environ dix ans. »

Du Quesne venait d'épouser, en 1650 ou 1651, Gabrielle de Bernières, « catholique qui abjura pour s'allier au calviniste. » (Jal, *Dictionnaire Critique*, p. 1019) (2).

Le 30 mai 1666, « Gabrielle de Bernières, compagne de Messire Abraham du Quesne, seigneur de Moros, vice-admiral de l'armée du Roy au Ponant (3), est marraine par procuration » à Concarneau.

----

(1) Ces *additions* et *corrections* démontrent combien *l'Essai sur Concarneau* était insuffisant. Sa publication, quelque peu hâtive, a donné lieu sur le § II à des observations dont l'auteur trop modeste ne veut pas être nommé. Il faut espérer, dans l'intérêt de la vérité, que les notes recueillies par lui, seront quelque jour publiées en un volume. — Aux §§ III et IV on verra à qui sont dus mes remerciements.

(2) Elle est morte en 1698, à 63 ans (Jal, p. 1024) ; elle est donc née vers 1634, et elle avait 16 ou 17 ans à son mariage en 1650 ou 1651, quand Du Quesne né en 1610 avait 40 ou 41 ans. Il semble que l'acte de sépulture la rajeunit un peu.

(3) C'est-à-dire au Levant, en Orient. — Jal dit que Du Quesne « chef d'escadre depuis 20 ans et ayant 56 ans (il en avait 50), fut fait, le 27 août 1669,

Le 5 septembre suivant, elle est de nouveau marraine avec « Messire Jean de Châteauneuf, capitaine de Champagne (*sic*), commandant de Concarneau, parrain par procuration. »

Même page. « Il avait vendu le Moros à N. Le Perrier de Salvert. »

Le vendeur était Abraham, quatrième et plus jeune fils de du Quesne. L'acquéreur est dit « Antoine-Alexis de Perrier de Salvert, seigneur de Moros et chevalier de Saint-Louis, capitaine des vaisseaux du roi. » (Acte d'inhumation d'un enfant, Concarneau, 18 mai 1741).

II

Les Girondins dans le Finistère.

Page 87. — « ..... Après la déroute de Pacy-sur-Eure, plusieurs Girondins cherchèrent asile en Bretagne *avec Le Goaezre de Kervélégan* (I). *Ils échappèrent aux recherches* (II) et purent s'embarquer à *Concarneau* pour Bordeaux (III). »

(I) Le Goaezre ne les accompagnait pas, il était avant eux dans le Finistère.

(II) L'un d'eux, Giroult, de l'Eure-et-Loire, fut arrêté au Huelgoat, le 5 pluviôse an II (24 janvier 1794), et incarcéré au château de Brest (1).

(III) Aucun des fugitifs ne s'embarqua à Concarneau.
Les uns prirent la mer à Lanvéoc, au fond de la rade de

lieutenant général des armées navales; » mais « qu'il n'eut pas la vice-amirauté du Levant qui resta vacante tant qu'il vécut. » P. 1021 (1re col.).

(1) Giroult ne figurait pas sur les listes de proscription. Nombre de lettres furent échangées à propos de lui, entre les représentants en mission à Brest et les comités de la Convention. Le 9 thermidor ne lui rendit pas la liberté. Le 4 vendémiaire an III (25 septembre 1794), il était encore détenu. Il ne rentra à la Convention que le 18 frimaire suivant (8 décembre 1794).

Brest. Ils s'embarquaient sur *l'Industrie,* patron Granger. Celui-ci fut pour ce fait condamné à mort par la commission militaire siégeant à Bordeaux, le 5 frimaire an II (25 novembre 1793) (Vatel., *Charlotte Corday et les Girondins,* p. 212).

Les autres s'embarquèrent sur le slopp *La Diligente,* patron Scanvic, de Concarneau. Le 21 avril 1793, à la nuit, ils partirent de Rossulien, commune de Plomelin, dans la rivière de Quimper. Rossulien appartenait à Souchet de la Brémaudière, commandant du bataillon des fédérés du Finistère.

Page 88. — « Un patron de barque, nommé Scanvic, avait porté des Girondins à Bordeaux. Comme il rentrait à Concarneau, ses papiers de bord furent saisis... Le 18 juillet (1793), Scanvic fut arrêté... Traduit au tribunal criminel et acquitté, il rentra à Concarneau. »

Voilà les renseignements qu'on me donnait comme certains. Voici la vérité :

Scanvic ne fut pas arrêté le 18 juillet 1793, comme on l'a écrit par inadvertance (1), puisque ce jour (cinq jours après la défaite de Pacy), les Girondins n'étaient pas encore dans le Finistère. Scanvic ne les embarqua que le 21 août. Il lui fallait le temps d'aller à Bordeaux et de revenir. Il fut arrêté vers le milieu d'octobre (2). *18 juillet* aura été imprimé au lieu de *18 octobre.* Scanvic comparut non devant le tribunal criminel siégeant à Quimper, mais devant le tribunal révolutionnaire, établi à Brest par arrêté des représentants en mission, le 17 pluviôse an II (5 février 1794), — Déclaré non coupable par le jury, il ne rentra pas à Concarneau, le jugement du tribunal portant « qu'il resterait renfermé jusqu'à la paix, vu la grande suspicion qui pesait sur lui, d'après les débats ». (Levot, p. 370). Acquitté, le 19 thermidor an II (6 août 1794), il était encore détenu le 1er janvier 1795 (3).

(1) Levot. *Brest sous la Terreur,* p. 135.

(2) « Le capitaine Scanvic n'a pas voulu remettre les médailles des députés. Il nie les avoir. Il va être traduit à Paris. » Lettre de Royou-Guermeur au Comité de Salut public, 25 vendémiaire an II (16 octobre 1793). *Revue de la Révolution,* n° d'octobre 1885.

(3) Il y a aux Archives Nationales, W, 345, un interrogatoire de Scanvic, du 1er germinal an II (21 mars 1794), — et une lettre de Marie-Geneviève Bollloré,

III

Vauban et la fortification de Concarneau.

Page 172. — « Si les travaux ordonnés par Vauban ont été accomplis (comme on l'a écrit), en 1680, Vauban a pu voir son œuvre achevée, car (en 1694) il est venu défendre Brest, et, au retour, il s'arrêta à Quimper, où il passait une revue le 7 juin. »

L'énoncé de ces deux faits (les travaux en 1680, la défense de Brest avant juin 1694) appelle une double rectification. Je reprends d'abord le second fait : je viendrai après au premier.

I. J'ai écrit en note que « Vauban venait inspecter Brest en 1694, et qu'il y arriva très à propos pour le défendre contre une flotte anglo-hollandaise qui opéra une descente près de Camaret. » — L'ordre des faits ainsi présenté est interverti.

Le 7 juin 1694, Vauban était à Quimper où il passait une revue du ban et arrière-ban de Cornouaille. Il en partit pour Brest, où il arriva fort à propos (1). Une flotte anglo-hollandaise parut en vue ; le 16 juin, elle mouillait aux abords de Camaret ; le 17, elle débarquait dans une anse voisine. Vauban accourut. Les batteries voisines ouvrant le feu contre les premières troupes débarquées les mirent en désordre ; les gardes-marines les assaillirent à la bayonnette ; la mer baissa, laissant les chaloupes à sec ; beaucoup d'ennemis furent faits prisonniers, d'autres massacrés par les paysans descendus sur le rivage ; et, sans rien tenter de plus, la flotte reprit la mer (2).

On le voit, Vauban, avant d'aller à Brest, avait passé à

femme de Scanvic, du 12 nivôse an III (1er janvier 1795), demandant la grâce de son mari alors détenu à la maison de la Trinité à Rennes.

(1) Le rôle de cette revue a été imprimé par le chevalier de Fréminville, dans ses *Antiquités du Finistère* (2e partie, p. 482 et suivantes), sous ce titre : *Revue passée par le Maréchal de Vauban*). Ce titre est anticipé. En 1694, Vauban était lieutenant général, il ne devint maréchal qu'en 1703.

(2) Pour plus de détails sur le désastre de la flotte, voir Ogée, t. I, v° *Brest,* p. 117-118. Annotation du comte A. de Blois.

Quimper ; il y a quelque apparence que c'est à ce moment qu'il visita Concarneau.

II. J'imprimais avec hésitation la date de *1680*, assignée à de grands travaux exécutés par Vauban à Concarneau. Plusieurs pièces empruntées au ministère de la guerre, et une lettre de Vauban lui-même vont démentir cette date (1).

En 1680, Vauban fut chargé de fortifier Brest, devenu un grand port de guerre. Il serait surprenant que, venu à Brest cette année même, il n'eût pas visité Concarneau (2). Toutefois, les premières pièces concernant cette place où se trouve la signature de Vauban, sont postérieures de plusieurs années. Les voici :

1° De 1691. — « Mémoire et projet pour améliorer la place de Concarneau. Signé : *Langlade*. Approuvé par Vauban... avec deux croquis de tours... (3). »

2° De 1694. — « Etat des ouvrages les plus pressés à faire à Concarneau avec plans. Signé de Vauban (4). »

Il semblerait que le projet approuvé par Vauban, en 1691, est resté sans aucune exécution. En 1694, après trois ans passés et sa visite des lieux, il reprend ses propositions en les réduisant au *plus pressé*.

Une année passe, Vauban n'a sans doute rien obtenu, puisque, le 16 août 1695, il écrit au Ministre la lettre que voici (5) :

(1) Je dois les documents dont je vais faire usage, à l'obligeance de M. Lemoine, archiviste paléographe, auparavant conservateur des Archives du Finistère, et aujourd'hui bibliothécaire au ministère de la guerre. Il a bien voulu faire des recherches en deux dépôts : *Les Archives historiques du Ministère* et *Les Archives du génie* (aujourd'hui installées rue de Bellechasse). Il existe là, pour la période de 1691 à 1821, un carton contenant 73 pièces ou plans concernant Concarneau, notamment huit de 1691 à 1711, dont je parlerai.

Je donne ces indications qui peuvent être utiles aux chercheurs.

(2) D'autant que, comme nous l'avons dit (*Essai...*, p. 171), on venait souvent de Paris à Brest par Nantes, Quimper, et la rade de Brest. Or, avant d'arriver à Quimper, on passait à Rosporden (trois lieues de Concarneau).

(3) Arch. du Génie, Concarneau, n° 3, 6 pages de texte.

(4) Ibid., n° 4, avec quatre plans, dont un *d'ensemble* (0.80 sur 0.90).

(5) Vauban au Ministre. *Arch. hist.*, vol. 1312. Le ministre est Le Tellier, marquis de Barbesieux, cinquième fils et successeur de Louvois (à 23 ans, le 5 décembre 1681, et jusqu'à sa mort, 7 janvier 1701). — La lettre parle aussi de Brest, Lamballe, etc.

« A Brest, le 15 août 1695.

« ..... Il y a bien un gouverneur à Concarneau, pourveu du Roy (1) ; mais il n'y a ny lieutenant du Roy (2), ny major (3), ny garde magazin, ny point d'autre officier de place, si ce n'est un pauvre vieux soldat ou tout au plus lieutenant de cette garnison à qui le gouverneur donnait cy-devant 100 livres (4) pour faire les fonctions de major. Il n'est pourveu que de M. le maréchal d'Estrées quand il commandait dans le pays (5). Il est nécessaire d'y créer des officiers, du moins un major et un garde magazin, car on ne sait qui charger des munitions qui sont là. Je vous en enverrai un plan au premier jour, afin de vous en faire connoistre la conséquence, car cette place est oubliée en toutes façons. »

Le mémoire et le plan annoncés par cette lettre ne se retrouvent pas.

Les observations de Vauban n'eurent pas plus de succès que ses projets de 1691 et 1694. Nous trouvons la preuve de ce fait dans un mémoire postérieur de sept années. A cette

(1) Le gouverneur était François Guénolé de Vaucouleurs. Voir *Essai...*, p. 178, et ci-dessous, p. 198.

(2) Le titre *lieutenant du Roi* a été pris en trois sens très différents :

1° Gouverneurs de places importantes ne relevant que du roi.

2° Seconds officiers des places de guerre, commandant en l'absence des gouverneurs. (C'est en ce sens que nous prenons le titre à Concarneau).

3° Gouverneurs non plus *militaires* « créés en finances » dits parfois *municipaux*. (Comme Le Lagadec, acquéreur du titre à Concarneau, en 1782. — (*Essai*, p. 179, et ci-dessous p. 200).

(3) *Major,* officier qui, dans une place de guerre, est spécialement chargé du service sous l'autorité du commandant.

(4) 100 livres, environ 300 francs de notre monnaie.

(5) Vauban parle de Jean, comte d'Estrées, vice-amiral et maréchal, nommé commandant militaire en Bretagne, le 7 août 1689.

Il résulterait des termes employés par Vauban, qu'en 1695 d'Estrées n'exerçait plus sa charge. Du moins, en gardait-il le titre qui ne fut donné au maréchal François de Châteaurenault, que le 26 avril 1704.

Son fils, Victor-Marie d'Estrées, comte puis duc, vice-amiral et maréchal du vivant de son père, fut deux fois commandant général en Bretagne : 3 juillet 1720 à 11 septembre 1724, et 12 août 1726 à 5 mai 1738.

époque, Concarneau est encore « la place oubliée de toutes façons » que Vauban voudrait fortifier et organiser.

Vauban demandait la « création » au moins d'un major et d'un garde magasin. Cette seconde nomination a été faite ; mais le major est encore « le pauvre vieux soldat ou tout au plus lieutenant », dont Vauban parlait un peu cavalièrement.

Dans une lettre au ministre, du 4 décembre 1702, ce modeste et dévoué serviteur rappelle que le maréchal d'Estrées l'a nommé au poste qu'il occupe « eu égard au service qu'il a rendu tant par terre que par mer », et il signe *de la Serpaudaye* le mémoire qu'il adresse au ministre (1).

Les détails dans lesquels entre le major, auraient pu, peut-être dû, être portés au commandant militaire suppléant le gouverneur de Bretagne. Ou pourrait croire que M. de la Serpaudaye a voulu se donner une fois l'honneur d'écrire au ministre. Ne nous en plaignons pas : adressé au commandant militaire, son mémoire eût été perdu pour nous (2).

Or, le major « croyant de son devoir d'informer le ministre de l'état pitoyable de la place, » donne sur la ville de très intéressants renseignements ; et il parle un peu de tout, pour démontrer la nécessité de « repeupler la ville close afin de lui donner plus de défenseurs en temps de guerre (3). »

Nous laissons de côté cette partie du mémoire, pour en venir aux constatations militaires par lesquelles il finit :

« La ceinture des murailles est très considérable, et sans desfenses, les canons étant hors de service, n'y ayant que peu d'affuts qui sont pourris … Il n'y a d'ailleurs aucune garnison…. Quelques ingénieurs ont fait quelques petits légers travaux de très peu de valeur et sans durée ; toutes les embrasures tombent en ruines.

---

(1) Lettre et mémoire (5 grandes pages). *Arch. hist.*, vol. 1609, nᵒˢ 158 et 159.

La Serpaudaye. Réf. de 1518, par. de Poligné et Brutz, près de Rennes. Débouté en 1670 et à l'Intendance en 1699. Courcy.

(2) En Bretagne du moins, les papiers des commandants militaires sont restés aux mains de leurs familles, et combien sont perdus !

(3) Bonne raison au temps de nos ducs et qui les déterminait à accorder des franchises spéciales à Concarneau… mais raison bien *surannée* au XVIIIᵉ siècle ! (Sur ces franchises, voir *Essai*, notamment chapitres II et III).

« Cette place mérite d'être conservée et les ennemis pourroient fort facilement s'en rendre maîtres (1). »

Voilà les doléances que le major de la place fait entendre au ministre, sept ans après le passage de Vauban (4 décembre 1702).

Or, au temps où le major exprime ainsi ses craintes, la guerre dite de la *Succession d'Espagne* est commencée, et la *grande alliance* contre la France est formée entre Anglais, Hollandais, Prussiens, Hanovriens et Autrichiens.

Six mois plus tard, la situation est la même. C'est ce que révèle une lettre du 2 mai 1704, adressée au commandant militaire, le maréchal de Châteaurenault. Elle annonce un sérieux danger (2).

« ...Il y a quelques jours, un bâtiment relâcha dans le bassin de la place, sous prétexte de se reposer ; il y resta trois jours... C'était un espion... Il y a plusieurs courriers (corsaires) dans cette mer... Il y a six mois que M. le Gouverneur est absent (3) et le canon n'est point en état. La place est presque déserte... »

Nommé le 26 avril (huit jours avant la date de cette lettre), le commandant militaire n'était sans doute pas à Rennes pour la recevoir ; mais il a dû la lire plus tard. Qu'a-t-il fait en faveur de Concarneau ? Voici, je crois, une réponse à cette question. Elle est donnée dans une lettre adressée de Port-

---

(1) L'auteur se plaint que le vent pousse l'eau de mer dans les canons, « parce qu'il n'y a ni plaque de plomb sur la lumière, ni tampon de liège sur l'embouchure ; » et à ce propos, il ajoute : « Le garde magasin a du plomb dans les magasins (pour faire des plaques destinées à fermer les lumières) ; mais il ne veut point s'en servir sans ordre... » Eh bien ! Monsieur le Major, que n'avez-vous donné cet ordre ? (V. ci-dessus, p. 192, note 3).

(2) Lettre écrite de Moros qui avait appartenu à du Quesne et avait été vendu par son fils en 1628. Ci-dessus, p. 187.

Elle est signée *Villien* ou *Villier*.

Cette lettre — que j'abrège — a été publiée in-extenso par le Vte de Villiers du Terrage, inspecteur général des Ponts-et-Chaussées en retraite, dans *l'Archipel des Glénans* (*Assoc. Bret.*, Congrès de Concarneau (1905). C'est dans cet intéressant mémoire qu'il faut la lire. L'auteur mentionne un combat aux Glénans, le 4 avril précédent, entre des corsaires et une flotte allant à Brest. — *Arch. Hist.*, vol. 1704, n° 224.

(3) C'était François Guénolé de Vaucouleurs, qui, en effet, ne résidait pas. (Ci-dessous, p. 198).

Louis, le 15 septembre 1710, au commandant militaire, qui est encore le maréchal de Châteaurenault.

Voici cette lettre, écrite selon toute apparence par un ingénieur :

« MONSEIGNEUR (1),

« Pour la seureté et le bien du service de Sa Majesté, il seroit très important d'envoyer deux compagnies à Concarneau, une jolie ville fortifiée, très bonne, où il y a du canon... Les ennemis sont journellement dans le voisinage.... S'ils faisoient nuitamment une descente de cent hommes, ils se saisiroient de Concarneau, où ils travailleroient ; ils se couvriroient par mer ; et il seroit très difficile de les en chasser, attendu qu'il faudroit un siège et ce seroit une diversion (des troupes) de Sa Majesté.

« Il seroit besoin aussi d'envoyer un homme rétablir le dedans de la ville que l'on a ruinée, démolie, emporté les matériaux. On a laissé les habitants bâtir en dehors et couvrir la porte de la ville ;... Il faudroit mettre un homme qui eût autorité, celui qui y est étant un homme peu capable (2). Je me trouve obligé, Monseigneur, de vous rendre compte d'une chose d'une si grande conséquence au service du Roi... »

Ainsi voilà pour Concarneau une situation nouvelle. Il y a quinze ans, en 1695, Vauban poursuivait un double objet : fortifier la ville, y créer des officiers commandant une garnison. Il est mort le 30 mars 1707. S'il vivait encore, il verrait la ville fortifiée — on peut presque dire trop bien fortifiée, puisque n'étant pas gardée, elle est à la merci d'un coup de

(1) La lettre, datée de Port-Louis, (que j'abrège), est signée *Desgravier. Arch. Hist.*, vol. 2272, n° 57. — Il y a quelque apparence que le signataire de la lettre est un ingénieur. Nous avons vu, en 1694, le chevalier de Palys, ingénieur au Port-Louis, donnant des renseignements sur Concarneau. — *Essai...*, p. 172, note 4.

(2) L'auteur de la lettre veut-il ici parler du gouverneur, d'un lieutenant ou du major ? — Le lieutenant était alors, semble-t-il, Gédéon Le Jay de Kerdaniel, qui, un an plus tard, signe l'acte de baptême de son fils à Concarneau. V. ci-dessous, p. 199. Je crains pour M. de la Serpaudaye qu'il s'agisse encore de lui, major.

main auquel par la nuit cent hommes suffiraient, et que, pour la reprendre, il faudrait un siège et une armée. Or, en ce moment même, les frontières du Nord et du Midi sont violées ; les alliés sont en France, maîtres de Douay et de Béthune ! Et la paix ne se fera qu'après plus de deux années. — (Paix d'Utrecht, 11 avril 1713).

IV

Derniers Gouverneurs de Concarneau.

Page 175. — Nous avons donné une liste des *capitaines* puis *gouverneurs* de Concarneau jusqu'au milieu du XVIIe siècle. Nous pouvons remarquer que nous sommes plus sûrement renseignés sur les nominations des capitaines des siècles précédents que sur ceux des XVIIe et XVIIIe siècles. Pour cette dernière époque, nous cherchons en vain les nominations, les « provisions », comme on disait alors. Les registres de l'*Etat civil* de Concarneau nous ont, à peu près seuls, fourni les noms des gouverneurs ; mais dans ces actes, quelques officiers apparaissent sous des titres pouvant induire en erreur.

Ainsi, il nous est arrivé de prendre au sens de *gouverneur* les mots « commandant pour Sa Majesté des ville et château de Concarneau ». Mais mieux renseigné, nous savons que le mot *commandant* se disait de l'officier qui avait le commandement militaire sans être gouverneur, mais seulement lieutenant du gouverneur ou simplement major. A cette époque, le mot *commandant* est l'expression d'une situation de fait, et il n'est pas un titre comme le mot *commandant de place* employé dans le XIXe siècle (1).

Ce point admis, c'est par erreur que j'ai élevé au rang de *gouverneurs* deux officiers dits *commandants*. Je les indiquerai plus loin.

Mais voici une autre difficulté... Plusieurs sont dits *gouver-*

(1) Je dois cette observation à mon ami M. Saulnier, conseiller honoraire à la cour de Rennes, avec d'autres renseignements consignés ci-dessous.

neurs qui n'étaient que lieutenants. Ils se sont complaisamment laissé donner ce titre. Je ne veux pas supposer qu'ils l'aient pris par vanité... Mais, complaisance ou vanité, la cause d'erreur est pour nous la même.

Ces observations faites, je vais reprendre la liste des gouverneurs à Christophe Fouquet. Je puis compléter et je dois corriger quelques phrases (1).

Page 177. — « Christophe Fouquet, seigneur de Challain, conseiller du Roi, président au parlement de Bretagne », gouverneur de Concarneau. (Provisions du 15 avril 1646. — Serment du 13 septembre 1646 — Enregistrement au registre de la communauté le 5 décembre).

Il nomme le 17 novembre 1651, un fils de son lieutenant, Jean de Montlouis.

La marraine est D^elle Françoise-Marie du Boisguehenneuc, fort jeune alors, et qui, en 1652, est marraine avec un fils du gouverneur : dans cet acte et dans un autre de 1656, elle est dite fille d'honneur de la reine (2).

Vingt-quatre ans plus tard, le 26 mai 1675, Christophe Fouquet, — entré dans sa 78e année, veuf depuis plus d'un an, père d'enfants ayant passé la quarantaine, — épouse Mlle du Boisguehenneuc, qu'il laisse veuve la même année.

Même page 202. J'ai écrit : — « Le président (Fouquet de Challain) eut pour successeur Pierre de Regnault, seigneur des Landes, commandant (c'est-à-dire gouverneur) de Concarneau (3). »

Erreur. Pierre de Regnault dit « commandant pour Sa Majesté des ville et château de Conq », dans un acte de baptême du 20 janvier 1659, où il est parrain, était sans doute lieutenant, en l'absence du président Fouquet.

(1) La plupart de ces renseignements sont extraits de l'important ouvrage que M. Saulnier fait imprimer en ce moment, après de patientes recherches et un travail de près de trente années : *Le Parlement de Bretagne (1554-1790)*. Répertoire biographique de tous les Membres de la Cour (environ 1200 notices individuelles) avec introduction historique.

(2) Fille de Alain de Boisguehenneuc, seigneur de Kermainguy, capitaine garde-côtes de Cornouaille, et de Jeanne Guillemin.

(3) Une des erreurs signalées plus haut.

Le successeur du président fut son fils nommé François. Dès 1661 (registre de Concarneau), il est qualifié « commandant pour le roi à Concarneau » ; et dans son acte de mariage (Saint-Etienne de Rennes, 22 juin 1664), il est dit « gouverneur de la ville et chasteau de Concarneau ».

Le président a-t-il gardé le gouvernement jusqu'à sa mort, en 1675, auquel cas son fils, comme il arrivait quelquefois, lui aurait été associé ? Au contraire, s'est-il démis, en 1664, pour laisser la place à son fils ?

Cette seconde hypothèse est très probable. On peut même ajouter que François Fouquet ne garda pas longtemps sa charge.

Dès juillet 1661, nous voyons apparaître François de Vaucouleurs « commandant pour le Roy à Conq (1) et lieutenant général de l'artillerie (2) ». Il est parrain le 19 septembre de cette année.

Dans un acte du 16 mai 1663, le même est qualifié « gouverneur. » — Qu'est-ce à dire ? Nous avons vu le même titre donné, l'année suivante (1664), à François Fouquet. De deux choses l'une, ou bien le titre est donné par continuation, par réminiscence à François Fouquet, ou par anticipation, à Vaucouleurs.

Mais, en 1666, François de Vaucouleurs était bien gouverneur, puisque, le 5 septembre de cette année, nous voyons un « commandant » auprès de lui à Concarneau (3).

François de Vaucouleurs, avec le même titre, est nommé à des actes de baptême, en 1666, 1667, 1668 et 1670 ; c'est la preuve qu'il résida souvent à Concarneau. Il aimait cette ville, et il en garda le souvenir en donnant à son fils le nom de Guénolé (4), vocable de l'ancien prieuré dont l'église était alors

---

(1) Seconde erreur signalée plus haut.

(2) Un titre ronflant. L'officier qui s'en parait était simplement, sous l'autorité du grand maître, chargé de l'inspection de l'artillerie dans les places de sa juridiction.

(3) Le 5 septembre 1666, écuyer Jean de Châteauneuf, capitaine au régiment de Champagne, commandant de Concarneau, est parrain par procuration avec Gabrielle de Bernières dame du Quesne et de Moros. » (Ci-dessus, p. 187).

(4) L'acte de baptême n'est pas à Concarneau ; mais à Plumaugat (Saint-Jouand-de-l'Isle, Dinan). Renseignements de M. Saulnier.

l'église tréviale et est aujourd'hui l'église paroissiale de Concarneau (1).

François de Vaucouleurs vécut jusqu'à 1685. Plusieurs années auparavant, il avait cédé le gouvernement à son fils François Guénolé. Celui-ci a le titre de gouverneur dans des actes de baptêmes, dont le premier du 30 juillet 1680, et les autres de 1692, 1696 et jusqu'à 1704 (2).

On peut conclure de là qu'il avait abandonné sa charge ou du moins la résidence de Concarneau. Il mourut en 1708.

Le 21 décembre 1711, « Messire Gédéon-Joseph Le Jay de Kerdaniel, lieutenant des vaisseaux du roi, capitaine d'une compagnie franche de marine, capitaine général garde-côtes de Saint-Pol-de-Léon et de Roscoff, et lieutenant pour le Roi es ville et château de Concarneau, » faisait baptiser un fils à Concarneau (3).

Il est à remarquer qu'après François Guénolé de Vaucouleurs, en 1704, les registres de l'état-civil à Concarneau ne font, pendant la première moitié du xviiie siècle, aucune mention de gouverneurs. Il est permis de croire que la charge n'a pas été remplie jusqu'à 1754, année où fut nommé M. Le Lagadec que nous avons mentionné. *Essai...*, p. 179.

Pages 178 et 179. — Nous avons dit que M. Le Lagadec, nommé en 1754, est le dernier gouverneur de Concarneau figurant à l'*Etat militaire*. Son nom s'y trouve encore en 1776 ; mais non en 1777, bien qu'il ait gardé sa charge jusqu'en 1782. A cette date, son fils, avons-nous dit, devint acquéreur du gouvernement qui, de *militaire* qu'il était aux mains du père, fut *municipal* entre les mains du fils.

Voici comment s'explique ce changement de rédaction.

L'*Etat militaire* de 1776 donne un résumé de l'ordonnance du 18 mars de cette année portant « suppression par extinction

(1) *Essai...*, p. 103.

(2) En 1695, nous voyons François de Faget, écuyer, sieur de Saint-Julien, capitaine au régiment de Champagne, commandant pour le roi à Concarneau. (Baptême, 4 octobre).

(3) Le vrai nom de la famille est du Pré Le Jay de Kerdaniel. La mère de l'enfant, Jacquette-Hyacinthe, était fille de Jean Billette, miseur de la communauté de Concarneau.

des charges de gouverneurs en nombre de places » notamment à Concarneau (1).

On lit dans l'ordonnance : « L'exécution de ces dispositions (la suppression) sera suspendue tant que seront pourvus les titulaires actuels et même les survivanciers des offices supprimés... »

Et encore : « L'ordonnance n'a pour objet que les gouvernements militaires, et n'innove en rien aux gouvernements et lieutenances du Roi, créées en finance, en 1766. »

Voilà comment Le Lagadec fils put, après la mort ou démission de son père, acquérir, en 1782, le gouvernement devenu non militaire ou municipal, et, comment, à ce titre, son nom ne figure pas à l'*Etat militaire*.

V

Jean de Montlouis et Jacob du Quesne.

Page 177. — « En 1652, Jean de Montlouis, lieutenant du gouverneur (président Fouquet de Challain non résident), recevait du duc de Vendôme, grand-maître de la marine, l'ordre daté du 31 juillet, de donner aux sieurs de la Giclaie, des Ardens et des Thurelles, toute aide et assistance pour l'exécution des ordres dont ils étaient porteurs, et de ne souffrir aucunement dans le port de Concarneau le nommé Jacob du Quesne ni même le vaisseau qu'il monte, le *Neptune*. »

Je me demandais quelle était l'affaire nécessitant un ordre donné directement par le surintendant de la marine au lieutenant du gouverneur à Concarneau.

Voici une explication très plausible. A ce moment, la Fronde

---

(1) Le nombre des gouvernements militaires fut ainsi réduit en Bretagne de 34 à 10, savoir : 4 de 1ʳᵉ classe : Nantes et tour de Pirmil ; Brest-Ouessant et Quelern ; Saint-Malo et château ; Belle-Isle et citadelle ; 6 de 3ᵉ classe : Rennes, Vannes, Quimper, Port-Louis, Lorient, Château du Taureau (en rade de Morlaix). *Etat militaire*, 1776.

Le gouvernement militaire de Concarneau subsistant en fait jusqu'à 1682, il aurait semblé qu'il devait jusqu'à cette date figurer à l'*Etat militaire*.

avait quelques succès ; et l'Espagne profitait des troubles de France pour s'emparer de places maritimes (par exemple Gravelines, le 18 mai). Le 3 juillet, Condé était vaincu au faubourg Saint-Antoine ; mais Paris lui ouvrait ses portes ; et, le 20 juillet, le parlement le déclarait généralissime. Dans le même temps, la flotte aux ordres de Louis Foucault, comte du Daugnon, avait la surveillance des côtes de Bordeaux à Concarneau ; elle prenait parti pour la Fronde ; et des équipages se révoltaient contre les capitaines restés fidèles au service du roi (1).

Nul doute que les ordres donnés aux sieurs de la Giclais et autres n'eussent trait à cette affaire.

En ce qui concerne Jacob du Quesne, il est clair qu'on le traitait en suspect... Méritait-il ce soupçon (2) ?

Jacob était le plus jeune frère de l'illustre Abraham du Quesne : « Celui-ci avait passé quatre ans au service de la Suède (1632-1636). Il y fut chargé d'une mission en 1647 » ; son frère Jacob l'accompagna ; et l'ambassadeur de France en Suède le recommandait au ministre des affaires étrangères (Loménie de Brienne) comme « merveilleusement actif et diligent... et fort homme de bien. »

D'autre part, son frère Abraham lui donnait l'exemple de la fidélité au service du roi. Mais, en 1652, Abraham du Quesne se tenait au Moros qu'il avait acheté l'année précédente, et qu'il devait habiter pendant dix années (3). Il semble bien qu'en expédiant d'urgence cet ordre à Concarneau, le surintendant de la marine voulait empêcher la réunion des deux frères. — Peut-être, en ce moment de troubles, leur calvinisme les rendait-il suspects ? — mais très injustement.

---

(1) Cette rébellion ne nuisit pas à la fortune du comte. La paix à peine faite il fut nommé maréchal de France.

(2) Sur ce qui suit. *Dict. critique de Jal*, art. *Quesne (du)* 1015-1020.

Le *Neptune* (de 12 canons) avait été commandé par Abraham en 1636 au retour de son service de quatre ans en Suède.

(3) *Essai...*, p. 73.

VI

Un mot sur les Glénans (1).

Au XVIIIᵉ siècle, toutes les petites îles, ou mieux les îlots, des côtes de Bretagne avaient quelque fortification, et recevaient une garnison, au moins en temps de guerre (2). Ainsi dans l'Océan Dumet, en avant de Guérande, Houat et Hœdic un peu vers l'Ouest, entre le continent et Belle-Isle ; les Glénans en avant de Concarneau ; et dans la Manche, les Sept-Iles, au canton de Perros-Guirec, arrondissement de Lannion.

Nous voyons à Dumet (1756) 60 hommes, un commandant, deux lieutenants ; à Houat et Hœdic, 80 hommes avec un lieutenant-colonel, deux capitaines, deux lieutenants (3), à l'île aux Moines, la principale des Sept-Iles, 60 hommes avec un commandant (4).

Chacune des garnisons a un chirurgien, qualifié chirurgien-major, ayant un traitement mensuel de 60 l., environ 120 francs de notre monnaie.

Je ne parlerai que des *Iles Glénans* voisines de Concarneau et à propos de Concarneau (5).

Ce petit archipel qui au XVIIIᵉ siècle dépendait administrativement de Concarneau (6), est aujourd'hui de la commune de Fouësnant.

(1) Je renvoie le lecteur au mémoire du vicomte de Villiers du Terrage, *les Glénans*, présenté au Congrès de l'*Association Bretonne* à Concarneau, en 1905.

(2) Je ne parle pas de Belle-Isle, d'Ouessant, ni même de Groix à l'entrée de Lorient, qui mérite le nom d'île et forme une commune peuplée du canton de Port-Louis.

(3) Les deux îles sont distantes de 5 kil. La garnison se partageait sans doute entre les deux : de là deux capitaines...

(4) Le commandant est seul mentionné, il est clair qu'il n'était pas seul officier.

(5) Les indications qui précèdent et celles qui vont suivre, sont empruntées à l'*Inventaire sommaire* des Archives d'Ille-et-Vilaine. Intendance. C. 1054 — 1072 (1756-1789).

(6) Ogée (I. 396) « Elles dépendent de la ville (disons de la trève) de Concarneau, »

Au XVIIIe siècle, les relations des Glénans étaient, comme aujourd'hui encore, surtout avec Concarneau.

En temps de guerre le petit archipel était occupé militairement. La garnison de Concarneau lui fournissait un détachement de cinquante hommes et un commandant. Le détachement se partageait entre deux des îles : Saint-Nicolas, une des plus grandes, et la Cigogne la plus élevée. Une chaloupe était affectée au service entre les deux postes. La petite garnison était relevée chaque quinzaine.

Tout ce qui lui était nécessaire venait de Concarneau. Ainsi les lits qui, suivant l'usage du temps, étaient à trois places. Ainsi les vivres, la viande salée et le biscuit, (adjudicataire le sieur Villemeur-Billette) — le bois, la chandelle, même l'eau douce. Les vivres sont renouvelés tous les quinze jours. — Il y a aux îles un munitentionnaire.

Nul doute que la pêche sur le rivage ne fournisse un supplément de nourriture et ne dispense souvent d'abuser de la chair salée. Toutefois le ministre de la guerre estime que le « détachement de l'île de la Cigogne ne peut subsister avec sa solde ordinaire » ; et il accorde un supplément de un sou par jour a chaque fusilier, deux sous à chaque caporal, quatre sous au sergent.

Voilà la Cigogne devenue une garnison de choix !

Le service médical est assuré par un officier prenant le titre de chirurgien major (1).

Bien que la garnison soit relevée chaque quinzaine, elle a un aumônier agréé par l'évêque de Cornouaille, et qui reçoit une rétribution calculée sur 800 livres par an (2). Les vases sacrés, ornements, linges d'autel et missel sont fournis libéralement par le curé de Fouësnant.

La présence d'un aumônier aux îles Glénans n'est pas un

---

(1) L'état sanitaire semble bon, si l'on en juge par le mémoire présenté par le chirurgien-major, de mai 1761 à janvier 1762 (C. 1058) ; la purgation y est en grand honneur: c'est une panacée. Exemples : Un rheume de poitrine, tisane pectorale, potion huileuse, minoratif ; — chûte aux reins (sic), tisane laxatife, potion huileuse, enplâtre ; — fluxion et fièvre, purge deux fois, etc. — (Je respecte l'orthographe du chirurgien-major, écrivant comme il parle).

(2) Plus de 1,600 francs de nos jours.

privilège accordé à cette petite garnison. C'est une règle usuelle. De même l'île Dumet (1) avec une garnison de 60 hommes, a son aumônier, que les capucins du Croisic pourvoient des ornements nécessaires.

Le détachement établi à l'Ile aux Moines, une des Sept Iles (2) et composé de 60 hommes relevés chaque mois, avait été moins bien traité. On n'avait songé ni au chirurgien ni à l'aumônier. Le détachement porte ses doléances à l'intendant : « Nous « sommes dans une île déserte. Tout nous manque : chirurgien « et confesseur. Nous vivons en hérétiques... » Il est fait droit et très libéralement à leur demande : on leur envoie un chirurgien ; et le prêtre qui leur est adressé « a une chapelle « pourvue des ornements nécessaires au service divin. »

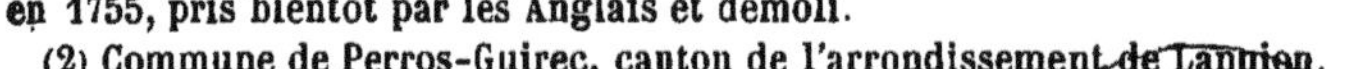

(1) Commune de Piriac, canton de Guérande. Il y avait là un fort construit en 1755, pris bientôt par les Anglais et démoli.

(2) Commune de Perros-Guirec, canton de l'arrondissement de Lannion.

TABLE

ADDITIONS ET CORRECTIONS

9-08. — Saint-Brieuc, Imprimerie René PRUD'HOMME.